纪念Ted Kliman(1929—2009)和Chris Harman(1942—2009)
献给Jesse
献给Anne

大失败

资本主义生产大衰退的根本原因

〔美〕安德鲁·克莱曼（Andrew Klima）／著
周延云／译　刘　磊／校

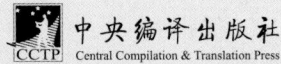

致　谢

我感谢就技术问题提出了专业意见的每一个人，也感谢那些在论文、书评、演讲、访谈和手稿中作出了评论的每一个人，他们的意见和评论最终都转化为本书的一部分。我从他们的反馈中获益良多。我的获益不仅仅是使本书得到显著改进，同时它还在关键方面引领了我的研究方向。我很想一一列出要感谢的人名，但遗憾的是我无法做到。他们并非多到不可计数，但在他们中间有许多听众和审稿人我不知其姓名。如果你是其中的一位，请你相信，你最初读到或听到的东西和在最终文本中所表现出的思想之间的差别，就是我对你的感激和致谢的标志。

我感谢佩斯大学（Pace University）经济系的同事对我研究的大力支持。我还感谢该校戴森（Dyson）艺术与科学学院，它给我提供了足够的时间以从事关于盈利能力趋势的研究；它给我提供了研究经费，使我能够购买一个超大型的计算机显示屏。这个显示屏使数据分析工作变得较为简单和更有效率。

在这本书中，我没有使用我自己以前公开发表过的任何文献，但我还是从下列这些文献中吸收了大量思想。我感谢下列出版人允许我这么做：

- The Commune, which published "The Economic Crisis: An interview with Andrew Kliman" as pamphlet no. 4, November 2008.
- The Institute for Social Sciences of Gyeongsang National University, which published "Masters of Words: A reply to Michel Husson on the character of the latest

economic crisis," in *Marxism* 21, vol. 7, no. 2, Summer 2010.
- *International Socialism*, which published "A Crisis for the Centre of the System," in issue no. 120, October 2008, and "Pinning the Blame on the System," a review of Chris Harman's *Zombie Capitalism*, in issue no. 124, September 2009.
- Lexington Books, which published *Reclaiming Marx's "Capital": A refutation of the myth of inconsistency* in 2007.
- Marxist-Humanist Initiative, which published "The Persistent Fall in Profitability Underlying the Current Crisis: New temporalist evidence" in March 2010 and, in *With Sober Senses*, its online publication: "On the Roots of the Current Economic Crisis and Some Proposed Solutions," April 17, 2009; "How (Not) to Respond to the Economic Crisis," May 5, 2009; "Cherry Picking Peaks and Troughs," May 13, 2009; "Appearance and Essence: Neoliberalism, financialization, and the underlying crisis of capitalist production," May 17, 2010, and "Lies, Damned Lies, and Underconsumptionist Statistics," September 16, 2010.
- *Megafoni*, an online journal, which published Joel Kaitila Lauri Lahikainen, and Jukka Peltokoski's interview, "'Kukaan ei tiedä, onko kriisi ohi'—Andrew Klimanin haastattelu," on November 23, 2009.
- Palgrave Macmillan, which published "Production and Economic Crisis: A temporal perspective," in Richard Westra and Alan Zuege (eds), *Value and the World Economy Today* in 2003.
- Razón y Revolución, which published Juan Kornblihtt's interview, "Entrevista al Economista Estadounidense Andrew Kliman," in *El Aromo* no. 50, July 2009.
- Taylor & Francis, which published "'The Destruction of Capital' and the Current Economic Crisis," in *Socialism & Democracy*, vol. 23, no. 2, July 2009.
- The Workers' Liberty website, which published Martin Thomas' interview, "Andrew Kliman—The level of debt is astronomical," on January 12, 2009.

特别感谢安妮（Anne）精心的编辑和珍贵的建议，感谢她的智慧、专业精神和个人支持。如果没有这些，本书和我的前一本书可能根本就不会完成。

纽 约
2011年6月

译者序

安德鲁·克莱曼（Andrew Kliman）现为美国佩斯大学戴森艺术与科学学院经济学教授，左翼经济学家，著名的马克思主义经济学家，分期单一系统解释（TSSI）学派的代表人物之一。其2007年出版的《马克思资本论的再生：对矛盾神话的反驳》，作为一部载入政治经济学历史的杰作，如同一尊屹立在马克思价值理论学术争论历程中的灯塔。2012年，克莱曼出版了《大失败——资本主义生产大衰退的根本原因》（英文版）一书，在西方学界引起强烈反响。美国著名马克思主义学者伯特尔·奥尔曼认为，安德鲁·克莱曼的此书是一部用马克思主义经济学观点解释经济危机的最优秀的作品之一。克莱曼是一位杰出的理论家和经验数据分析家（Paresh Chattopadhyay, 2012），其学识具有楷模性。本书写作晶莹剔透及其明白，而且清澈、缜密且极具思辨性。全面阐释了当前的危机是资本主义发展的结果（Rick Kuhn, 2012），在无数关于危机的出版物中本书尤为突出。

一

当今，以2007年美国爆发的次级抵押贷款危机、2008年的大恐慌及由它们导致的大衰退为主题的诸多研究著作已问世。与这些研究成果相比，该书着力关注为危机和衰退搭建舞台的长期而根本的条件，这些条件使金融危机能够引发一场尤为深重、长久并具有持续后遗症的衰退，而不是在现象层面上做简单的因果分析。本书认为，这一长期而根本的条件（或原因）就是：马克思资本有机构成变化而引起的一般利润率下降趋势规律所揭示的道理。为危机创造条件的利润率下降，无须持续到危机爆发的时刻，而只需要造成一个极低的利润率就可以了。这一极低的利润率作为危机和衰退的根本条件通过两个中间环节实现其作用，这就是低盈利能力和信用制度。利润率下降引起积累率的下降，进而造成一个或长或短的投机热和大量无法偿付的债务，最终导致危机的爆发。而这一切都符合马克思在《资本论》中的分析。

在西方学界，关于大衰退根本原因的争论分为马克思主义者和激进经济学家对立的两派。而这一对立的焦点在于是否承认利润率下降趋势规律对危机与衰退的解释力。传统左派中的新自由主义，对危机的解释基于资本主义新的发展阶段的理念，即新自由主义。这个阶段总体上被定义为两种机制：工资在国民收入中所占份额的挤压及之后收入不平等的增大；信贷的急剧增长促动经济的增长，从而扩展了金融业在经济中的作用。消费不足论者（约翰·贝拉米·福斯特和弗雷德·马格多夫，2008）认为，大量的消费不足和之后需求的下降是危机的根本原因。所有这些分析都否认大衰退的根本原因是利润率下降趋势。关于利润率变化趋势在当前危机分析中的重要地位和"分水岭"作用，早在2009年安德鲁·克莱曼在阿根廷的一次学术讲座中就已经激烈地表达了出来。2012年，克莱曼在其新著《大失败——资本主义生产大衰退的根本原因》（英文版）一书中，采用大量的官方数据及一系列的逻辑推论，通过实证研究，剖析了占统治地位的各种传统左派观点，指出了其非科学性，从而恢复了马克思主义利润率下降趋势规律（LTFRP）在解释最近危机与衰退问题上的核心地位。

在本书第一章导论部分，克莱曼阐明了在关注危机与衰退根本原因的研究中自己与以往传统左派的不同；这种差异集中体现在方法论和理论上。克莱曼是马克思价值理论的分期单一系统解释（Temporal single-system interpretation，TSSI）的支持者；以此理论为基础，克莱曼发展了自己以历史成本衡量的利润率。长久以来，在西方学界，价值理论和以之为基础的最重要的规律——即作为马克思资本主义经济理论核心的利润率下降趋势规律（LTFRP）——两者之间一直被认为存在着内在的矛盾，因而它们必须加以修正或拒绝。他们把马克思的理论中指称的随时间决定的利润率替换成了一个非时间的"利润率"（现期成本或重置成本率），经过这一替换他们发现马克思的规律不再成立。接受了这些论证的人也接受了这些论证以现期成本这一错误方式衡量的利润率。这样，当他们发现在1980年代早期非时间的"利润率"具有上升趋势时，就把这一现象当做是资本主义生产仍然具有合理性的决定性证据，因此危机与大衰退的真正的根本原因则是新自由主义、金融化和强化了的剥削；那么，资本主义生产体系就不具有脆弱性。克莱曼在第一章中继续指出，这一争论具有深远的政治意义。如果危机与衰退的长期原因是不可还原的金融的危机，我们就能够通过废除新自由主义和"资本主义金融化"来防止这种危机的再次发生，而没有必要废除资本主义生产体系——即由"价值"或抽象财富无休止的扩张这一目标所驱动的生产体系。这样，被危机提上日程的就不是社会经济体系的根本特征的转变，而是需要这样一些政策，即诸如金融监管、积极的（"凯恩斯主义的"）财政、货币政策或许还有金融部门的国有化等政策。

另外，克莱曼特别强调本书为实证研究而非理论研究。如他所言，"如果我现在能说美国公司盈利能力的持续下降是大衰退的一个显著的根本原因，并且马克思关于利润率为什么倾向于下降的解释是明显符合现实的，那是因为我已经对数字进行了处理和分析。"严密的数理分析为其研究结论提供了有力的支持。

二

由于数据的可用性和对危机震中的选择，在本书中克莱曼主要考察了美国经济的状况。他的核心论点为：利润率下降趋势是危机与衰退的间接原因。他认为，经济没有从1970年代和1980年代初期的低迷中完全恢复过来，这一因素，以及政策制定者所采取的应对措施，为最近的危机搭建了一个舞台。

克莱曼以马克思利润率下降趋势规律为其研究的理论基础，通过对美国官方数据的实证分析，考察了2007年金融危机的成因，进而提出：1970年代而不是实行以金融自由化为特征的新自由主义路线的1980年代是美国经济长期相对停滞的转折点，即：最近的危机不是金融自由化导致的金融危机，而是资本主义生产运作过程中自身固有的危机，资本主义生产体系注定将走向失败。本书主要阐明了两大问题：

第一，克莱曼认为，资本主义经济危机周期性爆发的根本原因为利润率下降趋势这一客观经济事实；而利润率下降背后的低盈利能力和信用的过度扩张则为直接诱因。

首先，在本书第二章，克莱曼阐释了后续实证研究章节的理论基础，马克思的利润率下降趋势规律。他指出，资本主义生产是一个为追求高额利润而生产的制度体系。马克思认为，随着资本主义生产的发展，资本家倾向于采取效率更高的劳动节约型技术，换句话说，他们越来越多地转向以机器代替工人的生产方法。在这一趋势以及他关于价值取决于劳动时间的理论基础之上，马克思推论出了利润率下降趋势规律。这一规律是：资本主义制度下生产力的提高造成了一般利润率下降的趋势，"因此，一般利润率日益下降的趋势，只是劳动的社会生产力的日益发展**在资本主义生产方式下所特有的表现**"。因此，利润率下降趋势规律是由资本主义生产的本质所决定的，经济危机的爆发就成为资本主义生产体系中固有的属性。

在本书第五章中，克莱曼大跨度地考察了美国公司1929—2009年间财产收入利润率（与马克思用"剩余价值"所指称的含意非常接近）和税前利润率的发展趋势，并剖析了摒弃马克思利润率下降趋势规律的诸种观点。当利润率的计算以财产收入减去雇员报酬再除以历史成本的固定资本存量时，美国利润率显示了从1947年后持续下降的趋势。克莱曼指出，拒绝利润率趋于有效下降的那些人，他们是以本期成本估算度量资本存量的，因此，"本期成本"利润率自1982年后呈现上升趋势；这也就成为利润率下降趋势规律被摒弃的一个根本原因。而这样计算的利润率把现在和未来价格同时计算，这是一个逻辑错误。克莱曼用第六章整章内容进一步阐明了为什么现期成本利润率根本不是一个利润率。克莱曼拒绝米歇尔·哈森，弗雷德·莫斯利，迪梅尼和莱维提出的1982年后利润率已经恢复的观点。他认为，莫斯利，迪梅尼和莱维未能区分周期性变化和盈利能力的长期趋势，因为他们的利润率结论结束于随意选取的峰值点。克莱曼认为，利润率下降作为最近经济危机的一个解释为什么被摒弃的主要原因是一个逻辑问题，而不是实证原因。而这一逻辑反驳就是著名的"置盐定理"。据此，技术进步不会导致利润率的下降，因为资本家只会引进利润率提高的技术，而资本家利润率的提高将会提升整个经济的利润率。

但是，在资本主义生产的发展历程中，利润率下降的趋势常常会被危机中的资本消灭所打断和抵消。在危机及它所引致的大萧条期间，资本价值大量消灭，大量实物资本被闲置和毁坏，特别是实物资本资产的价格下降，以及金融资产的虚拟价值下降。资本资产的价格暴跌，致使资本价值大量消灭。对于资本主义生产而言，资本（价值）的消灭意味着作为利润率分母的预付资本减少；即使社会需求没有增加的条件下，只要资本消灭的数量足够多，那么，利润率也会得以提高，企业盈利能力也可得到恢复。克莱曼以为，通过资本消灭，资本过剩问题得以解决，利润率得以恢复。换言之，资本消灭是危机带来的结果，但它同时也为危机过后的繁荣奠定了基础。

所以，克莱曼认为，马克思的利润率下降趋势规律所揭示的利润率下降趋势这一经济现象是导致资本主义经济危机周期性爆发的根本原因。利润率下降导致危机，危机带来资本消灭，而资本消灭使利润率得到恢复并开启新一轮的经济繁荣，在新一轮繁荣中利润率会再次呈现出下降趋势。

其次，克莱曼进一步提出，利润率下降是危机爆发与衰退的根本而间接的原因，这一根本原因是先后通过两个中间环节即低盈利能力和信用的过度扩张而引致危机的。也就是说，直接引发危机的是低盈利能力和信用扩张。在本书第二章中，克莱曼对此作了详细论述。

克莱曼认为，一方面，利润率下降导致企业平均盈利能力降低，而低水平的盈利能力表明有较多的企业处于盈亏平衡线的边缘或以下。利润率下降时，资本（生产性投资）的积累率也倾向于下降。克莱曼在本书第五章以实证研究表明，美国公司的积累率始终与其利润率紧密联动。同时，低资本积累率又会相应导致就业、产出、收入和对消费品与服务的需求的低增长率。一旦收入（利润、工资、税收等）增长放缓，企业、家庭和政府就更加难以偿还其债务。这就给债务危机和金融危机的到来铺平了道路。另一方面，如果资本积累率较低，利率也会较低（在其他条件相同的情况下，愿意借款以筹措生产性投资资金的企业越少，就会有越多的放贷者不得不降低他们索取的利率以吸引借款方借款）。而低利率使得借款更加具有吸引力，从而引致债券、股票和不动产的价格上升，它鼓励了这些资产市场上的投机行为，使这些市场更容易发生危机。随着债务增长逐渐超过收入增长，信用的这种过度扩张就会进一步加剧经济的脆弱与不稳定性。一旦投机狂热和债务增长无法维系，经济危机就会随之爆发。克莱曼认为，每一轮经济危机的爆发，都是由企业低盈利能力造成的经济脆弱和信用扩张导致的投机狂热及债务过度积累的经济状况所致。

第二，资本主义生产无法逃脱大失败的命运。

克莱曼通过对2007—2008年金融危机及其成因的分析，认为需要联系美国经济史进行探究方能有一个科学而全面的认识，其分析结论为：资本主义生产面临着不可避免的大失败。

克莱曼认为，1930年代大萧条是依靠危机和资本消灭来解决资本主义生产过度积累问题的。在危机和大萧条期间，市场自发实现的资本消灭要远远超过人们预期和可接受的程度，工人运动在此期间也变得极为激进。而这两方面对资本主义制度造成了极为严重的威胁。因大萧条期间资本的大量消灭，利润率出现了大幅飙升；而利润率的提高带来了二战后长时期的经济繁荣。但是，克莱曼在本书第七章以实证研究表明，由于就业增长的速度总是赶不上资本积累的速度，新投资的资本有机构成总是高于既有的资本有机构成，再加上信息技术革命带来的无形损耗速度的不断攀升,自1950年代后半期开始,美国公司的利润率水平逐渐下降。到1970年代初,全球和美国的战后经济繁荣已经结束。克莱曼在本书第四章的实证研究表明,自1970年代起,美国经济增长开始放缓,金融体系越来越不稳定,美国国债和家庭债务负担不断增加,就业状况的疲软和薪酬增长的乏力,不平等现象的不断扩大以及公共基础设施的恶化。这表明美国经济到1970年代初已濒临危机爆发的边缘。

事实上,1970年代的确爆发了危机,但美国政府采取了凯恩斯主义干预政策来缓解经济危机,以避免1930年代大萧条的重现和资本主义制度的崩溃。克莱曼以为,这种试图缓解经济危机的政策恰是2007—2008年危机的根源所在。为了把危机控制在一定范围内,美国政府采取了不断增加债务、人为制造短期繁荣的方式以刺激经济,从而致使1970年代没有像1930年代那样出现足够大规模的资本消灭,也正是因为如此,1980年代以来美国公司部门的利润率始终没有得到持续性的恢复。这表明,尽管政府的刺激政策阻止了危机演变成为对资本主义制度的严重威胁,但同时也使得经济陷入了长期的相对停滞状态。但是,所有这些刺激政策是不可持续的。克莱曼在本书第三章的研究表明,自1990年代以来,美国政府不得不用一个又一个的新泡沫来取代一个个的旧泡沫:股市泡沫、网络公司繁荣、房地产泡沫等等。资产价格在新旧泡沫更替的进程中被不断推高,国家和家庭资产财富的增长掩盖了其真实收入增长的放缓,而这则进一步引发了投机的狂热:人们开始使用债务来购买资产。在资产泡沫仍在膨胀时,人们可以使用资产的投机收益来偿还债务的利息,因此,这种行为并不会立即导致严重的后果,而资产泡沫的膨胀本身又允许人们借入更多的债务来偿还以往的债务。然而,一旦资产价格出现停止上涨的迹象,债务缠身的人们就会发现自己早已无力走出沼泽。

而这仅仅是开始。当次贷危机刚刚爆发之际,受到影响的似乎还仅仅是那些次级抵押贷款的债务人,但是,当房价泡沫因次贷危机而破裂时,承担泡沫破裂后果的就不仅仅是债务人,还有那些提供次级抵押贷款以及为次级抵押贷款提供担保和保险的金融机构。随着危机的蔓延，整个金融系统都被卷入这场危机，信用市场开始逐渐陷入一场信心危机：即使那些生产经营良好的公司也难以在信用市场上获得日常经营所需的流动资金——资本主义再生产的链条断裂了。

自1930年代大萧条时期至今，美国经济一直在自由市场和政府干预之间徘徊。克莱曼认为，这表明资本主义制度面临着自身无法解决的困境。如克莱曼在本书第九章所言，1932年的罗斯福新政，就像最近的政府干预的目的一样，都是为了挽救资本主义制度本身：资本持续的自我扩张，即让产生价值的价值产生价值，为了价值的积累而积累价值。

传统自由资本主义从19世纪初期到1930年代一直占据统治地位，人们笃信自由市场的魅力，可资本主义经济迎来的却是1929年的巨大经济灾难。在1930年代的大萧条中，资本消灭的程度已足以动摇资本主义制度的基础，而1932年罗斯福的新政挽救了资本主义。此时，人们对仁爱而又全能的政府抱有无限的信任，对曾经挚爱的市场特别是金融市场却持有本能般的怀疑。但是，当资本主义生产体系进一步向前发展时，又出现了1970年代的危机。为了将危机控制在不至于威胁资本主义制度的范围内，美国政府采取国家干预的政策人为地刺激经济。这种政策的后果之一致使美国经济陷入长期的相对停滞，危机再次爆发的威胁始终没有得到有效的缓解，困扰资本主义经济的梦魇难以摆脱。自1980年代以来，美国政府转向了新自由主义。但当2007年危机爆发之时，美国政府又毫不犹豫地再次转向了国家干预，其目的仍然是挽救资本主义制度。

克莱曼对2007年危机爆发的成因的分析表明，这场危机并不是资本主义制度的某种特殊形式的危机，而是资本主义制度本身所固有的危机。马克思的利润率下降趋势规律所揭示的利润率下降的经济事实决定着资本主义经济危机的周期性爆发，而资本主义政府试图避免或缓解危机的政策最终都只是一场徒劳，甚至还可能加剧危机的爆发。基于此，我们可以说，本轮危机的爆发具有重大的历史性意义，它表明，试图通过外在因素对资本主义进行修修补补以挽救其大失败的命运,最终都无力解决资本主义内生的危机。

三

不可否认,克莱曼在本书中批判资本主义生产体系的价值取向是明晰的,而且他的批判是基于经验数据的,所以,这种批判是科学而有力的。如他在本书结束章中所言,最近这场经济衰退及其持续性后果已经给千百万劳动人民带来了苦难。但是,它们也给我们带来了一个新的机会以摆脱这种不断受到类似危机冲击的制度。资本主义根本上的不稳定性已经为人们所认识,这种认识不仅仅是像伯南克那样心照不宣的认识,它还为主流报纸和杂志明确承认。在最近接受《哈珀》(*Harper's Magazine*)杂志的一次采访中,市场导向的法学和经济学领域的主要创立者理查德·波斯纳(Richard Posner)宣称,"由于信用在资本主义经济中的核心地位,资本主义经济天生就是不稳定的。"(Silverstein,2010)玛格丽特·撒切尔(Margaret Thatcher)所说的除了资本主义"别无选择"的信条不再全面占据主导地位了。资本主义"这种经济制度对任何形式的人类利益的总体异化是一个清楚的迹象,表明它必然要灭亡,从而给更高级的社会秩序让路"。至于资本主义终究会以何种方式以及何时过渡到社会主义,这是一个需要立足于资本主义自身变化发展的状况而不懈地进行理论与实践探索的宏大课题。

刘 磊 周延云
2013 年 7 月

目 录

第一章 导论 ··· 1
    主要论点 ··· 3
    传统左派观点 ··· 5
    本书有何不同 ··· 7
    后续章节概要 ··· 11

第二章 盈利能力、信用体系与资本消灭 ·································· 13
    利润率下降是危机的间接原因 ··· 14
    马克思的利润率下降趋势规律 ··· 14
    低盈利能力 ·· 17
    信用体系 ··· 19
    资本(价值)的消灭 ··· 22
    资本价值消灭和 LTFRP ·· 25

第三章 加倍辛劳,双倍麻烦:网络公司繁荣和房价泡沫 ············ 29
    房价泡沫 ··· 29
    2008 年恐慌:"这一糟糕局面将会招致灾难" ························· 35
    美联储挽救美国,让美国避免了日本式的"失去的十年" ··· 39

第四章 转折点:1970 年代而非 1980 年代 ······························· 49
    关键问题是什么? ··· 49

世界经济的增长 ……………………………………………… 52
　　　美国经济的增长 ……………………………………………… 55
　　　全球金融的不稳定性 ………………………………………… 57
　　　美国不断增长的债务负担 …………………………………… 60
　　　美国劳动市场状况 …………………………………………… 67
　　　美国的不平等 ………………………………………………… 70
　　　美国的公共基础设施 ………………………………………… 71
　　　结论 …………………………………………………………… 73

第五章　利润率和积累率的下降 …………………………………… 75
　　　最显而易见的解释 …………………………………………… 75
　　　利润率趋势 …………………………………………………… 76
　　　美国对外投资的盈利能力 …………………………………… 79
　　　流动资本 ……………………………………………………… 81
　　　通货膨胀调整 ………………………………………………… 83
　　　不断下降的积累率 …………………………………………… 89
　　　附录：方法论、数据和计算 ………………………………… 94

第六章　现期成本"利润率" ………………………………………… 103
　　　对利润率下降趋势规律的摒弃 ……………………………… 103
　　　优化选取的低点和高点 ……………………………………… 105
　　　摒弃的逻辑和方法论基础 …………………………………… 107
　　　伦理上至关重要的是什么？ ………………………………… 110
　　　盈利能力趋势的背离 ………………………………………… 112
　　　为什么现期成本"利润率"不是利润率 …………………… 116
　　　错误衡量的通货膨胀 ………………………………………… 119

第七章　利润率为什么会下降 ……………………………………… 124
　　　收入的利润份额 ……………………………………………… 125

　　　　"剩余价值率"和"资本有机构成" ……………………… 129
　　　　名义利润率的可供选择的分解 …………………………… 134
　　　　无形损耗:持续存在的资本价值的消灭 ………………… 138
　　　　定义 ……………………………………………………… 139
　　　　无形损耗的提高 ………………………………………… 141
　　　　无形损耗增加造成的损失 ……………………………… 144
　　　　数学附录 ………………………………………………… 149

第八章　看似可选的消费不足理论 ………………………………… 152
　　　　谎言,该死的谎言,和消费不足论的统计数字 ………… 153
　　　　消费不足论者的直觉 …………………………………… 161
　　　　巴兰和斯威齐的逻辑错误 ……………………………… 169
　　　　消费不足论走向何方? …………………………………… 180

第九章　还有哪些问题未解决? ……………………………………… 182
　　　　国家资本主义的新表现 ………………………………… 182
　　　　解决方案是进一步国家化吗? …………………………… 186
　　　　管制 ……………………………………………………… 187
　　　　国家控制和国有化 ……………………………………… 191
　　　　"我们不应幻想能够防止所有危机" …………………… 193
　　　　"自下而上的"经济学及其政治含义 …………………… 194
　　　　为了一个不同的未来 …………………………………… 199

缩略语表 ………………………………………………………………… 205
注　　释 ………………………………………………………………… 206
索　　引 ………………………………………………………………… 229
参考文献 ………………………………………………………………… 250
译后记 …………………………………………………………………… 263

表格目录

表 2.1　盈利能力下降导致企业破产的非线性效应 ……………… 18
表 4.1　人均实际 GDP 的增长率（麦迪森数据）………………… 54
表 4.2　主权债务违约与重组，1946 至 2005 年 ………………… 58
表 4.3　债务和 GDP，美国（年均百分比增长率）……………… 62
表 5.1　利润率，美国公司，选择低点年份 ……………………… 83
表 6.1　利润率和股市回报率 ……………………………………… 119
表 7.1　计算机设备的快速折旧 …………………………………… 142
表 8.1　实际收入增长，美国，1979—2007 年 …………………… 161
表 8.2　最后那部分产出和经济增长 ……………………………… 165
表 8.3　初始状态 …………………………………………………… 171
表 8.4　前十个时期 ………………………………………………… 173
表 8.5　1600 年以来全球实际 GDP 的增长 ……………………… 175
表 8.6　投资和增长，1965—1992 平均值 ………………………… 177

图目录

图 2.1	利润率分布	18
图 3.1	美国住房抵押贷款和实际房价	30
图 3.2	美国家庭债务和资产的相对增长	31
图 3.3	美国家庭的借贷净额	32
图 3.4	泰德利差，2008 年 8 月—2009 年 1 月	36
图 3.5	标准普尔 500 指数	40
图 3.6	美国非农业的就业	42
图 3.7	名义和实际联邦基金利率	43
图 3.8	联邦基金利率和住房抵押贷款	44
图 3.9	超额储蓄占世界 GDP 的比例	46
图 4.1	世界人均 GDP 的增长	52
图 4.2	中国对人均 GDP 增长的影响	53
图 4.3	现实实际 GDP 和潜在实际 GDP 的缺口，美国	55
图 4.4	工业生产增长率，美国	56
图 4.5	工业产能的增长，美国	57
图 4.6	债务余额占 GDP 的比例，美国	61
图 4.7	债务变化，全美国内非金融部门	63
图 4.8	美国国债和家庭债务的变化	64
图 4.9	个人和公司收入所得税，美国	65
图 4.10	美国国债占 GDP 的百分比，现实的和假设的	66
图 4.11	实际和潜在劳动力间的缺口，美国	67
图 4.12	失业的平均持续时间，美国	68
图 4.13	美国雇员实际小时工资	69
图 4.14	美国家庭收入不平等的变化	71
图 4.15	政府建筑物的增长，美国	72
图 5.1	利润率，美国公司	77
图 5.2	美国跨国公司对外直接投资的利润率	80
图 5.3	存货对税前利润率的影响	82
图 5.4	经通胀调整的财产收入利润率	84

图 5.5　经通胀调整的税前利润率 ·················· 85
图 5.6　调整和未调整的利润率 ···················· 86
图 5.7　不同的利润率调整方法的效果 ················ 88
图 5.8　利润率和积累率 ······················· 91
图 5.9　净投资对利润的百分比，美国公司 ·············· 92
图 5.10　净投资对税后利润的百分比，美国公司 ··········· 94
图 6.1　优化选取的波谷和波峰 ··················· 105
图 6.2　现期成本"利润率"，美国公司 ··············· 112
图 6.3　财产收入利润率 ······················ 113
图 6.4　现期成本利润率和历史成本利润率的关系 ·········· 115
图 6.5　现期成本利润率和"实际"利润率，美国公司 ········ 122
图 6.6　现期成本利润率，"实际"利润率和经通货膨胀调整的
　　　　利润率，美国公司 ···················· 123
图 7.1　净增加值和雇员薪酬，美国公司 ··············· 126
图 7.2　美国公司净增加值的利润份额 ················ 126
图 7.3　现实利润率和固定利润份额利润率 ·············· 128
图 7.4　利润率的标准分解 ····················· 131
图 7.5　资本构成，美国公司 ···················· 133
图 7.6　名义利润率和经 MELT 调整的利润率之间的缺口 ······· 135
图 7.7　可供选择的名义利润率分解 ················· 136
图 7.8　折旧率，美国公司 ····················· 142
图 7.9　非 IPE&S 折旧率，美国企业部门 ·············· 144
图 7.10　额外无形损耗带来的损失，美国公司 ············ 145
图 7.11　对超额折旧调整后的变量 ················· 147
图 7.12　BEA 基础上的利润率和经调整的利润率 ·········· 147
图 8.1　1960—2009 美国国民收入的工人份额 ············ 156
图 8.2　实际小时薪酬，美国私人企业工人 ············· 158
图 8.3　实际小时工资和薪水，美国私人企业工人 ·········· 159
图 8.4　收入的份额 ························ 172
图 8.5　美国的投资、消费和 GDP 的增长，1933—2009 ······· 176

第一章 导 论

针对2007年爆发的金融危机、2008年的大恐慌以及由它们导致的大衰退，已有大量研究著作问世。在许多地方可以找到关于这些事件及其诱因的大量具有说服力和洞察力的分析。我们真的还需要再多一本关于这一主题的书吗？或许不用。因此，本书更多地关注为危机和衰退搭建舞台的根本条件，而不是这些事件的直接原因。

现在，那些关于危机和衰退的根本条件的解释常常毫无启发性。一个重要的例子是，最近这场金融危机常常被归罪于贪婪[1]。然而正如一种流行的观点所说，将这场危机归罪于贪婪就如同将一次飞机失事归罪于重力。重力总是存在，但飞机并不总是坠毁。我们想要知道的根本条件不是像重力那样的永久性条件，而是那些特有的、具体的条件，是它们导致了这次坠毁而不是其他事故或往常发生的事故。

因此，关于贪婪，无论在其一般意义上，还是在它由资本主义所塑造的意义上，我都不想多说什么。我也不想在此意义上就资本主义多说什么。我不相信资本主义在这场危机中的作用就像重力的作用一样。资本主义已经存在了几百年，因此将危机归罪于此意义上的资本主义，并不能解释为什么一场严重的危机发生于几年前而不是1960年代。将最近这场危机归罪于资本主义的本性并没有错，这就如同将危机归罪于贪婪一样没有错。问题仅仅在于，这些解释不能令人满意：它们没有告诉我们想要知道的东西。

因此，本书题目中的"资本主义生产的失败"不是指资本主义的一般形式，而是针对1970年代以来资本主义价值生产体系中特有的未解决的问题。我将指出，经济一直没有从1970年代中期和1980年代初期的衰退中全面复苏。我将提出一个解释来说明为什么没有复苏。我将证明金融危机的原因之一在于资本主义生产持续脆弱的状况。最重要的是，我将论证它为大衰退和"新常态"——即我们正在经历的不完全衰退的状态——搭建了舞台。由于资本主义生产的脆弱性，衰退及其引发的后果随时都可能发生。

就像大衰退隐含的问题多于股市崩溃及之前的股市泡沫一样，大衰退和"新常态"隐含的问题也多于2000年代的金融危机及之前的房价泡沫。在官方宣告美国的衰退已经结束了15个月之后，保罗·克鲁格曼（Paul Krugman）和罗宾·威尔斯（Robin Wells）在一篇评论（2010）中说道：

> ……没有什么复苏。如果根本的问题在于银行体系的信任危机，为什么银行信任的恢复没有带来强劲的经济增长呢？可能的答案是，银行只是问题的一部分。

同样有理由怀疑，在缺乏较长期的良好条件因而降低了经济抗冲击能力的情况下，金融危机本身就会引发如此严重的经济衰退。现实中所发生的生产、就业和收入的下降，即已经发生的那种下降规模，并不是衡量美国经济无力承受金融危机冲击的真正尺度。真正的衡量尺度是，如果美国财政部没有疯狂借贷以支撑经济，那么经济有可能出现的下降规模。在雷曼兄弟破产后的两年中，美国财政部额外增加了3.9万亿美元借款，导致其债务总额上升超过40%，新增债务相当于这两年美国国内生产总值（GDP）——28.6万亿美元——的13.5%。然而，即使考虑到巨额增长的债务为增加支出和减税提供了资金，两年后的实际GDP仍然低于衰退前的峰值。相反，在1929年中期至1931年中期的两年里，美国国债是在*减少*的，直到1932年中期，美国国债仍然只比1929年中期高出15%。如果在最近这场衰退中政府没有增发公债，那么这场衰退很可能和大萧条时一样糟糕，甚至更加糟糕。

本书聚焦于美国，部分原因在于书中的许多内容由详细的数据分析构成。其他国家经济的可用数据没有美国数据那么完整，并且往往也没有美国数据那么可靠。我专注于美国的另一个理由在于它是最近这场危机的震中。不能机械地认为对美国情况的分析也可以应用于其他国家，但是，既然美国是震中——换言之，即危机在其他地方爆发是因为它首先爆发于美国然后才扩散开来，因此，对其他经济体讨论的较少并不会削弱本书对危机和衰退背后存在的长期经济困难所作分析的充分性。

主要论点

利润率——即利润占投资货币量的百分比——存在着一个持续下降的趋势。然而，约翰·富拉顿（John Fullarton）、卡尔·马克思以及其他人所说的"资本消灭"——即金融和实物资产价值下降或实物资产本身的破坏所造成的损失——扭转了这一趋势。矛盾的是，就像大萧条和二战之后出现了繁荣那样，这些过程同时也恢复了盈利能力，从而为新一轮繁荣奠定了基础。

然而，在1970年代中期和1980年代初期的全球经济衰退中被消灭的资本价值，与大萧条和随后的世界大战中被消灭的资本价值相比要少得多。这种差别很大程度上是经济政策导致的结果。大萧条消灭的资本价值的数量远远超出了自由放任政策的鼓吹者们所预期的数量，同时严重萧条环境的持续存在使劳动人民明显变得更加激进。政策制定者们不希望这种现象再次发生，因此他们现在运用财政和货币政策干预经济，以防止资本价值被全面消灭。这解释了为什么后来的经济低迷没有像大萧条时那样严重。但是，由于1970年代和1980年代初期被消灭的资本价值比1930年代和1940年代初期要少得多，因而利润率的下降过程没有得到扭转。正因其没有得到扭转，从而盈利能力停留在一个低水平上，不足以支持新一轮的繁荣。

这一因果链是容易理解的。利润的**产生**使得为利润而**投资**成为可能。所以，毫不奇怪，利润的相对缺乏导致了资本积累率（即在生产性资产上的新投资与现有资本数量之间的百分比）的持续下降。停滞的投资反过来导致产出和收入增长缓慢。

所有这一切导致了日益严重的债务问题。收入增长的迟缓使得人们更加难以偿还他们的债务。利润率的下降，再加上支撑公司税后利润率的所得税率的降低，导致了税收的大幅下降，增加了政府预算赤字和债务。为了应对经济的相对停滞，政府一再采取刺激债务过度扩张的政策。这些政策以不可持续的方式人为拔高了盈利能力和经济增长，从而多次导致泡沫破裂和债务危机。最近这场危机则是其中最为严重和最为剧烈的。

* * *

尽管金融危机已经结束，经济衰退也已在两年前被官方宣告结束，但是，由于大量失业和房价剧烈下跌，债务问题仍在持续——目前，欧盟的债务问题十分严重。这些问题似乎是衰退结束以来妨碍美国经济迅速增长的主要因素。长期以来，由于美国人相信他们的住房和股票的价格的增长足以代替真实现金储蓄，因此他们一直乐于增加借贷减少储蓄。然而这些增长已经消失，许多人开始担心他们是否还能保住自己的工作和住房，于是他们已经开始减少借贷增加储蓄。由于在债务、失业和房产行业等方面的问题仍持续存在——可能还有他们担忧自己的现有资产遭受额外损失，最终不得不报告他们现在还未"认识到"的损失——因此放贷者更加不愿放贷。低水平的借款/贷款导致了支出和经济增长变得迟缓。

我当然不是在鼓吹资本价值的全面消灭——也不是在鼓吹其他任何意图使资本主义运行得更好的政策；我并不赞成资本主义制度。然而，资本价值的消灭似乎的确是我所概括的系统性问题的一个解决方案——如果它没有导致革命或资本主义制度崩溃的话。企业和个人破产、银行倒闭和资产减值损失的大规模浪潮将解决高悬的债务问题。新业主能够在不接手其债务的情况下以大甩卖的价格接管企业。这将提高潜在的利润率，从而为新一轮繁荣创造条件。如果没有发生这种情况，我相信经济将继续相对停滞，并易于发生危机。

传统左派观点

本书不是我原计划要写的。2009年初，我开始进行经验研究，它最终成为本书的核心内容，但那时我头脑中有另外一个十分有限的目标。然而不久我发现了一些东西，促使我深入挖掘并扩展了我的研究范围。

要理解我逐渐认识到的这些东西的重要性，需要通晓在美国近期经济史以及它同最近这场危机与衰退的关系这一问题上左派的传统见解。下面是传统观点的一个简要概括。（在本书后面，我会引用多位作者并提供引文）

根据传统见解，利润率的下降始自"二战"后经济繁荣的早期，并经历了1970年代和1980年代初期的经济低迷。但到那时，经济政策已经转向"新自由主义"（自由市场），这导致工人所受剥削的提高。因此，美国工人的（经通胀调整的）实际工资与几十年前相比没有提高，因而他们的收入份额出现了下降。剥削的提高导致了利润率的大幅回升。通常情况下这也会引起积累率的上升，但这一次却没有。

传统观点把积累率没有回升归咎于经济的"金融化"。这种观点认为，作为新自由主义的另一个组成部分，金融化诱使企业把较大份额的利润投资于金融工具，而投资于能够促进"实体"经济增长的生产性资本资产（工厂、机器等）的利润份额较少。其结果是，过去几十年的经济增长比"二战"后前几十年弱。这一因素，再加上新增的借款——它使劳动人民能够在其收入份额下滑的情况下维持其原有生活水准，已经带来了长期债务问题。这些债务问题与其他同样源自金融化的现象，被认为是最近这场经济危机和衰退的根本原因。

我认为关于近期经济史的这种解释没什么特别的吸引力，并且我确信传统见解的支持者们错误衡量了利润率。但那时我还没有理由确认他们的测量**高估**而不是低估了盈利能力的提高。那时我也不怀疑他们的其他经验断言是基于事实的。然而，在我的研究过程中，我发现：

- 1980年代初期以后，美国公司的利润率没有出现持续恢复。自1980年代初以来，美国公司的税前利润率一直趋势不明，基于更加广义的利润概念——它与马克思的"剩余价值"更为近似——的利润率则持续下降。
- 新自由主义与金融化并没有导致美国公司降低投资于生产的利润份额。与1947—1980年期间相比，在1981年至2001年期间，他们把较大份额的利润投入到生产性投资（2001年以后的份额下降是一个统计上的偶然）。相反，利润率的下降解释了积累率的下降。
- 美国工人得到的实际报酬并没有比几十年前减少。他们的实际报酬是上升的。他们在国民收入中所占的份额并没有下降。目前这一份额高于它在1960年的水平，并且自1970年以来它一直是稳定的。

这些发现没有损害这样的断言，即债务的长期积累是最近这场危机及其后续问题的根本原因。然而，传统左派观点的所有其他因果断言都失败了。

传统见解暗示最近这场经济危机是一场**不可还原的金融的**危机。当然，金融危机引发衰退，而且金融业的具体现象（如过度杠杆、高风险抵押贷款等等）都是其重要原因。但我所说的"不可还原的金融的"，意指左派传统见解所持有的那种观点，即最近这场危机和衰退最终根源于资本主义的金融化和由金融化带来的宏观经济困境。资本主义**生产**的持续脆弱性被认为与这些宏观经济困境无关。事实上，按照这种观点来看，资本主义生产体系根本不具有脆弱性，这是因为作为衡量其表现的关键标志的利润率在1980年代初期之后得到了大幅恢复。

这一争论具有深远的政治意义。如果危机与衰退的长期原因是不可还原的金融的危机，我们就能够通过废除新自由主义和"资本主义金融化"来防止这种危机的再次发生，而没有必要废除资本主义生产体系——即由"价值"或抽象财富无休止的扩张这一目标所驱动的生产体系。这样，被危机提上日程的就不是社会经济体系的根本特征的转变，而是需要这样一些政策，即诸如金融监管、积极的（"凯恩斯主义的"）财政货币政策或许还有金融部门的国有化等等政策。[2]

另一方面，如果利润率的持续下降就如本书所论证的那样是危机与衰退的一个重要的（尽管是间接的）原因，那么这些政策建议就不是解决问题的方案了。它们充其量只会推迟下一场危机。人为的政府刺激将带来不可持续的增长，这将使下一场危机爆发时情况变得更加糟糕。除非最终盈利能力得到恢复，或者社会经济体系的根本特征出现变革，否则经济将持续低迷。

本书有何不同

关于最近这场危机和衰退，已有相当多的著作提出了各不相同的左派见解。同绝大多数这些主题的其他著作一样，它们中有许多致力于讨论这些事件的直接原因。如我前面所说，本书与这些著作的不同之处在于本书关注长期的根本条件，这些条件使金融危机能够引发一场尤为深重长久并具有持续后遗症的衰退。

然而有相当数量的其他左派著作也关注于根本原因。它们中的一些——例如福斯特和马格多夫（Foster and Magdoff, 2009）、哈维（Harvey, 2010）、迪梅尼和莱维（Duménil and Lévy, 2011）以及麦克纳利（McNally, 2011）——提出了前面所讨论的某种版本的传统左派观点。有些著作，例如福斯特—马格多夫和哈维的著作，同样强调了这样一些虚假的事实，即工人在总收入中的份额下降，由它导致的需求匮乏被不断增长的债务所弥补。按照这种观点来看，危机似乎不是资本主义的危机，而是新自由主义和金融化这种特殊**类型**的资本主义的危机。我不认为这些观点与事实相符合，我相信没有偏见的读者将会发现，本书的经验分析至少对这些观点提出了质疑。

另一方面，来自左派的其他一些著作似乎把危机看做是资本主义的危机，它们反对或部分反对传统观点——包括哈曼（Harman, 2009）、罗伯茨（Roberts, 2009）、卡尔谢迪（Carchedi, 2011）和马蒂克

（Mattick，2011）。在这个书单上还可以加上诸如德赛和弗里曼（Desai and Freeman，2011）、大西（Onishi，2011）和波茨（Potts，2011）等人的文章。我不同意所有这些研究的所有方面，但我为本书现在能与它们同列而骄傲。

在上面所提到的所有著作中，同样在关于这一主题的绝大多数其他著作中，除了迪梅尼和莱维的著作，本书的数据分析是最深入和最广泛的。在对传统左派观点持有异议的著作中，本书对大衰退根本原因的处理可以说是最全面的。

在某种程度上，本书与传统观点的不同之处反映了方法论和理论上的不同。与前面所提到的关于传统观点的大多数批评者一样，我是马克思价值理论的分期单一系统解释（Temporal single-system interpretation，TSSI）的支持者。长久以来，价值理论和以之为基础的最重要的规律——即作为马克思资本主义经济理论核心的利润率下降趋势规律（LTFRP）——两者之间一直被认为存在着内在的矛盾，因而它们必须加以修正或拒绝。然而，TSSI 研究已经证明，这些矛盾在原初文本中并不存在，它们是特定解释的结果。当按照 TSSI 诠释马克思的方式去解释其理论时，这些矛盾就消失了（例如，见 Kliman，2007）。

第六章将更为详细地讨论，对于那种认为马克思的《资本论》存在着内在不一致的错误观点，TSSI 有能力重新主张马克思的理论，它以如下方式影响着关于大衰退的根本原因的争论。在批评者们关于 LT-FRP 存在内在不一致性的错误论证中，他们把马克思的理论中指称的随时间决定的利润率**替换**成了一个非时间的"利润率"（现期成本或重置成本率），经过这一替换他们发现马克思的规律不再成立。接受了这些论证的人也接受了这些论证以错误方式衡量的利润率。这样，当他们发现在 1980 年代早期非时间的"利润率"具有上升趋势时，他们把这一现象当做是资本主义生产仍然具有合理性的决定性证据，因此大衰退的真正的根本原因就是新自由主义、金融化和提高了的剥削。对现实利润率的分析将带来极为不同的结论。

然而，我不想夸大方法论和理论上的不同所造成的影响。在对数据进行分析之前，我并没有一个先验的信念，认为1980年代早期以来实际利润率没有回升。我甚至写到，"由于绝大多数（美国）工人的实际工资下降，盈利能力得到了支撑"（Kliman，2009：51），当时我相信这是一个明确的事实。方法论和理论极大地影响着一个人所提出的问题的类型和他认为是重要数据的类型，但是它们对数据本身并没有影响。

换言之，本书是一个**经验分析**，而不是一个理论研究。甚至我主张的这一观点——即在利润率这个术语的任何常规意义上非时间的"利润率"都不是一个利润率，仍是一个经验命题。如果这一观点和本书其他的主张和结论，对认为这些结论具有吸引力的那些人是"真的"，那么对那些认为它们不具有吸引力的人来说这些结论仍然是"真的"。并非所有的表述都是观点。如果我现在能说美国公司盈利能力的持续下降是大衰退的一个显著的根本原因，并且马克思关于利润率为什么倾向于下降的解释是明显符合现实的，那是因为我已经对数字进行了处理和分析。几年以前我就不会这么说。

布伦纳（Brenner，1998）的分析和我的分析之间的关系较为复杂。尽管我认为他的"长期低迷"这一术语具有误导性，并用"相对停滞"这个概念来代替它，但我们都得出了这样的结论，即资本主义从1970年代和1980年代初期的经济低迷中的恢复远远谈不上稳固。我们同样都认为盈利能力问题是这种经济乏力的一个来源。然而，布伦纳得出这一结论的方式部分是通过分析非时间现期成本"利润率"的运动，而我则不同。由于传统左派观点的支持者们考察的是**完全同一**的利润率，他们把这一利润率的上升趋势当做关键证据，认为新自由主义将资本主义重新拉回到了不断扩张的道路上来，因此布伦纳的观点实际上只是用论证杯子是半空的来反对那种认为杯子是半满的观点。（我则认为从这一术语的任何常规意义上来讲它都不是一个杯子。）

在理论层面上，布伦纳将盈利能力的下降植根于技术变革，但从其他角度来说，他的利润率下降理论与马克思的理论毫无共同之处。事实上，他接受了那种虚假的证明，即认为马克思得出的降低成本型的技术变革能够引起利润率下降这一结论是错误的（见Brenner 1998：11—

12，n1 和 Kliman 2007：6—7，82—83，113）。为了解释盈利能力的下降，布伦纳（1998：24—25）诉诸于额外的因素："在成本不能向下变动的条件下价格降低"，需求不足以及由不完全信息导致的过度生产。他认为这些因素与降低成本型技术变革的**相互结合**能够引起利润率的下降。

布伦纳诉诸于成本不变的原因在于他的理论是非时间的，因而它无法解释使成本和价格降低的技术变革在成本可变的情况下如何能够引起利润率的下降。（在一个非时间的理论中，如果成本下降的百分比与价格下降的百分比相等，那么利润率将保持不变。）但是马克思的LTFRP不需要这种假设，也不需要布伦纳所引入的其他额外因素。即使成本是可变的，发生于**过去**的成本也不会随着**现在**价格的下降而下降。因为马克思的规律承认这一时间的差别，因此它能够解释为什么技术变革本身——在没有其他特殊因素的条件下——能够引起利润率的下降。[3]

最后，让我说明一下本书与其他一些关于此主题的著作的另一个不同之处：本书详细讨论并引用了其他人的论据，尤其是那些持反对观点的论据。之所以这么做，部分是因为我所接受的辩证思维的传统极为强调争论和批评，这一传统认为辩论和批评是知识发展的主要手段。我把驳斥错误的主张和论据看做是本书的基本任务之一。我并不是试图要对读者讲清楚什么是错误的，如果读者认为我所说的有吸引力就接受它，没有吸引力就拒绝它。**我力图要做的是把什么没错和什么错了区分开来**。我详细讨论和引用了其他人的论据，还因为我认为无视对立的观点或概括这些观点却不提供支持这一概括的证据和理由，这种做法在思维上是不负责任的，而我的著作总是遵循着这种惯例。

马克思是我频繁引用的一位作者。我这么做不是为了支持我的论点，而是为了帮助确立他真正的思想，帮助阐明这些思想，避免剽窃，并且在某些情况下表达一些我无法用自己的语言进行同样恰当表达的内容。

后续章节概要

第二章构建了为后面的经验分析提供基础的理论框架。它讨论了马克思危机理论的关键要素——利润率下降趋势，信用市场的运作以及危机中资本价值的消灭。这一章还讨论了这些要素怎样有助于解释最近这场危机和大衰退。

第三章简要讨论了美国房价泡沫的形成和破裂以及由它导致的2008年恐慌。然后，我讨论了美联储的政策如何促成了泡沫的形成。我认为，美联储想要防止美国走上日本的道路。在1990年代初期的不动产和股市泡沫破裂之后，日本遭受了一个"失去的十年"，而美联储想要确保美国1990年代的股市泡沫破裂之后不出现与日本相似的结果。因此，最近这场危机就不**仅仅**是由金融和房产行业的问题所引起的。早在2001年，基础环节的薄弱就已经使美国经济达到了这样一个地步——即股市的崩溃足以导致经济长期停滞。

第四章分析了全球和美国经济数据，并指出这些数据表明自1970年代衰退以后经济从来没有完全恢复。由于经济增长放缓、劳动市场不景气、借贷相对于收入的增加以及其他问题都始于1970年代或更早的时期，先于新自由主义的兴起，因此这些问题不能被归结为新自由主义的政策。

接下来的三章讨论利润率变动以及相关的问题。第五章表明美国公司的利润率在1980年代早期以后没有回升。这一章还表明，积累率的持续下降应当由利润率的持续下降来解释，而不应通过生产性投资向证券投资的转变来解释。

第六章讨论了为什么许多激进经济学家拒绝马克思的利润率下降趋势规律而坚持认为利润率是上升的。他们计算"利润率"时所使用的资本价值是以其现期成本（重置成本）来计算的；几乎所有其他人在使用"利润率"这一概念时指的都是利润在过去投资的实际货币数量（扣除折旧之后的净额）中所占的比例。现期成本"利润率"自1980年代早期以后事实上确实回升了，但我认为它显然不是一个具有任何实际意义的利润率概念。尤其是，尽管现期成本利润率的支持者们最近为它辩护称，使用这一概念的理由是它经过了通货膨胀的调整，但我仍认为它错误地衡量了通货膨胀的效应，而这种错误衡量是得出利润率上升的最主要原因。

第七章探讨了利润率为什么会下降。这一章表明了公司产出在劳动收入和非劳动收入之间的分配只有微小的改变，这一章还分解了利润率的变动——这一利润率是按照马克思主义经济学文献中的标准方法得到的利润率。然后我表明，另一种分解分析揭示了利润率下降主要是由就业相对于资本积累增长过慢所导致的。这一结果意味着马克思的利润率下降理论极好地符合了客观事实。这一章结尾讨论了由陈旧过时所导致的折旧（无形损耗）。我表明，信息技术革命已经使得这种折旧大幅增加，而这对利润率的衡量产生了重大的影响。如果我采用马克思所使用的折旧概念而不是美国官方使用的概念，那么第五章和第七章前几节所讨论的利润率甚至会出现更大程度的下降。

第八章考察了消费不足理论，这一理论自最近这场危机以来变得越来越流行。这一章表明，与持消费不足论的作者所主张的相反，当前美国工人经通胀调整的实际工资，比他们在几十年之前的工资更高，他们在国民收入中所占的份额并没有降低。这一章余下的部分批评了消费不足的危机理论。尤其是我证明了，巴兰（Baran）和斯威齐（Sweezy）极具影响力的《垄断资本》一书中提出的消费不足理论是建立在一个基本的逻辑错误之上的。

第九章是本书的结语，这一章讨论了还有哪些问题尚未解决。我认为美国政府对危机的反应体现着一种新的国家资本主义的表现形式。我批判性地考察了基于如下信念的政策建议，即更多的国家监管、控制或国家所有能够让资本主义走上一条稳定的发展道路。接下来我讨论了消费不足理论的政治含义，并批评了它关于收入再分配能够使资本主义变得稳定的观点。最后，我讨论了社会主义取代资本主义是否可能这个难题。尽管我不认为我已经有了"一个答案"，但我提出这个问题是因为我相信，苏联的崩溃和最近这场危机已经为我们最重要任务的答案作出了探索。

第二章　盈利能力、信用体系与资本消灭

本章阐述了指导后面章节经验分析的理论框架。这一框架简要概述了马克思的资本主义经济危机理论的关键——利润率下降趋势（LTFRP）、信用市场的运作以及危机造成的资本价值的消灭，并讨论了它们对最近这场危机和大衰退的适用性。

本章前半部分讨论马克思的利润率下降趋势规律，以及它怎样有助于解释经济危机和经济低迷——即使在危机爆发之前的一段时间里利润率会上升，就像2000年代中期曾经发生过的那样。我认为，马克思的理论把利润率下降看做是危机的一个**间接**原因，只有与金融市场的不稳定性以及由低盈利能力（有别于盈利能力下降）引起的不稳定性联系在一起时，利润率的下降才会导致危机。

本章后半部分考察马克思和其他一些人所说的在危机和衰退过程中出现的"资本消灭"——即由金融和实物资本资产的价值暴跌以及实物资产本身的毁坏所造成的损失。本书后面的部分中，我将证明经济没有从1970年代和1980年代早期的衰退中完全恢复，而没有完全恢复这一问题以及政策制定者对它的应对为最近这场危机搭建了舞台。在本章，我对经济为什么没有完全恢复提出了一个解释：在1970年代中期和1980年代早期，被消灭的资本价值的数量不足以恢复利润率，从而不足以使生产性投资以健康的步伐继续前进。我对资本消灭的讨论同样还将有助于澄清为什么利润率下降趋势规律预示着危机的再次出现，而不是利润率在整个资本主义历史中的长期下降。

利润率下降是危机的间接原因

第五章将证明,对美国公司利润率的一些衡量表明自1982年到2007年利润率基本上没有趋势,而在最近这场危机之前的几年中公司盈利能力急剧上升。人们可能会因此认为,利润率的下降不可能是最近这场危机和衰退的原因。它当然不是一个**直接**的原因,但我将证明它是一个关键的**间接**原因。1980年代初期的利润率很低,并且自那以后利润率始终没有以一种持续性的方式得到恢复。这导致了资本积累率和经济增长的显著下降。[1] 政府为了不让这一问题失去控制而采取了相应政策,但这些政策却拖延并加剧了这一问题。为了维持税后利润和掩盖经济的不景气,财政部不断增加借款。利率下调、政府贷款担保、对大多数房屋销售取消资本利得税以及其他一些措施,促使抵押贷款大规模增加。同时,政府还一再帮助本国和外国债权人摆脱困境。

这些政策成功地维持了需求,使需求没有回落到与新价值的生产和利润率相一致的水平。但在这期间出现了日益严重的债务危机和泡沫破裂——第三世界债务危机、1987年股市崩溃、美国储蓄与信贷危机、东亚危机、互联网泡沫破裂以及最终产生了自大萧条以来最大的债务危机和泡沫破裂。信用市场越是复杂和广泛,"强行扩大"(马克思,1991a:621)① 发生的程度就越为严重——并且当价值规律终于让人们感觉到它的存在时,最终经济收缩的程度也就越大。这就像橡皮筋拉伸得越长弹回的力量越大一样。

马克思的利润率下降趋势规律

马克思认为,随着资本主义生产的发展,资本家倾向于采取效率更

---

① [德]马克思:《资本论》第3卷,北京:人民出版社2004年版,第555页。——译者注

高的劳动节约型技术；换句话说，他们越来越多地转向以机器代替工人的生产方法。在这一趋势以及他关于价值取决于劳动时间的理论基础之上，马克思推论出了利润率下降趋势规律（马克思，1991a，第3篇）。这一规律是：资本主义制度下生产力的提高造成了一般利润率下降的趋势，"因此，一般利润率日益下降的趋势，只是劳动的社会生产力的日益发展**在资本主义生产方式下所特有的表现**"。（马克思，1991a：319，强调为原文所加）①

为什么由劳动节约型技术变革所引起的生产力提高会**降低**利润率呢？这个想法对许多人来说似乎是荒谬的。例如，布伦纳（1998：11—12，n1）认为，LTFRP"是与常识相违背的"，而它的虚假性"在直觉上是显而易见的"。那又怎样？几乎所有的现代物理学也都是与常识相违背的，但它的结论并没有因此就是不正确的。[2]

之所以说LTFRP"与常识相违背"，是因为对许多人来说如下观点似乎在直觉上是显而易见的，即一个更有效率的资本主义就是一个赚钱更多的资本主义。这一直觉由于如下事实而得到强化，即技术先进的公司比技术落后的公司赚钱更多——通过采用比其竞争者更为先进的技术，单个公司的确提高了它的利润率。然而，如果说这意味着当整个经济体的生产力提高，整个经济体范围的利润率也将会提高，那就犯了一个逻辑错误——合成谬误。这里我举几个类似的例子。在看台上如果你站起来，你会看得更清楚；但如果每个人都站了起来，那么并不会每个人都看得更清楚。如果你获得了硕士学位，你将得到一个更好的工作并且挣更多钱；但如果每个人都拥有一个硕士学位，那么并不会每个人都得到更好的工作并且挣更多钱。

所以，让我们把直觉放在一边，来考察一下这种情况下的现实逻辑。当劳动节约型技术变革被引入之后，预付资本中更多的部分被投资于生产资料，而用来雇用工人的部分更少。但是根据马克思关于价值取

---

① ［德］马克思：《资本论》第3卷，北京：人民出版社2004年版，第237页。——译者注

决于劳动时间的理论，创造全部新价值的是工人的活劳动。此外，一单位平均时间的劳动"**不管生产力发生了什么变化……提供的价值量总是相同的**"（马克思，1990a：137，强调为本书所加）① 因此，技术创新导致每一美元预付资本所创造的新价值下降。并且，如果剩余价值（利润）在新价值中的份额是固定的，那么每一美元预付资本所创造的剩余价值的数量——换句话说即利润率——也必定下降。

当然，资本主义企业不了解也不关心用劳动时间来衡量的价值或剩余价值。他们了解和关心的是货币价值和货币利润。因此重申马克思关于价格和利润的规律是有帮助的。随着生产力的提高，每单位劳动时间生产出更多的物质产品和有形效果（服务）。然而，根据马克思的理论，生产力的提高不会导致创造更多的新价值。相同数量的价值被"分散在"更多的物品上，因此生产力的提高带来单个产品的价值降低。换句话说，物品可以更低廉地生产出来。**并且由于它们能够更低廉地生产出来，它们的价格将倾向于下降**。[3] 在一个竞争性的环境中，当企业的生产成本下降，它们必须降低其索取的价格。如果它们不这么做，一旦其竞争对手因生产成本降低而削减价格，它们就会承担大幅损失市场份额甚至破产的风险。[4] 此外，即使是垄断企业在成本降低时通常也会倾向于降低其价格，这是因为成本降低使得单件产品在单价降低的情况下利润也可能提高，而价格的降低能够让垄断企业卖出更多的产品。

即使是非马克思主义者也承认价格下降的趋势是技术革新的一个结果，例如艾伦·格林斯潘（Alan Greenspan，2000）曾说：

> 生产力的较快增长限制了单位成本和价格。公司不愿提高价格，因为它们担心它们的竞争者凭借新投资带来的较低成本，会从它们那里掠夺市场份额。
>
> 事实上，不断降低的价格和日益加快的交付周期，使得替代劳动的设备和软件越来越容易得到，这可以说是近年来企业定价权丧失的根源所在。

---

① ［德］马克思：《资本论》第1卷，北京：人民出版社2004年版，第60页。——译者注

但是，因"替代劳动的设备和软件"而导致的"企业定价权的丧失"是 LTFRP 的关键；马克思不仅用价值和剩余价值概念提出了这一规律，而且他还使用价格和利润的概念来描述这一规律（尤其见于马克思1991a：332—338）。假定剩余价值率（剥削率）是固定的，并且假定实物产出和实物资本以相同的比例增长，这是非常合理的假定。在这些条件下，如果技术革新没有同样倾向于压低价格，那它将不会造成利润率下降的趋势；但是如果它的确会压低价格，那么利润率事实上就将会下降。[5]

我前面曾经强调，马克思把利润率的下降看做是危机的**间接**原因。鉴于其合理性，要想利用间接原因做出解释，就必须给出理由来说明这些间接原因如何通过中间环节起作用，并产生出所讨论的现象。在本节后面的部分，我集中讨论两个中间环节——低盈利能力和信用体系，这两个中间环节将二战以后利润率的下降与最近这场经济危机与衰退联系了起来。

低盈利能力

利润率的下降会产生持续性的影响。即使利润率在经济危机爆发之前的那段时间并没有继续下降，先前的下降也会因其产生了一个**低水平**的平均利润率而为这样一场危机铺平道路。即使在危机即将爆发的那段时间里利润率保持不变甚或有所上升，这一点仍然成立。

法尔容和麦柯弗（Farjoun and Machover, 1983：163—166）曾指出，在平均利润率相对较高时，只有相对较少的企业会遭遇严重困难。即使那些利润率确实低于平均水平的企业也能够生存下去。然而，一旦利润率的下降导致平均利润率水平变得很低，就会有许多低盈利能力的企业发现自己身陷严重的麻烦之中，因为它们的利润率这时已经低于维持生存所需要的最低水平了。当平均利润率相对稳定时有多少企业盈利能力较低，在平均利润率持续下降时就会有多少企业面临困境。

如果利润率远远低于平均水平的企业相对较少，而利润率只是略低于平均水平企业占有较大的比例,那么随着平均利润率的下降,无法继续生存的企业的比例就会以越来越快的速度增加。例如,假定利润率正态分布(即呈现钟形曲线),并且一家公司为了生存所需的最低利润率为6%,同时平均利润率水平下降了3个百分点。表2.1和图2.1表明,初始平均利润率较低时(15%)与初始较高时(30%)相比,平均利润率的这一下降会导致多得多的企业破产。如表中和图中所假定的那样,如果在两种情况下利润率的相对离散度相同,那么,当平均利润率从30%下降到27%时,陷入破产的企业只增加了0.5%。但是,当平均利润率从15%下降到12%,陷入破产的企业就增加了4.4%——几乎是前者的8倍半。

表2.1　盈利能力下降导致企业破产的非线性效应

平均(中值)利润率	30.0%	27.0%	15.0%	12.0%
标准差	15.0%	13.5%	7.5%	6.0%
相对离散度(变异系数)	0.5	0.5	0.5	0.5
无法生存的企业(利润率<6%)	5.5%	6.0%	11.5%	15.9%

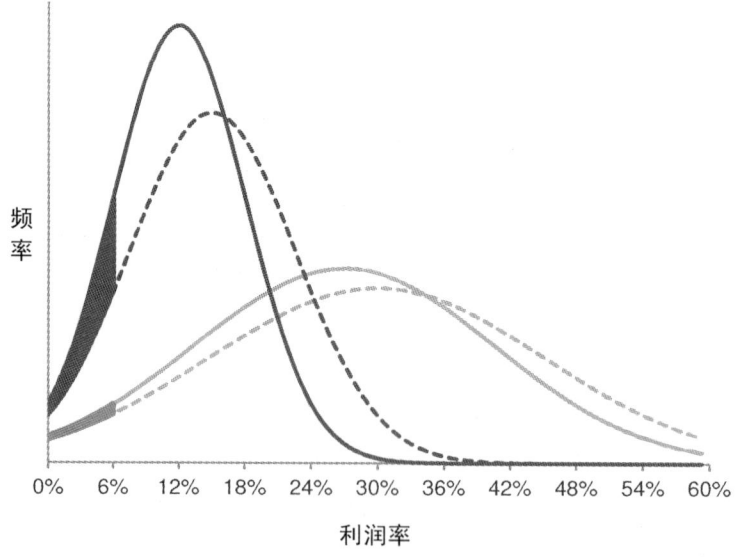

图2.1　利润率分布

因此，盈利能力相同幅度的短期下降，在平均利润率较低时具有比平均利润率较高时严重得多并且广泛得多的后果。这种低盈利能力使经济更不稳定、更易发生危机和严重衰退。因此平均利润率的下降将会带来持续的失稳效应，即使它在很久以前就已经停止继续下降也是如此。

此外，许多现象有时被看做是利润率**下降**的结果，但它们实际上是利润率**偏低**的结果。例如，利润率下降时，资本（生产性投资）的积累率也倾向于下降。但是，这意味着，如果利润率水平较低并且没有回升，那么积累率也将会较低且没有回升。（在第五章，我将表明美国公司的积累率始终与其利润率紧密联动。）低资本积累率又会相应导致就业、产出、收入和对消费品与服务的需求的低增长率。一旦收入（利润、工资、税收等等）增长放缓，企业、家庭和政府就更加难以偿还其债务。这就给债务危机和金融危机的到来铺平了道路。

促使问题产生的另一个因素是低利率。如果资本积累率较低，利率也会较低（在其他条件相同的情况下，愿意借款以筹措生产性投资资金的企业越少，就会有越多的放贷者不得不降低他们索取的利率以吸引借款方借款）。但是，低利率使得借款更加具有吸引力，从而引起债券、股票和不动产的价格上升，它鼓励了这些资产市场上的投机行为，使这些市场更容易发生危机。[6]

信用体系

盈利能力的下降和经济危机之间的另一个重要的中间环节是金融。信用市场在马克思的危机理论中扮演着至关重要的角色，尤其在《资本论》第3卷第15章中更是如此，这一章概述了利润率下降趋势与经济危机之间的关系。马克思说道：

> 如果说信用制度表现为生产过剩和商业过度投机的主要杠杆，那只是因为按性质来说具有弹性的再生产过程，在这里被强化到了极限。它所以被强化，是因为很大一部分社会资本为社会资本的非所有者所使用，这种人办起事来和

那种亲自执行职能、小心谨慎地权衡其私人资本的界限的所有者完全不同。（马克思，1991a：572）①

这句话中包含着丰富的思想。前半句暗示着，信用体系助长了泡沫的形成，从而加剧了繁荣和萧条。它使得在一定时间内的经济增长快于根据诸如盈利能力和新价值生产等基本经济形势所能实现的增长。但也正是这一原因，最终的经济收缩也将比没有它时更加严重。马克思使用"弹性"这个词是恰当的。

这句话的后半句涉及现在所说的**道德风险**——也就是说，由于你不是那个承担过度冒险所带来的损失的人，因此你就不会"小心谨慎地权衡"你的投资行为是否太过冒险。道德风险经常被引证为促成最近这场危机的一个关键因素。发起抵押贷款的金融机构并不会小心谨慎地权衡所涉及的风险，这是因为他们卖掉了贷款。那些以抵押证券形式购买了贷款的人则承担了风险。或许购买贷款的人同样也不会小心谨慎地权衡风险，因为风险是由为这些证券提供保险的人们承担的。另外，那些借款给大型金融机构的人们不会小心谨慎地权衡风险，因为他们准确无误地猜到，政府将会认为这些机构"太大因而不能倒闭"，并且会出资以帮助它们摆脱困境。[7]

我怀疑这里的每一个环节都会让马克思感到惊讶。实际上，他认为道德风险是使信用体系成为"生产过剩和商业过度投机的主要杠杆"的**最主要的**问题。他还表明，道德风险并不是由任何特定的金融体系所形成的一个缺陷，它是信用本身的一个不可避免的副产品，这是因为债务人不可避免地要拿债权人的资金去冒险，即使他们是直接经营业务而不是通过金融机构这一中间环节去从事业务。这意味着，监管和打破大而不倒的机构并不能消除道德风险。

不管怎样，马克思对信用市场的关注清楚地表明，他的危机理论并不是这样一种理论，即利润率的下降引起了积累率的下降，然后导致了

---

① ［德］马克思：《资本论》第 3 卷，北京：人民出版社 2004 年版，第 499—500 页。——译者注

经济危机，就像是一个台球击中第二个台球，而第二个又击中第三个。他的确曾经提到，"积累率随着利润率的下降而下降"（马克思，1991a，349）①，但是他并不认为积累率的下降是经济危机的直接原因。这主要是因为他区分了**危机**（资本再生产过程的断裂）和**停滞**（暴跌、衰退、萧条）。商业周期包括"中常活跃、繁荣、生产过剩、危机、停滞这几个时期"，或者"中常活跃、生产高度繁忙、危机和停滞这几个时期"。（马克思，1990a：580，785）② 积累率的下降能够直接引起产出增长率的下降，但是积累率的下降必须以其他一些因素作为中介才能够导致危机。

马克思认为，利润率的下降通过刺激投机和生产过剩间接地导致危机。并且，由于利润率只能间接导致危机，因而不会立刻引发危机：

> ……就总资本增殖率，即利润率，是资本主义生产的刺激（因为资本的增殖是资本主义生产的唯一目的）来说，利润率的下降会延缓新的独立资本的形成，从而表现为对资本主义生产过程发展的威胁；利润率的下降……还促进生产过剩、投机和资本过剩。③（马克思，1991a：349—350）⁸

> 如果利润率下降……就出现了欺诈，而普遍助长这种欺诈的是狂热地寻求新的生产方法、新的投资、新的冒险，以便保证取得某种不以一般平均水平为转移并且高于一般平均水平的额外利润。④（同上，367）⁹

只有在最后当债务不能偿还时，危机才会爆发，而后危机才导致停滞：

> 这种汇票多数是代表现实买卖的¹⁰，而这种现实买卖的扩大远远超过社会

---

① ［德］马克思：《资本论》第 3 卷，北京：人民出版社 2004 年版，第 270 页。——译者注

② ［德］马克思：《资本论》第 1 卷，北京：人民出版社 2004 年版，第 520，728 页。——译者注

③ ［德］马克思：《资本论》第 3 卷，北京：人民出版社 2004 年版，第 270 页。——译者注

④ ［德］马克思：《资本论》第 3 卷，北京：人民出版社 2004 年版，第 288 页。——译者注

需要的限度这一事实，归根到底是整个危机的基础。不过，除此以外，这种汇票中也有惊人巨大的数额，代表那种现在已经败露和垮台的纯粹投机营业；其次，代表利用别人的资本进行的已告失败的投机；最后，还代表已经跌价或根本卖不出去的商品资本，或者永远不会实现的资本回流。①（同上，621）

……会在许许多多点上破坏按一定期限支付债务的锁链，而在随着资本而同时发展起来的信用制度由此崩溃时，会更加严重起来，由此引起强烈的严重危机，突然的强制贬值，以及再生产过程的实际的停滞和混乱，从而引起再生产的实际的缩小。②（同上，363）

这个描述显得非常现代化。资本主义并没有什么改变，这并不像很多人——无论是批评者还是支持者——所想的那样。

乍看上去，当前这场危机的一些实际情况似乎表明它并不是起因于利润率的下降。危机爆发于大部分或者全部的下降都早已出现之后。它最主要的直接原因是资产价格泡沫的破裂。并且它是紧随着投机狂热和资产价格巨幅上升从而导致利润率急遽（但短暂）上升之后才发生的。[11]

然而，我们已经看到，马克思的理论确实认为，利润率的下降只是间接地以延迟的方式导致危机。首先，利润率的下降带来投机的增加和难以偿还的债务的积累，而这些才是危机的直接原因。因此，当前这场危机的时机和导致危机爆发的一系列事件，并没有与马克思的理论相抵触，而是与它相一致，因而为它提供了佐证。在这里，并没有什么异常问题需要我们借助其他方面进行解释。

资本（价值）的消灭

LTFRP 意味着资本主义有一个始终存在着的趋势，即劳动节约型的

---

① ［德］马克思：《资本论》第 3 卷，北京：人民出版社 2004 年版，第 555 页。——译者注

② ［德］马克思：《资本论》第 3 卷，北京：人民出版社 2004 年版，第 283 页。——译者注

技术革新将降低利润率。然而马克思也表明，这一趋势会由于"危机中的资本消灭"（马克思，1989b，127，忽略了原文的强调）而不时被打断和抵消。

马克思所说的资本消灭，一部分是指实物资产的消灭。在经济衰退时期，实物资产遭到毁坏，例如机器和建筑的闲置、生锈和老化。二战期间也有巨额的实物资产被毁坏。但对于所关心的危机理论来说，重要的是就其**价值**而言的资本的消灭——实物资本资产价值的下降，还有金融资产的（虚拟）价值的下降。当然，如果实物资产遭到毁坏，那么它们的价值也同样被消灭，但是导致资本价值被消灭的最主要的因素是资产价格的下降。由于债务无法偿还，诸如抵押贷款和抵押担保证券这类金融资产的价格就会下降。在衰退和萧条时期，证券价格通常也会下降，所生产的商品的价格——包括实物资本资产、消费品和劳动——常常也会下降。

在大萧条期间所发生的价格下降造成巨额资本价值被消灭。如果用GDP平减指数来计算，美国商品和劳务的价格在1929年到1933年期间下跌了25%。美国公司所拥有的固定资产的价格在1928年底到1932年底下跌了23%。根据欧文·费雪（Irving Fisher，1933：354，表5）的计算，美国的国民财富在这一时期暴跌了59%，其中大部分是由价格下降造成的。道琼斯工业平均指数自1929年9月到1932年7月下跌超过89%。

然而资本消灭不仅是严重的经济危机以及由它们所引起的衰退的结果。它还是随后的繁荣的一个主要原因，因为它是促进盈利能力恢复的一个至关重要的因素。[12]资本家投资于设备，并且雇佣工人进行生产，其目的只是为了赚取利润。如果预期利润率不够高，就不会有足够的投资和雇佣，因此也就不会有繁荣。但是，通过恢复盈利能力，资本消灭为一个新的繁荣铺平了道路。[13]

例如，设想一个企业每年能创造300万美元的利润。如果投资于该企业的资本价值是1亿美元，企业所有者的利润率就只有3%。但是，作为资本价值消灭的结果，新的所有者能够以1000万美元而不是1亿美元得到这个企业,那么他们的利润率——他们从**他们的**投资中获得的回报比率——就是可观的30%。一个对进行投资、扩大生产和雇佣更多工人的巨大刺激被创造了出来。注意,**即使没有**新的市场和不断上升的需求从而使投资者预期出现更多的利润,这一点也仍然成立。

因此,大萧条和二战期间发生的大规模资本价值消灭,为其后的繁荣铺平了道路。据称,大萧条刚刚开始之时,胡佛总统的财政部长安德鲁·梅隆(Andrew Mellon)实际上是在倡导资本消灭,当时它被称做"清算主义"。胡佛(Hoover,1952:30)在他的回忆录中写到:

> 梅隆……觉得政府必须放手,让低迷的经济自我清算。梅隆先生只有一个准则:"清算劳工,清算股票,清算农夫,清算不动产。"他主张,即使是〔金融体系中的〕恐慌也不全是一件坏事。他说:"它将肃清我们制度中的腐朽之处……有进取心的人们将从那些无能的人手中收拾残骸重整山河。"

一些保守派的经济学家也提出了类似的建议。米尔顿·弗里德曼(Milton Friedman,1999)提出:

> 如果你回到1930年代,关键的一点是,有几位奥地利人在伦敦,例如弗里德里希·哈耶克(Friedrich Hayek)和莱昂内尔·罗宾斯(Lionel Robbins),坐着说你只能等待谷底逐渐从世界退出。你只能让经济自己治愈自己。对此你什么都不能做。否则你只会让它变得更糟。

然而,为了恢复健康的资本积累率和经济增长率所需要消灭的资本价值的数量,看上去要比清算主义者们所预期的数量多得多。哈耶克和罗宾斯后来都曾为他们建议不采取积极政策来抵御1930年代早期的通货紧缩表示遗憾(White,2010:112—113)。

可以理解,在那之后政策制定者们一直担心出现另一场大萧条,担心出现另一场劳动人民激进化的浪潮——就像1930年代大萧条所引发的浪潮那样。在过去几十年中,阶级斗争的这种后果帮助塑造了经济政策的制定和实施。为了防止1930年代的重演,政策制定者们使用债务融资和债务担保,成功地延迟和阻止了资本消灭。因此,1970年代中期和 1980 年代早期的经济低迷，甚至最近这场经济低迷，都没有出现大萧条那样的情况。但是，由于资本消灭恢复了盈利能力，从而为下一场繁荣奠定基础，因此我们也没有再次经历类似于紧随大萧条和二战以后的繁荣时期。相反，**自 1970 年代的经济衰退以来，经济始终没有得到完全恢复**。（我将在第四章中对此进行详细证明。）

政策制定者们对最近这场危机和衰退的应对，仍然是再一次用更多的债务来弥补坏账，用债务来人为刺激经济——只不过这一次的规模空前巨大。自 2008 年 9 月中旬雷曼兄弟破产之后的两年中，美国国债总额增加了 40%，从 9.6 万亿增加到 13.5 万亿美元。额外增加的借款数量几乎相当于每一个美国人 12500 美元。根据奥巴马政府的推测——它比 2010 年国际货币基金组织的工作论文（Celasun and Keim, 2010）乐观得多，到 2015 财年底，美国国债将上升到 19.8 万亿美元，这意味着它将在仅仅 7 年中就增加了一倍还多。所增加的 10.1 万亿债务，相当于整个这 7 年预估 GDP 的 9%（重申一下，政府对 GDP 的预估是非常乐观的）。

如果这些措施成功地使经济摆脱大衰退和通货紧缩前景的影响，那么，全面的资本消灭将再一次被阻止。但在可预见到的未来，美国将面临难以应付的债务负担，并且随着利率的上升，不断增长的债务即使在最好的情况下也会放慢经济增长。此外，债务的巨额增长意味着下一场债务危机可能比最近这一次严重得多。如果真的发生了这种情况，那么下一次冲击金融市场的恐慌浪潮将愈发严重，并造成更加危险的后果。

资本价值消灭和 LTFRP

资本价值在危机过程中的消灭是一个周期性现象。因此，资本价值消灭所带来的盈利能力的恢复同样也是一个周期性现象。因此，纵观资本主义整个历史，利润率没有一个确定的长期趋势，因而试图推断或预测这样一个趋势的努力是徒劳的。

例如，那种认为技术进步导致利润下降因而利润率必然趋于长期下降的观点，忽视了利润只是决定利润率的一个决定因素这一事实。**利润率的另一个同等重要的决定因素是预付资本的价值，这一因素的重要性主要取决于有多少资本价值在危机中被消灭**。如果资本价值被大规模消灭，在随后的繁荣时期利润率的峰值就可能比前一个峰值**更高**。并且如果严重衰退变得越来越频繁，在两次衰退之间利润率下降趋势起作用的时间就会越来越少，从而利润率的低点就可能随着时间的推移而上升。

因此，LTFRP 既没有也不能预测利润率在整个资本主义历史中将实际表现出一个下降趋势。尽管存在着一个相反的一般观念，但似乎没有证据表明马克思预言了这样一种长期下降。相反，他主张，"有某些起反作用的影响在发生作用，来阻挠和**抵消**这个一般规律的作用"，并且 LTFRP "不断地通过危机来克服"（马克思，1991a：339，367，强调为本书所加）①。因此，马克思使用利润率下降"趋势"所要表达的，不是一个经验趋势，而是在没有资本价值的消灭或其他诸如剩余价值率上升的趋势等"起反作用的因素"的条件下将会出现的情况。

那种认为马克思预言了利润率存在一个长期下降趋势的信念，其最可能的来源是基于这样一个事实，即马克思所回应的那些古典经济学家们的确做出过这种预言。人们因此而错误地认为，马克思和古典经济学家们讨论的是完全相同的论题。然而，马克思明确地否定了这种观点：

> 当斯密用资本过剩、资本积累来说明利润率下降时，说的是永久的影响问题，而这是错误的；相反，暂时的资本过剩、生产过剩、危机则是另一回事。**永久的**危机是没有的。②（马克思，1989b：128，注释，强调为原文所加）

同样重要且需要强调的是，马克思认为资本主义经济危机是短暂的，尽管它是不可避免并且周期性发生的。那种认为他预言了资本主义的崩溃，并且这种崩溃是 LTFRP 独自起作用的结果或是与其他原因联合作

---

① ［德］马克思：《资本论》第 3 卷，北京：人民出版社 2004 年版，第 258，287 页。——译者注

② 《马克思恩格斯全集》第 26 卷（下），北京：人民出版社 1973 年版，第 567 页，注释 1。——译者注

用的结果的普遍观点，是又一个尚缺乏证据的观点。作为关于认为马克思预言了资本主义崩溃这一观点的著名支持者，曼德尔（Mandel）承认，无论是在马克思关于 LTFRP 的表述中，还是在《资本论》第 3 卷的其他地方，都无法找到这一主张的任何文本证据。然而，根据曼德尔的说法，"第 1 卷中……有许多段落"都证明了崩溃理论（1991：79）。然而他只引用了一个这样的段落，即倒数第二章的结尾，而这一段完全没有涉及制度的崩溃。马克思（1990a：929—930）预言资本主义制度的趋势将导致社会主义革命（"剥夺者就要被剥夺了"①），但这不是因为任何形式的崩溃，而是因为资本的集中和工人阶级不断增强的反抗。[14]

因此，LTFRP 的政治内涵就不再是任何形式的宿命论。它们是革命的。通过低生产力、萎靡的需求、市场无序、国家干预、高工资、低工资如此等等来探寻危机的理论，隐含着如下的观点，即通过解决那些使资本主义制度运行欠佳的具体问题，资本主义的危机趋势原则上能够被大大削弱或消除。但是 LTFRP 则表明，资本主义下经济危机是无法避免的，这是因为它们不是由资本主义的外部因素，即那些能够在保持制度完整性的情况下被消除的因素所引起的。就如马克思（1973：749—750，强调为本书所加）所说："用暴力消灭资本——这**不是通过资本的外部关系**，而是被当做资本自我保存的条件——这是忠告资本退位并让位于更高级的社会生产状态……"②

根据他的理论，利润率下降趋势与经济危机根源于一种"内在"于资本的关系，即物质生产和价值生产之间的内在矛盾，这一矛盾恰恰体现在资本主义的职能之中：随着物质生产力的提高，商品的价值下降。其结果是，随着利润率的降低，商品的价格趋于下降，而这最终导

---

① ［德］马克思：《资本论》第 3 卷，北京：人民出版社 2004 年版，第 874 页。——译者注

② 《马克思恩格斯全集》第 46 卷（下），北京：人民出版社 1973 年版，第 268—269 页。——译者注

致了经济危机和资本价值的消灭。

现在，这一矛盾及它所带来的危机，显然只有在产品是商品——即物品既有用又有**价值**——时才会存在。然而资本，除了它是用来为获得更多的价值而进行投资的价值以外什么都不是，所以，无论资本主义采取什么样的财产形式和制度结构，产品具有价值这一事实都是资本主义不可或缺的条件。[15]因此，资本主义的这种内在矛盾以及这种矛盾的影响，不是来源于任何具体的资本主义形式，因而不能通过用一种特殊的制度形式取代另一种特殊的制度形式来克服它们。要想解决这些问题，就必须废除资本，这就如我们所见，必须废除商品和商品生产——换句话说，废除价值和价值生产。[16]

第三章 加倍辛劳，双倍麻烦：
网络公司繁荣和房价泡沫

最近这场金融危机起初被广泛称做"次级抵押贷款危机"。[1] 然而现在已普遍认识到，次级贷款违约率的增加只是美国房价泡沫破裂这个更为普遍的问题的一个方面，而这个泡沫的破裂则是引发危机和大衰退的主要因素。

本章前两部分简要论述了泡沫何以形成，它又为什么破裂，[2] 以及它最终怎样导致了 2008 年恐慌。接下来，最后一部分更为密切地考察了美联储政策作为促成泡沫形成和持续的一个因素所起的作用。

所谓的"网络公司"繁荣——即 1990 年代后半期因互联网和信息技术的发展而催生的股票价格快速上涨——在 2000 年转变为破裂的泡沫。我将说明，美联储极为担忧美国可能会遭受一场通货紧缩衰退，就像之前日本遭遇的"失去的十年"那样，[3] 而美联储应对这一威胁的措施是采取了异乎寻常的"货币宽松"政策，然而这种政策助长了另一个泡沫。这表明，最近这场危机并不仅仅是近几年出现的金融业问题所造成的结果。它还是可以追溯到更久以前的美国经济疲软所造成的结果。

房价泡沫

自 1990 年代后半期开始，住房抵押贷款急剧增加，导致了房价的急剧上升（见图3.1）。⁴ 借款或许已经开始飙升的一个理由是，1990年代后半期是网络公司泡沫时期。那时股市中正在生成大量货币，随后，其中一部分被用于投资居住和商业不动产。另一个可能刺激抵押贷款的因素是所得税法的调整。1997年以前，如果人们出售其房屋的价格高于他们买入的价格，那就需要对买卖差价缴税。但就在那年，国会取消了这些资本利得的大部分税额；对于提交合并纳税申报单的一对已婚夫妇来说，第一个500,000美元予以免税。到1999年，抵押贷款的数量已经较1995年增长了146%，较1997年增长了75%。（接下来会讨论导致抵押贷款持续增长的因素。）

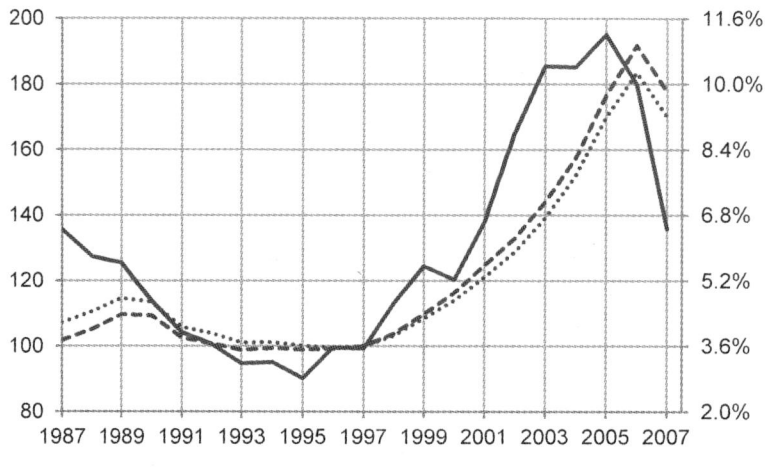

- - - - 房屋价格，经个人消费支出（PCE）价格指数平减（左纵轴）
······ 房屋价格，经城市消费价格指数（CPI-U）平减（左纵轴）
—— 住房抵押贷款（右纵轴）

图3.1 美国住房抵押贷款和实际房价

（抵押贷款在税后收入中所占百分比；1997年价格=100）

房价泡沫不是一个孤立的现象。商业不动产价格自2001年初至2007年末上涨的幅度，与2000年初至2006年中房屋价格上涨的幅度大致相当。股票价格很快就从世纪初的崩溃中恢复过来。标普500指数自2003年早期至2007年末上涨了95%，年均上涨超过20%。

尽管家庭对资产——包括金融资产和有形资产——的需求快速上升，

但他们的债务同样也快速增加。平均来说,自 1952 年至 1992 年,债务的增长为家庭 44% 的新增金融和有形资产提供了资金——余下的部分则是人们用其实际收入来购买的,并且在此期间对均值的离差较小(见图 3.2)。但接下来出现了 1990 年代的网络公司"繁荣"和 2000 年代的"繁荣",**这两次繁荣都是由大量不断增长的债务所催生的**。到 1999 年,新增债务在新增资产中所占的比例达到 96%,这意味着增加的资产中除 4% 以外都是用借来的钱买入的。这一状况一直持续到最近这场危机爆发;自 1999 年至 2006 年,新增债务占新增资产的平均比例是 94%。因此,尽管在 1992 年家庭(经由银行存款等方式)贷出款额超出其借入款额的数量相当于全国 GDP 的 2.9%,但此后他们日益转变为借款人(见图 3.3)。到 2005 年,家庭借入款额超出其贷出款额的数量相当于 GDP 的 2.9%。[5]

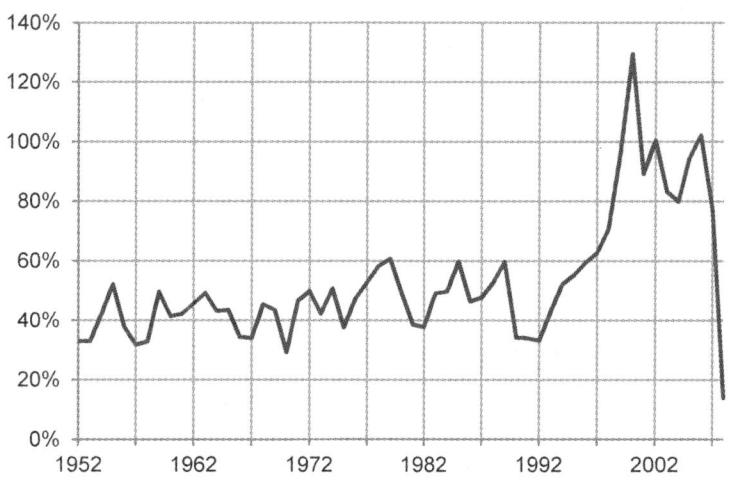

图 3.2　美国家庭债务和资产的相对增长

(新增债务占新增资产的比率)

然而,自 1995 年至 2005 年,家庭税后收入的增长速度只有抵押贷款增长速度的四分之一。这使购房者越来越难以支付他们抵押贷款的还款。收入增长的速度也远远慢于房价增长的速度,这在正常情况下将抑制对住房的需求,从而使房价下降。然而,2000 年代实际发生的情况却是，收入的缺口被更多的贷款所提供的资金暂时弥补了。房屋购买中现款支付越来越少，而抵押贷款越来越多，在偿还住房贷款上遇到困难的房主频繁办理额外的贷款以支付最初的贷款。只要房价保持上升，他们就能够用其住房"价值"增加的部分作为担保品来获得这些额外的贷款。

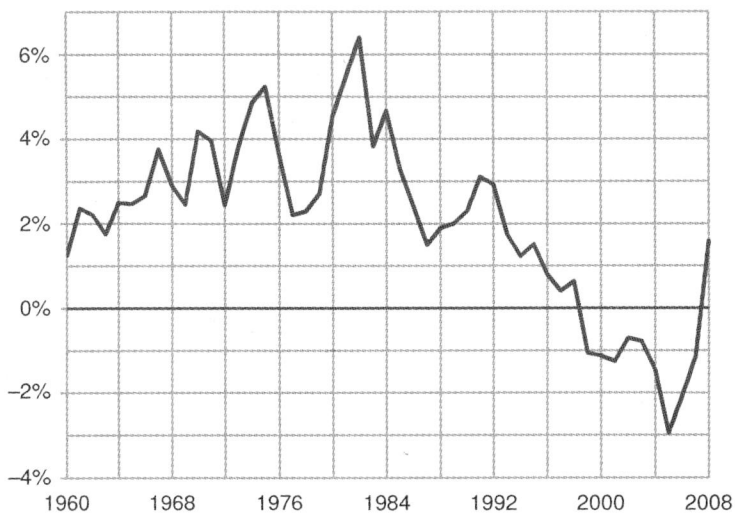

图 3.3　美国家庭的借贷净额

（净贷款（＋）或净借款（－）占 GDP 的百分比）

然而从长期来看，住房必须用收入来支付，债务必须用收入而不是更多的债务来偿还。因此，住房市场的繁荣是不可持续的。

2005 年下半年，新房和成屋销售开始下滑，并且大约在一年以后房价开始下跌。越来越多的近期住房购买者陷入"负资产"——抵押贷款余额超过了他们住房的现价。因此，他们无法继续用借入更多贷款的方式来偿还其抵押贷款，抵押贷款违约和丧失抵押品赎回权的情况开始攀升。

这个问题最初被称做是次级抵押贷款危机，就好像问题不会变得更糟：只不过是有许多"从一开始就不应该被给予贷款"的较为贫穷的人们（主要是黑人和美籍拉美人）发现他们自己无力偿还债务。然而，真正的问题是房价的崩溃。次级借款者当然是这场崩溃中最先受到冲击并且受冲击最深的人,但这个问题本身却是一个普遍的问题。[6] 截至 2010 年 6 月,丧失抵押品赎回权的住房中只有大约六分之一是借助次级抵押贷款购买的,但却有五分之三是借助优质住房抵押贷款购买的。[7]

许多金融机构(和其他实体)面临着极为严重的现金流和偿付能力的问题,其原因部分在于不良抵押债务数额巨大。但是,其他因素也促使危机变得严重。由于抵押贷款被证券化——即各种各样的机构购买了抵押担保证券(它本质上是一揽子抵押贷款的股份)和其他其价格依赖于抵押贷款偿付流的证券,危机演变成了一个广泛的全球性危机,而不仅仅是一场由抵押贷款发放人所面对的危机。

另一方面,金融部门的危机之所以如此严重,部分是因为即使不考虑抵押贷款的证券化,一些大机构也严重暴露于抵押债务违约风险。理论上说,证券化使得抵押贷款的发放更加安全;通过出售而不是持有最初的贷款,放贷者降低了其债务违约的风险暴露。然而这里的情况是,银行将抵押贷款证券化,然后"倾向于持有这些证券化资产",其目的是利用监管漏洞,从而获得更大的杠杆(Jablecki and Machaj, 2009: 301 [摘要],忽略了原文的强调)。通过将它们拥有的抵押贷款转化为证券来持有,银行就能够降低按照要求必须预留的资本准备——这些是为应对意外损失而预留的缓冲垫,从而把释放出的资金再借出去。

这场危机为什么变得如此严重的另一个原因是金融机构极高的杠杆化。当事情进展顺利,杠杆高度放大了投资回报率(利润或利息占投资资金的百分比),这是因为用于投资的货币中大部分是借来的,而不是自己所拥有的。但是当事情变得糟糕时,杠杆也高度放大了损失。例如,如果你投资 100 美元自己的钱,第 1 年的利润是 6 美元而第 2 年只有 2 美元,那么你的回报率就从 6% 下降到了 2%。但如果你投资 100 美元,其中 3 美元是你自己的钱,而 97 美元是以 4% 的利率借来的,那么你的回报率在第 1 年是 70.7%,而在第 2 年则是 -62.7%。[8] 由于你欠了债权人 3.88 美元的利息但却只能偿还 2 美元,他(或者向他出售保险的机构)也会陷入麻烦。

回顾过去，房价急剧上涨时人们并没有普遍承认它是一个泡沫，这看上去或许会让人感到意外。但是每次泡沫出现时都会发生这样的情况，而且泡沫是相当常见的。1990年代，人们使自己相信股价将会无限期地保持上升趋势，因为信息技术、互联网和不断涌现的"网络"公司已经创造了"新经济"，那些过去支配着资本主义的呆板的旧经济规律在"新经济"下都已被摧毁。

网络公司泡沫临近顶峰时，一位医生告诉我，股价将继续上升，因为只要货币不断流入股市，股价就不得不上升。为了说明"新经济"并非神话，另一位医生告诉我，有一个管道工因其股票投资组合表现极好，以至于他打算放弃管道生意，准备做一个全职投资者。而我并没有动摇我在商学院学习时获得的某些自信：哪怕利润并没有大致相当的上升，股价的大幅上涨也是合理的，因为股价的上涨是以公司的"成长性"为基础的（用什么来衡量呢，它们的股价？）。

2000年代，可能有一些金融机构已经认识到房价的上涨是不可持续的，但是他们仍在寻求快速攫取丰厚的利润，然后在清算日到来之前保护他们自己。[9] 无论如何，对于为什么其他人都没有意识到繁荣时间不会持久这一问题，都有一个充分的理由——或者在当时看上去充分的理由：自大萧条以来，在国家层面上，美国的房价从来都没有出现过任何明显的下降。[10]

因此，那种认为房价将持续上涨，或保持平稳，至多也只会轻微下降的观点就是很"自然的"。如果房价继续上升，那些偿还贷款有困难的房主就能够凭着他们房屋价值的增长来借入他们需要的额外资金，这样就将避免危机。即使房价持平或只有轻微下跌，也可能不会造成危机。

根据历史记录，信用评级机构认为，即使出现了**最坏的情况**，房价也只可能出现轻度下降。正是基于这一假设，他们对数量巨大的抵押担保证券给予了较高的评级，而这些抵押担保证券的价值在一定程度上是以次级抵押贷款或其他高风险抵押贷款为基础的。这些证券后来被称做"毒药"——除非价格剧烈下跌，几乎没有投资者愿意碰它们一下。如果信用评级机构对最坏情况的假定是正确的，购买了这些证券的投资者们原本的确能获得相当丰厚的利润。然而信用评级机构错了，并且大错特错。自 2006 年中到 2009 年 4 月，房价下跌了三分之一。

2008 年恐慌："这一糟糕局面将会招致灾难"

2007 和 2008 年，随着与抵押贷款有关的损失不断攀升，信用市场日益陷入一场信心危机——人们越来越担心欠款是否真的能偿还给债权人，这进一步压低了资产价格。市场参与者尤为担心和他们有交易往来的其他机构的流动性（获得现金的能力）和财务状况，担忧美国政府和其他国家会如何应对危机。到 2008 年 9 月，当政府宣布雷曼兄弟破产，众议院驳回一项用 7000 亿美元的不良资产救助计划（TARP）来帮助银行业摆脱困境的提案，这种担忧变成了恐慌。[11]

政府的确被迫屈膝了。9 月 25 日，"财政部长亨利·M. 保尔森（Henry M. Paulson Jr.）真地单腿跪地恳求众议院议长南希·佩洛西（Nancy Peloci）不要撤回民主党对 TARP 的支持而让它'流于破产'"，美国总统声称，"如果资金不松动，这一糟糕局面将会招致灾难"（Herszenhorn，Hulse and Stolberg，2008）。

这些事件把信心危机变成了波士顿联邦储备银行行长埃里克·S. 罗森格伦（Eric S. Rosengren）所说的"流动性锁定"："大量投资者和机构的极端风险规避，造成了短期财务困难的出现……甚至信誉最卓著的公司……发现他们除了隔夜贷款外越来越难以借到资金"（Rosengren，2008）。由于即使是经营良好的大型公司也需要借款来处理他们的日常业务——支付工资、购买物资以及向购买者提供贷款，如果流动性锁定的状况持续下去，那么"实体"经济的衰退或许会比我们实际经历的衰退在性质上要糟糕得多。

图 3.4 有助于弄清罗森格伦所说的"极端风险规避"指的是什么。它衡量了所谓的"泰德利差（TED spread）"——即一家银行对另一家银行的 3 个月期贷款所获得的利率，与它把钱借给美国财政部 3 个月所

获得的利率之间的差额。把钱借给财政部更加安全。这两种利率之间的差额被用来衡量承担风险的意愿——即一家银行为额外风险而索要的超额利息，当它把钱借给另一家银行而不是借给美国政府时就承担了这种额外风险。

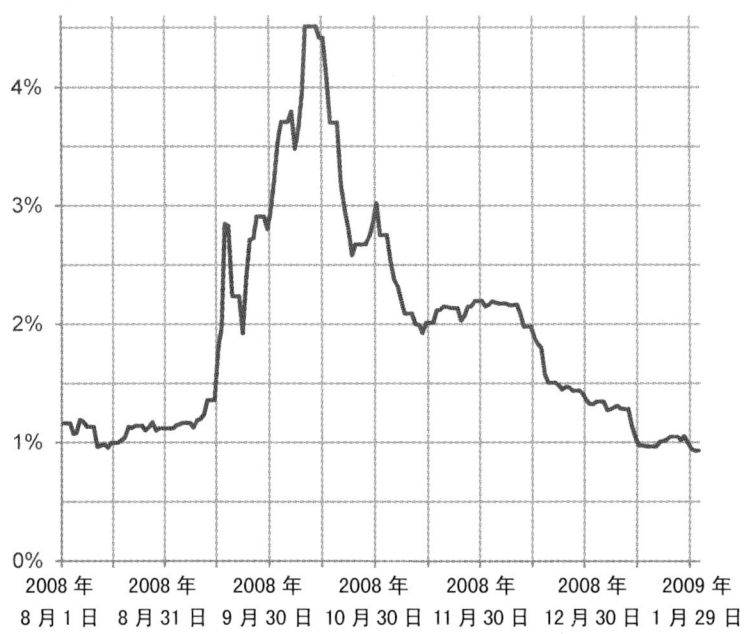

图 3.4　泰德利差，2008 年 8 月—2009 年 1 月

2008 年 9 月初，泰德利差略高于 1 个百分点，这比它在 1 月到 8 月间的平均利率稍低一点儿（但却是它正常水平的两倍）。但是到 9 月 14 日，美林证券这家一度曾为世界最大的证券公司破产，美国银行以一年前估价的 39% 收购了美林证券。第二天，雷曼兄弟被允许破产；第三天，美国政府将保险巨头 AIG 公司国有化。雷曼的破产还引发了货币市场共同基金的严重危机；投资在这些基金上的人们赶忙去赎回自己的钱，结果却发现他们已经无法赎回了，因为这些基金已经宣布对赎回延期偿付。

这些事件导致泰德利差蹿升到 2.85 个百分点。在接下来的一个短暂的下降之后，到 9 月 29 日再次上升到 2.80 点。在那一天，国会驳回了 TARP 纾困方案。显然，作为对这一事件的回应，泰德利差再一次快速上升，甚至到国会改变主意并于 10 月 3 日通过了 TARP 的立法之后，泰德利差仍然在继续上升。到 10 月 10 日，泰德利差站上了 4.51 点。直到存在争议的 TARP 纾困方案的详细内容于 10 月 14 日公布之后，泰德利差才开始下降。

那个时候，许多自由派和左翼人士告诉我们说，TARP 没有必要，它意味着对金融业的暴利提供保护以及这笔钱可以花在其他地方——投资基础设施，用来保护房主免于丧失抵押品赎回权等等。例如，历史学家霍华德·金恩（Howard Zinn）写道：

> 悲哀地看到两个主要党派都同意花费 7000 亿纳税人的钱来救助那些以不称职和贪婪这两个特征而著称的巨型金融机构……一个简单却强有力的选择应当是把这笔 7000 亿的巨资节省下来，直接支付给那些需要它的人们。让政府宣布暂停对抵押品赎回权的剥夺，帮助房主支付他们的抵押贷款。创立一个联邦工作计划来确保那些想要工作且需要工作的人得到工作。(Zinn, 2008, 4—5)

但是，只要认可挽救资本主义制度这一目标，能够留下来替代 TARP 的方案也都是与它大同小异的方案了。要挽救这个制度，就必须平息恐慌。必须通过政府担保债权人的钱能够得到偿还来恢复"信心"。这就要求对银行体系进行救助。金恩提出的措施，是值得在**衰退**的情况下为帮助劳动人民而努力的。但这些措施并不能解决**信心危机**。当然，人们可以说，"忘了什么恢复信心的事儿吧"，但这基本上就等于说，"别去想什么挽救资本主义了"，而金恩并没有这么说。

此外，有一位左派自由主义经济学家，迪恩·贝克（Dean Baker, 2008a），之前曾支持救助计划，而后又反对这一计划。2008 年 9 月 20 日，他描述流动性锁定及其可能后果的方式与我在前面的描述十分相像：

> 真正的风险是银行系统将会冻结，这会妨碍正常的商业交易，例如支付工资。这将很快导致一场经济灾难，出现大规模裁员和产出骤降。
>
> 美联储和财政部采取行动以避免这场灾难是正确的……现在迫切需要实施

一个救助计划。

但9天后,贝克(2008b)改变了自己的观点:

> 救助计划对那些想要通过收入再分配而使财富集中的人来说是一个巨大的胜利。它把钱从学校教师和出租车司机手中拿走,然后给了拥有难以置信的财富的华尔街银行家们……这种使财富集中的再分配被危机掩盖了,就像是在伊拉克发生的战争一样。但是,根本没有什么严重危机。没错,经济是处于衰退之中,而衰退也越来越严重,但是救助计划并不会让我们走出衰退,甚至也不会对减轻衰退有多大帮助。

贝克认为TARP不会对缓和衰退有多大帮助,这是正确的。但是说它的目的是使富人更富,或者说"没有什么严重危机",这就不符合实际了。TARP的目的是恢复"信心",以确保金融体系不至于彻底崩溃。TARP所要解决的危机是这个金融体系的信心危机,而不是经济的衰退。

贝克当然理解这一点,他曾对此做出回应,主张只需要由美联储接管大型银行:

> 如果银行系统确实出现冻结,那么美联储可以介入并接管大型银行。(1980年代曾经有过这种接管的应急计划,当时货币中心银行承受着数十亿美元的发展中国家的坏账。)
>
> 这些银行不会乐意美联储的接管。高管们将失去工作,股东们则很可能会损失他们的全部投资。然而,我们其他人将会像从前一样继续我们的生活。(同上)

然而,如果美联储想要通过购买银行来接管它们,其结果就会与TARP大同小异。通过这种方式,美联储能够使银行的债权人摆脱困境,而这种救助的花费或许不会小于TARP的花费,这取决于国有化的范围究竟有多大。贝克提出的另一种仅有的选择是在接管银行时不作补偿。要想平息一场"信心"危机并重新获得信贷流,这可不是一个明智的选择。银行,包括国有银行,在能够发放贷款之前,需要先从公众和机构那里获得资金,即公众和机构把钱借给它们或投资给它们。如果政府想要不作补偿就实行征用,对这种政府控制的任何机构,我知道我绝不会把钱借给它或投资给它。

当然会有人再一次说,"忘了什么恢复信心的事儿吧,别再提财产权神圣不可侵犯这回事儿了"——换句话说,"别再说什么挽救资本主义了"。但贝克并没有提到这个。

美联储挽救美国,让美国避免了日本式的"失去的十年"

矛盾的是,房产泡沫的形成和持续,不是因为2000年代美国经济强大,而是因为它虚弱。尤其是,经济虚弱正是迫使美联储人为刺激经济的原因,[12]并且这种举措意外地产生了促使房价泡沫形成和持续的后果。

1996年12月,美联储主席艾伦·格林斯潘(1996)问道:"但是,我们怎么知道,什么时候非理性繁荣已经过度推高了资产价值,接下来就会像日本在过去十年中那样,变成不可预期的持续收缩呢?"这个问题被广泛地解读为一个颇具先知意味的警告:非理性繁荣已经在美国股市出现了。但是,即使这个问题真的是一个警告,它也是一个没有被认真对待的警告。非理性繁荣仍在持续。当格林斯潘抛出他的问题时,标普500指数在过去两年中已经上升了64%(见图3.5)。到2000年3月,它总计上升了237%,同时,纳斯达克"技术股"综合指数则上升了577%。[13]

然而,公司的税后利润率,自1997年达到峰值13.0%之后,到2000年已降低到8.3%,下降幅度超过三分之一。[14]股价则在2000年3月达到高点,在停滞了几个月后,于9月开始下跌。到这一年年底,标普指数从9月初的水平下跌了13%,纳斯达克指数则从9月初的水平下跌了42%。自6月开始就已经停止增长的工业生产,在10月初开始下降,同时实际GDP也停止了增长。12月的零售业(经通胀调整的)实际销售额同样也低于 1999 年 12 月的水平。

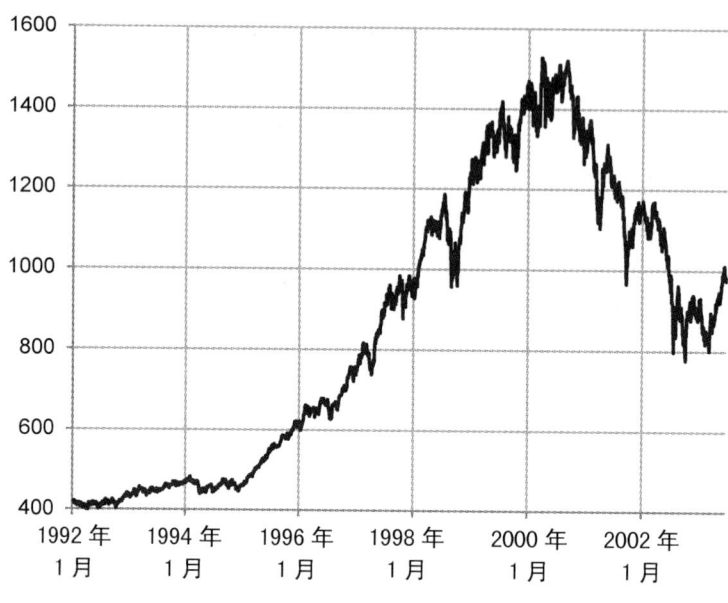

图 3.5　标准普尔 500 指数

前瞻性指标表明美国经济有可能进一步变弱。2000 年 12 月，住房建设的主要领先指标——新房开工建筑许可的发放数量——比一年前降低了 8%，比 1998 年 12 月的数据降低了 11%。股市下跌导致消费者信心下降，尤其是 12 月，密歇根大学的消费者敏感指数——这是消费支出的一个领先指标，下降了 8.6%。到年底，企业"核心"资本品订单的三个月移动平均值——它是对未来生产进行投资的主要领先指标，已经连续下降了 4 个月，比它在 8 月曾达到的峰值下降了 4.7%。

为了防止问题进一步恶化，美联储开始调低联邦基金（银行间）利率，这也是它的一项主要政策。在 2001 年 1 月 3 日的一次特别电话会议上，美国联邦公开市场委员会将联邦基金目标利率调降 0.5 个百分点，从 6.5% 降为 6.0%。当月月底，联邦公开市场委员会在其日常会议上再次将联邦基金目标利率下调 0.5 个百分点。在接下来的 7 个月中，美联储连续 5 次降低目标利率；到 8 月份，这一利率降低到 3.5%。

货币政策的这种变化需要一些时间才能起作用。在此期间，经济状况进一步恶化。公司税后平均利润率在 2001 年降低到 7.9%，只有其 1997 年水平的五分之三。股票价格的崩溃加速并持续到 2002 年底或 2003 年初。当股价触底时，纳斯达克指数只有其峰值的不到四分之一，标普指数则下降了几乎一半。实际 GDP 直到 2001 年 12 月之前都没有出现持续回升，而工业生产则持续下降到 2002 年初。2001 年 3 月就业开始下降，衰退后来被"正式"认定在这个月开始。这一下降一直持续到 2003 年 8 月，此时距 2001 年 11 月衰退被"正式"认定结束时已近两年（图 3.6）。[15]

为了应对"9·11"恐怖主义袭击的冲击，美联储在 2001 年 4 次降低联邦基金目标利率。到这一年年底，这一利率降低到 1.75%。**但是，在国家从"9·11"袭击中恢复过来很久以后，同时也是在衰退被"正式"认定结束很久以后，美联储仍然继续下调联邦基金利率**。目标利率在 2002 年底及 2003 年中连续降低，最终降到 1%。直到第二年它仍然保持在这个水平上。

美联储为什么要持续降低联邦基金利率，并将它保持在低水平上呢？它这么做的原因部分在于自 2001 年衰退结束以后就业的恢复非常缓慢。

但是，它也是在试图防止虚弱的经济所带来的长期威胁——通货紧缩的预期。在 2002 年 11 月联邦基金利率下调两周之后，本·伯南克（Ben Bernanke）——当时的美联储委员会成员之一，在一次演讲中评论说：

> ……一些人对我们可能很快将面临的一个新问题——通货紧缩和价格下降的危险——表示了关注。每当我们在报纸上读到关于日本的报道，都会使我们深刻认识到这一担忧并不单纯是一个猜想。在日本，看上去并不太严重的**通货紧缩**——消费物价每年 1% 的下降——多年来始终伴随着痛苦的低增长，不断上升的失业人口，以及银行业和公司部门明显棘手的财务问题。（Bernanke, 2002，强调为原文所加）

伯南克接着向他的听众保证，"在可预见的未来，美国发生严重通货紧

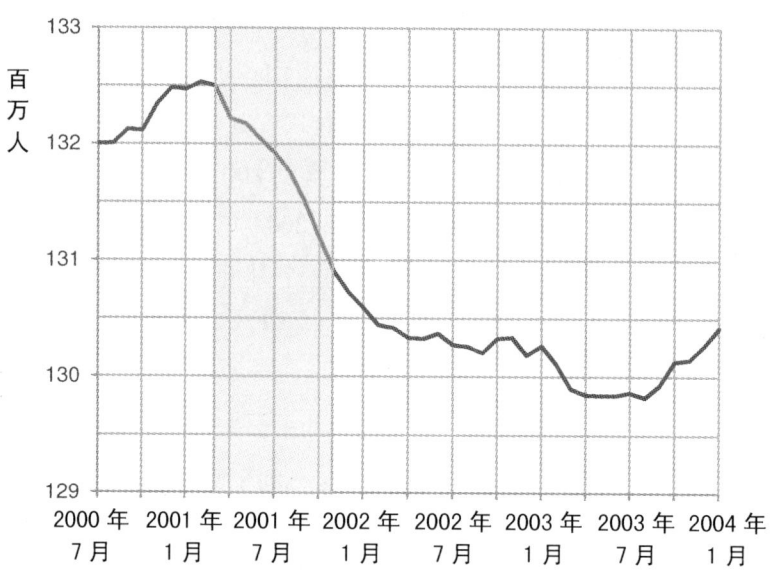

图 3.6　美国非农业的就业（阴影部分表示衰退期）

缩的可能性实际上是微乎其微的。"但是他强调，确保严重通货紧缩的可能性微乎其微需要一个条件，即"**美联储和美国其他政策制定者下决心抢先采取抵御通货紧缩压力的行动**"（Bernanke，2002，强调为本书所加）。宣布了美联储 2003 年 6 月下调联邦基金目标利率的官方新闻稿，措词谨慎地说，"通货膨胀的一个不受欢迎的大幅下降的可能性，尽管很小但仍然存在"，但在面对金融危机调查委员会所作的证言中，伯南克证实了对严重通货紧缩的恐惧是美联储采取货币宽松政策的一个主要原因："在 2001 年衰退的期间及之后，联邦公开市场委员会将短期利率降到一个非常低的水平，这么做是为了应对劳动市场的持续低迷以及当时普遍认为的潜在的通货紧缩风险"（Bernanke，2010）。

当然，美联储在衰退期间经常采取调低短期利率的行动。但在 2000 年代早期，货币宽松政策似乎比以往要宽松得多。哲斯塔和史密斯（Gjerstad and Smith，2009：271）把它描述为"异乎寻常的扩张性政策"，约翰·泰勒（John Taylor）认为，"实际利率的决策远远低于根据历史经验制订的政策所应该执行的水平"。2001 年以后，美联储的行动"偏离了政策实施的常规方式,这样做的目的是为了应对……类似于1990年代日本所发生的对通货紧缩的恐慌……"(Taylor,2009:342—343)。

图 3.7 显示,自 2002 年初到 2005 年中的整个 3 年半时间里,实际联邦基金利率一直是负数。[16] 这意味着,只要把通货膨胀考虑在内,银行可以从其他银行借入资金,并把它们再贷出去,那么最终偿还的资金将低于他们最初所借的资金。这种现象持续存在的情况在此之前只发生过一次——即 1970 年代中期全球严重经济危机期间及之后。

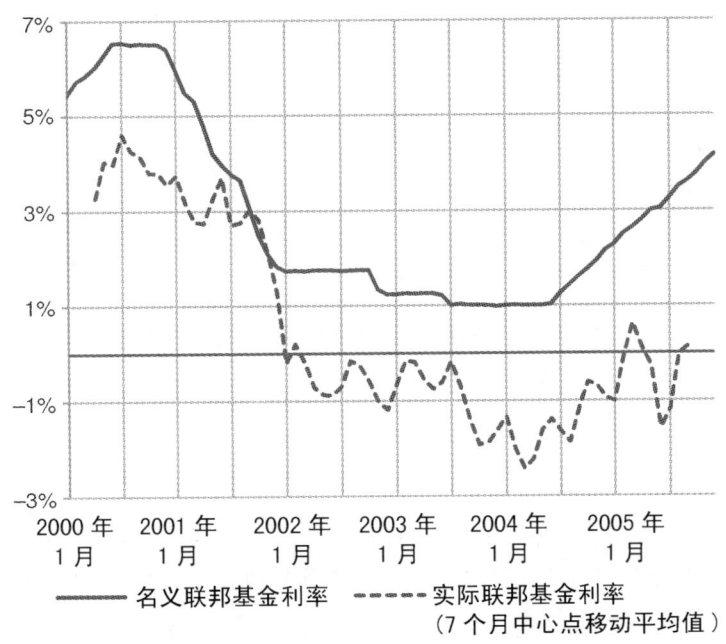

图 3.7　名义和实际联邦基金利率

作为对联邦基金利率下调的回应,包括抵押贷款利率在内的其他利率都在降低。不断降低的抵押贷款利率使抵押贷款的数量激增。图 3.8 显示了联邦基金利率与滞后一年抵押贷款(用它占税后收入的百分比表示)两者之间的紧密联系。因为两者是反向变动的,所以我将联邦基金利率的纵坐标上下反转,以使这种紧密联系表示得更加明显。在图中所显示的时期中,平均来看,联邦基金利率的一个百分点的下降(或上升),会导致借款/收入比率略大于一个百分点的上升(或下降),联邦基金利率的变动解释了借款/收入比率的三分之二的变动。[17]

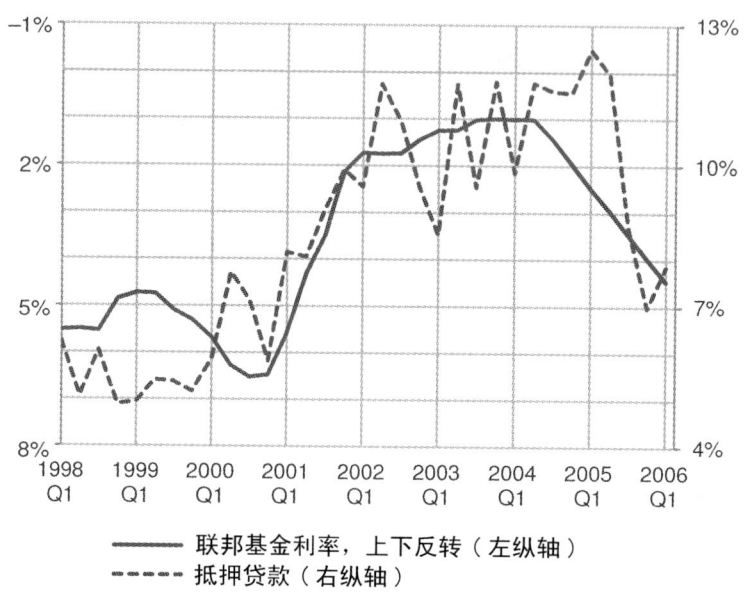

图3.8 联邦基金利率和住房抵押贷款

(抵押贷款的数字是它在税后收入中所占的比例,
与横坐标所显示的季度相比滞后一年)

相关性当然并不是对因果关系的证明,无疑还有其他因素刺激了住房抵押贷款的需求。在本章前面,我曾经谈到近乎废除住房转售的资本利得税所起的作用,并提到1990年代后期不断上升的股价在当时很可能刺激了住房的需求。除此之外,还有哪些其他因素呢?

次级贷款的增长不可能是抵押贷款需求暴涨的主要原因,这是因为2003年之前的每一年,次级抵押贷款都只占全部抵押贷款的8%或更少(旧金山联邦储备银行,2007:8,图1)。自2004年到2006年,次级贷款的比重接近20%,但抵押贷款占收入的比重在那时已经不再上升(见图3.1)。

在否认了"美联储的'货币宽松'政策造成了美国房产泡沫"之后,格林斯潘(2009)提出了另一种解释:"中国和大量其他新兴市场经济国家的急剧增长……导致在全球范围内意愿储蓄超出意愿［生产性］投资。"这些超额储蓄被用于购买证券，从而压低了包括美国抵押贷款利率在内的长期利率。根据格林斯潘的说法，造成泡沫的是抵押贷款利率的下降，而不是联邦基金利率的下降。在面对金融危机调查委员会所作的证言中，伯南克（2010）重申了这一主张，并提到在泡沫产生的那些年中，欧洲是大量资金流入美国的另一个来源。（作为泡沫的一个附加原因，他还提到了推动泡沫和导致抵押贷款业务风险增大的心理因素。）

然而泰勒（2009：345—346）则反驳说，这一主张的关键之处——即存在着全球储蓄过剩这一点是虚构的。尽管在世界其他地方储蓄超出了生产性资本的投资，但在美国情况却相反，并且其数量是大致相当的。由于这两个不平衡相互抵消，因此，根本不存在一个会造成利率下降和抵押贷款剧增的**全球范围**的储蓄过剩。

泰勒用来支持其观点的国际货币基金组织（IMF）的数据颇具说服力。图3.9源自同一个数据库，它表明，直到2005年以前，储蓄并没有显著超出生产性投资，而美国住房贷款的大部分增长在那以前就已经出现了。18 自1995至2004年，抵押贷款在税后收入中的比例从2.8%上升到10.4%，而这个时期全球储蓄要么低于全球生产性投资，要么超出的数量微乎其微（1997年超出280亿美元，2004年超出210亿美元）。而在2005到2007年期间，当储蓄确实超出生产性投资很大一部分时，抵押贷款在税后收入中的比例却先是只有不大的上升（2005年为11.2%），而后则下降了（2006年为10.0%，2007年为6.5%）。

然而IMF的数据并没有最终解决问题，这是因为这些数据涉及的是**实际的**储蓄和投资，而格林斯潘所说的则是**意愿的**规模。这些数据并没有否定下面这种可能性，即在2005年以前的确存在着格林斯潘所说的储蓄过剩，它导致利率下降，而利率的下降带来了实际储蓄和生产性投资的均衡。

但是，由于其他一些原因，格林斯潘和伯南克对美联储政策导致房产泡沫这一观念的否认还是存在问题的。他们对这一观念的否认基于这

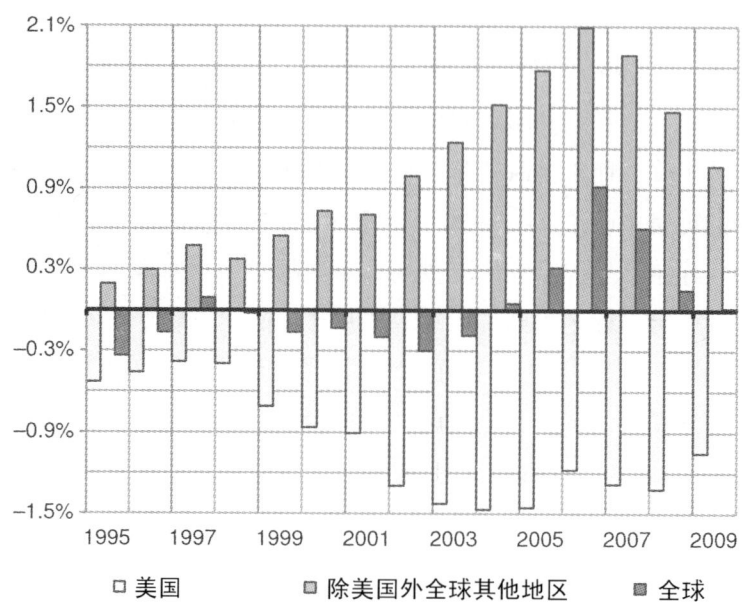

图 3.9　超额储蓄占世界 GDP 的比例

样一个判断,即联邦基金利率对住房抵押贷款市场没有多大影响(Greenspan,2009；Bernanke,2010)。但是前面的图 3.8 显示,在存在房产泡沫的那些年里,联邦基金利率和抵押贷款**的确**是紧密相关的。

另一个问题是,即使我们接受了美联储的宽松政策并没有导致住房价格上升这一观点,一个足够紧缩的政策也几乎必然会使这种上涨趋势停止。例如斯蒂格利茨(Stiglitz)曾指出:

> 如果不考虑中国愿意以一个相对较低的利率借钱给美国,美联储至少在短期内具有足够的控制力量使利率上升。事实上,美联储在这十年的中期曾经这样做过,不出所料,这一做法促成了房产泡沫的破裂。(Stiglitz,2009:334)

我的观点是,**不应该**为房产泡沫指责美联储,也**并不是说**只要美联储采取了一个更为紧缩的货币政策那么所有事情就会变好。当"新经济"泡沫破裂时,美国经济陷入了一个虚弱的状态,而这种虚弱状态才应该最终对房产泡沫负责。换句话说,美联储的货币宽松政策并不是它能够自由选择的。我前面曾经谈到，日本不动产和股市泡沫的破裂导致了货币紧缩和"失去的十年"，因此，2000年代初期美国正在发生的通货紧缩就成了一个明显的威胁。

因此，就像伯南克最近强调的那样，"**通过更为激进的提高利率的方式早一点儿结束泡沫……并不是一个切实可行的政策选择**"（2010，强调为本文所加）。如果美联储早些结束泡沫，那么抵押贷款相关证券的损失或许会小得多，2008年末冲击了金融部门的恐慌可能就会避免。但是，考虑到美国经济自股市泡沫崩溃后的虚弱性、衰退以及"9·11"恐怖主义袭击——并且考虑到"9·11"袭击、阿富汗战争以及后来的伊拉克战争结果的不确定性，紧缩性货币政策很可能在2000年代初而不是2000年代末就已经使经济陷入大衰退了。或者经济就有可能像日本经济在不动产和股市泡沫破裂之后那样，陷入长时期的停滞。

斯蒂格利茨希望为危机指责美联储（或其他许多人），他对类似伯南克的主张做出了回应，他说道：

> 美联储的辩护者们有时……［说］他们别无选择：提高利率会消灭泡沫，但同时也会扼杀经济。但是美联储除了利率以外还有许多其他政策工具。例如有许多监管行为能够抑制泡沫……它可以在泡沫出现的可能性增加时降低最高贷款—估值比例；它可以降低所容许的最高房屋还款—收入比例。如果它认为自己的确没有必要的工具，那它还可以去国会寻求帮助。（Stiglitz, 2009: 336）

接下来又怎样呢？中央银行可以实行扩张性货币政策，也可以实行紧缩性货币政策，但它不可能同时实行这两种政策。可以想象——尽管这不太可能出现，斯蒂格利茨推荐的这些对策有可能会抑制经济中的借款总量从而结束泡沫。但这样做很可能导致大衰退提前到来而不是延后，或许美国就将陷入它自己的"失去的十年"。

斯蒂格利茨似乎也忘记了**泡沫并不仅仅局限于住房市场**。我在前面曾经提到，股票价格和商业不动产价格同样出现了暴涨。这一点很重要，因为斯蒂格利茨的对策最有可能的结果是在不降低借款总体水平的情况下改变借款的**构成**。因此，他建议的监管的改变可能会导致用于购买住房的借款减少，而用于购买股票和商业不动产的借款增加。于是，这些市场中的泡沫甚至会更大，显然不能说这些泡沫的破裂所导致的后果没有住房市场泡沫破裂的后果那么严重。[19]

归根到底，1990年代股价泡沫的破裂不是一件小事。本章我曾说明，它引发了如此严重的情况，以至于美联储感到不得不采取行动来助长和延长房价泡沫。我们当前的经济困难，在很大程度上是由网络公司泡沫以及为控制泡沫破裂的危害而做出的最终没有成功的努力所造成的延迟出现的后果（同时也是更深层的结构性问题所造成的后果）。

第四章 转折点：1970年代而非1980年代

关键问题是什么？

本章考察过去几十年各种经济趋势的数据。这几十年是经济增长缓慢的几十年，在此期间美国和世界各地出现了多次金融危机。在美国，我们还经历了政府和家庭债务负担的巨大增长，就业状况的疲软和薪酬增长的乏力，不平等现象的不断扩大以及公共基础设施的恶化。

证据表明，所有这些趋势都始于1970年代中期的经济危机和衰退，在一些情况下甚至还要更早。因此，这些证据对本书的一个关键论点提供了支持：因为1970年代中期和1980年代早期没有出现真正的崩溃——即在这一时期经济衰退带来的资本价值消灭并不足以恢复盈利能力，此后也就没有出现真正的繁荣。尽管出现了一些插曲，例如由1990年代的网络公司泡沫和2000年代房产泡沫所推动的扩张，但经济自1970年代衰退后始终没有得到完全恢复。

这里所呈现的证据，再加上下一章所讨论的证据——即关于盈利能力持续下滑以及它所导致的积累率的持续下降的证据，表明了1970年代是转折点，因为那十年是一个**长期相对停滞**的开端。因此，这一结论对左派的一个普遍观点——至少是在最近这场经济危机爆发之前的一个普遍观点——提出了异议：这种观点认为转折点是1980年代早期，因为资本主义的一个**新的扩张阶段**发端于那时。按照后一种观点的支持者的说法，资本主义沿着始于 1980 年代的自由市场和"新自由主义"路线的重建，由于提高了对劳动力的剥削进而恢复了利润率，引发了一个新的扩张。

这个普遍（或曾经普遍的）观点的要素最初得到系统的阐述，是在"新自由主义"这个术语的使用盛行之前。亨伍德（Henwood）强调，一个新的繁荣并不必然会带来普通人的经济状况的改善，他（1994）写道：

> 就如我 4 年前所说，调整你对危机的措辞是错误的——无论是某些左派所偏爱的永久性危机，还是其他人预言正在逼近的、无可回避的街头碎骨杀手（bone-cruncher）……在一个自由交易、货币紧俏和财政控制的世界中，GDP 可以无限地增长——即使假定它不会带来生态灭绝——但它仍然会让人感觉非常糟糕。

几年之后，安瓦尔·谢赫（Anwar Shaikh，1999）在回应一个问题时写道："那么我们终于处在一个长波的上升趋势中了吗？总的说来，我认为是这样的。其他发达国家正开始沿着英美的方向发展，为此悲叹并不会改变这一事实。"没过多久，在《资本的复兴：新自由主义革命的根源》一书中，热拉尔·迪梅尼（Gérard Duménil）和多米尼克·莱维（Dominique Lévy）写道：

> "新自由主义"这个词现在被用来描述资本主义在 1970 年代和 1980 年代的转折点所经历的转变……这一变化最重要的特征是恢复了许多资本主义最具暴力的特性，形成了一个复兴的、不加粉饰的资本主义。
>
> 利润率在 1980 年代初达到了一个低点，此后一直在提高。（Duménil and Lévy, 2004：1, 28）

即使在雷曼兄弟倒闭之后，米歇尔·哈森（Michel Husson，2008）也表达了类似的观点：

> 在 1974 至 1975 年和 1980 至 1982 年的普遍衰退之后，资本主义的运行开启了一个新的阶段，为方便起见可以把它称做新自由主义。1980 年代初是一个真正的转折点。一个朝向不断提高剥削率的基本趋势被释放了出来，而这导致了利润率的持续上升。

第四章 转折点：1970年代而非1980年代

这一观点的支持者们通常并没有证明"在新自由主义下"经济表现会格外强劲。然而，由于他们认为自由市场政策成功地恢复了利润率，并且认为这**本可以**带来强劲得多的经济表现，因此他们把相对停滞归咎于新自由主义政策而不是资本主义**生产**方式运行中无法解决的根本性问题。例如，迪梅尼和莱维问到：

> 为什么利润率的恢复没有同时伴随着一个类似的增长恢复呢……这个谜的关键或许可以在货币机制和金融机制中找到……美国和欧洲经济的持续低迷的表现……实际上是新自由主义的特殊动力作用的结果。因此，人们可以断言结构性危机已经结束，可以指责新自由主义……（Duménil and Lévy, 2004：65）

我将要在本章呈现的证据表明这一观点不符合事实，至少不符合美国的情况。经济增长的放缓，以及我们将要看到的种种其他经济困难，**都早于"新自由主义"，因而归咎于它是不合适的**。它们始于实行"凯恩斯主义"经济政策的时期，即在1974年辞职的理查德·尼克松（Richard Nixon，"在经济问题上我现在是一个凯恩斯主义者"）总统就任期间。[1] 因此，这些经济困难并不是政策和意识形态转变的结果，而是它们的原因。"新自由主义"和"金融化资本主义"这两个我们如今听到的相互联系的流行词，是狗尾巴而不是摇尾巴的狗。因此，把某个资本主义发展时期的特征描述为"新自由主义的"，与其说是基于事实，不如说是基于对**政治决定论**的强烈倾向——这个概念指的是资本主义经济规律能够在根本上为政治意愿和政治权力所改变。这种倾向通过各种方式被引入到马克思主义思想当中，例如，通过法兰克福学派、结构主义和后结构主义、法国**调节**学派以及美国社会结构积累学派。人们或许会预料，凯恩斯主义政策在面对1970年代中期经济危机时的失败，以及社会民主主义和斯大林主义的失败，将引起对政治决定论的摒弃。然而这种摒弃并没有发生，并且在最近这场经济危机的激发下这种倾向似乎越发被广泛认可了。[2]

尽管"新自由主义"在用来指称某个特殊时期占统治地位的政治和意识形态时可能是一个有用的术语，但我将要在下面呈现的证据让我得出结论认为，它对于解释过去几十年的经济轨迹来说不是一个有用的概念。我发现有用得多的是政治决定论者常常拒绝考虑的马克思的一个思想：政治和意识形态是以作为社会真正基础的**生产**关系为根基和条件的。对于他的《哥达纲领批判》（马克思，1989a）以及他针对给社会经济问题提供"政治"解决方案的有关作品所作的批评文章来说，这一思想是极为重要的。考虑到新自由主义概念有限的解释力和政治决定论的失败，我认为这一思想是值得重新思考的。

世界经济的增长

本书关注美国经济，如我在第一章所说，是因为美国是最近这场危机的震中，还因为其他国家的可用数据不像美国数据那么完整，并且常常也不像美国数据那么可靠。尽管如此，在这里对世界经济作一考察仍然是有用的，因为它有助于说明始于1970年代中期的经济相对停滞是一个全球现象。美国的情况并不是一个例外，事实上，与大多数其他发达工业化国家和世界其他地区相比，发生在美国的经济放缓并没有那么剧烈。

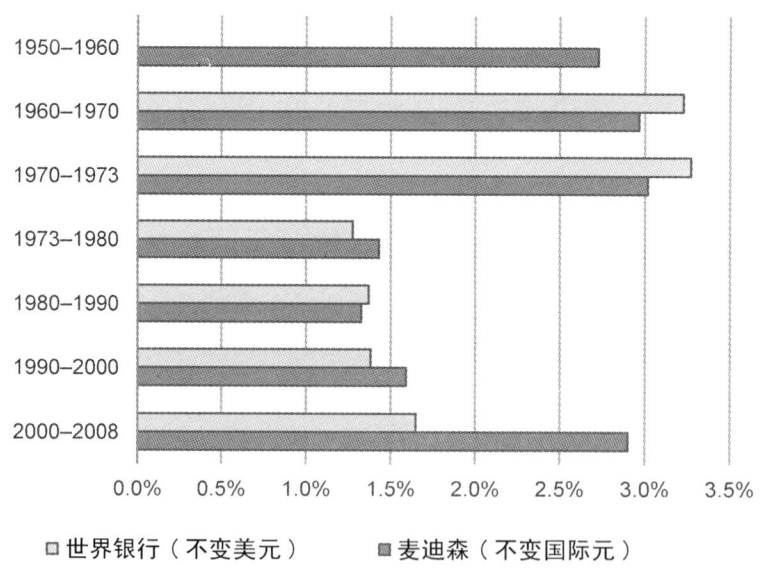

图4.1　世界人均GDP的增长（年均增长率）

图4.1显示了全世界人均实际GDP的年均增长率。基于世界银行

数据——它始于 1960 年——的估计，是以不变（经通胀调整的）美元来衡量 GDP 的，而基于已故的安格斯·麦迪森（Angus Maddison）所编制的数据库——它提供了始于 1950 年的年度数据——的估计，则是以不变国际元（Geary-Khamis dollar）来衡量 GDP 的。3 两组数据都显示，世界人均实际 GDP 的增长率直到 1973 年以前都相当稳定，之后则出现了突然的急剧下降，大约下降了一半。两组数据还显示，在 20 世纪余下的时期，增长率没有出现大幅恢复。注意，GDP 增长率的陡降发生在 1973 年至 1980 年间，它早于新自由主义时期的开端。

对于自 2000 年开始的这个时期，世界银行的数字表明人均实际 GDP 的增长只有极小的加速，而麦迪森的数字则表明 2000 年以后增长率恢复到了 1973 年以前的水平。这些结果不同的主要原因是，世界银行对中国经济规模的估计远远小于麦迪森的估计（尽管世界银行对中国年均增长率的估计几乎总是较大）。根据世界银行的估计，中国 2008 年实际 GDP 只有美国的 56%，而麦迪森的估计值则为 94%。图 4.2 显示，如果排除了中国，两组数字就非常接近了，它们都表明人均 GDP 的年均增长率自 1973 年后下降了一半以上。

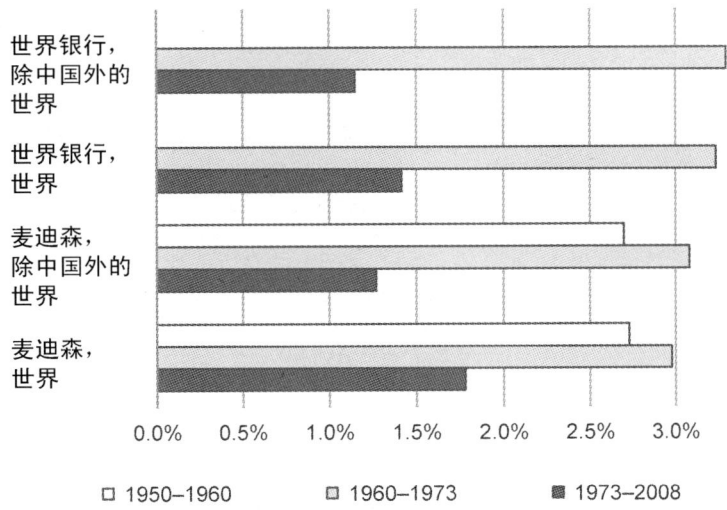

图 4.2　中国对人均 GDP 增长的影响（年均增长率）

表 4.1 呈现了 8 个最大的发达工业化国家（按 2008 年实际 GDP 排序）和世界不同地区的人均实际 GDP 的增长率。它表明增长的放缓是一个非常普遍的现象。1973 年后，日本、欧洲（包括东欧和苏联地区）、拉美和加勒比海地区以及非洲的增长率下降了超过一半。在美国，我们所经历的增长放缓的程度小很多，它也比整个世界的平均放缓程度略小一点儿。

表 4.1 人均实际 GDP 的增长率（麦迪森数据）

	1950—1973（百分比）	1973—2008（百分比）	1973 以后/1973 以前（百分比）
美国	2.4	1.8	74
日本	7.8	2.0	25
德国	4.9	1.6	32
英国	2.4	1.9	81
法国	3.9	1.6	40
意大利	4.8	1.8	37
加拿大	2.8	1.7	62
西班牙	5.4	2.7	50
西欧	4.0	1.8	46
西方的殖民旁支国家*	2.4	1.8	74
东欧	3.7	1.5	41
苏联地区	3.3	0.8	23
拉丁美洲和加勒比海地区	2.6	1.2	49
亚洲	3.8	3.4	89
非洲	1.9	0.7	37
世界	2.9	1.8	62

* 美国，加拿大，澳大利亚和新西兰

在增长率普遍的显著下降中，亚洲成为主要例外。这完全是因为中国和印度的快速加速的增长。在亚洲其他地区，人均实际 GDP 的年均增长率自 1973 年以来为 2.0%，只有 1950 到 1973 年期间 4.8% 的增长率的41%；其下降程度与西欧和拉美所发生的下降大致相当。

美国经济的增长

转向美国，我们发现对经济增长的其他衡量同样清楚地表明，1970年代中期出现了一个突然放缓并且此后一直持续。我使用国会预算局（Congressional Budget Office，CBO）发布的潜在实际GDP的估计数据，计算了潜在实际GDP与现实实际GDP之间的缺口。[4] 平均来说，自1950至1973年期间现实GDP比潜在GDP超出1.2%，而自1974至2008年期间这一数字下降为比潜在GDP低0.6%。图4.3考察了不同经济周期中现实GDP与潜在GDP之间的缺口百分比，它表明在这个问题上均值并没有造成误导。1970年代中期以前，除了一个周期以外全部经济周期的现实GDP都高于潜在GDP，而在那以后，除了一个周期以外全部经济周期的现实GDP都低于潜在GDP。[5] 此外，这两个例外周期的缺口百分比都非常小。

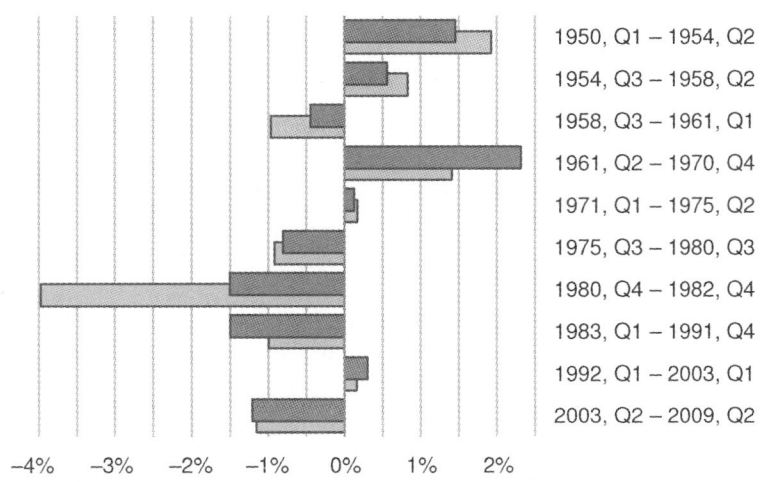

图4.3　现实实际GDP和潜在实际GDP的缺口，美国
（现实GDP对潜在GDP的差距百分比）

图 4.4 考察了美联储的工业生产指数的增长。它是用工业生产在所标注日期之前十年中的增长的百分比来表示的。自 1970 年代中期的衰退期间，这一增长率急剧下降，并且此后一直没有回升（网络公司泡沫期间的短暂回升除外）。1957 至 1973 年期间的十年增长率平均为 57%，但在 1975 至 2008 年期间这一数字直落到 30%，勉强高于前一平均值的一半。即使 2000 年这个增长率达到了它在后一时期的顶峰，它也低于 1957 至 1973 年期间的平均增长率。如果我们用 1981 年 1 月罗纳德·里根（Ronald Reagan）的就职典礼作为美国新自由主义政策的起点，那么我们发现工业生产平均增长率的全部下降中有 80% 在新自由主义的起点之前就已经出现了。

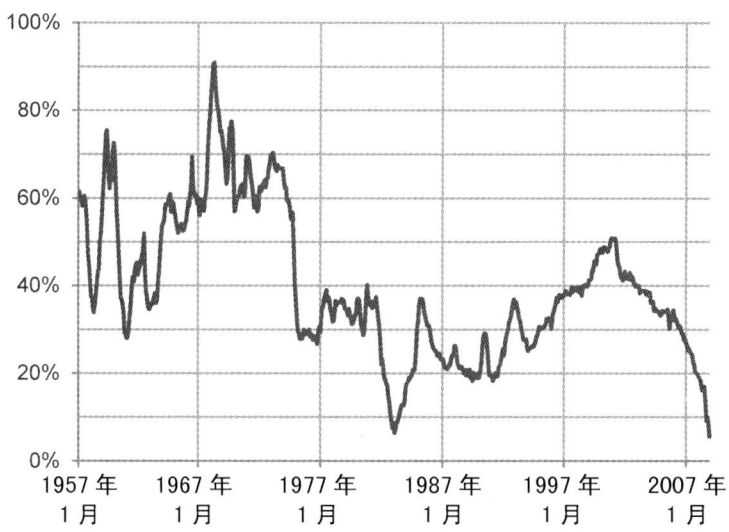

图 4.4 工业生产增长率，美国（前十年变动的百分比）

我使用工业生产指数和美联储的产能利用率数据来计算国家工业产能——即在制造业、采掘业和公用事业中的生产资料存量——的年均增长率（见图 4.5）。由于产能利用率数据始于 1967 年，因此不能得出关于二战后早期那段时间的结论。但是很明显，除了 1990 年代与网络公司泡沫相伴随的投资繁荣时期以外，自 1960 年代晚期开始，工业产能的增长显著放缓。自 1968 年到最近这场衰退开端这一期间内的下降，几乎全部都发生在美国经济开始"新自由主义化"之前。到里根就任时，工业产能的增长率已经下降到1968年早期的一半以下。[6]

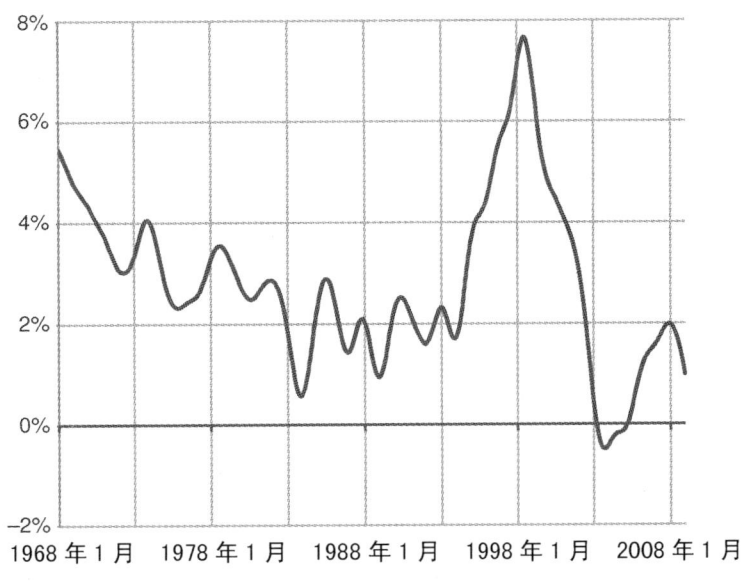

图4.5　工业产能的增长，美国（年均变化百分比）

全球金融的不稳定性

表4.2基于莱因哈特和罗格夫（Reinhart and Rogoff, 2009：95—96）的表6.3和表6.4所报告的数据。他们的研究考察了66个国家，1990年这些国家加起来占世界GDP的比重为89%。在1946至2005年期间，这些国家中有36个国家要么曾不履行他们对外国实体的债务，要么曾实施债务重组——也就是说他们没有偿还他们的债务，要么他们没有还款，要么他们达成协议以比最初同意的条款更为宽松的条件来进行还款。（因为一些国家多次违约或债务重组，所以违约和债务重组的总数要远远多于36次。）1976年以前几乎没有违约和重组，但这一数字在1976至1985年间飞速上升，其主要原因是1980年代早期第三世界的债务危机。即使在这些危机得到解决之后，违约与重组仍然比二战

后早期那段时间发生得更为频繁。例如，在 1996 年至 2005 年的 10 年期间内发生的债务违约和债务重组，与战后 30 年发生的总数相等。

表 4.2　主权债务违约与重组，1946 至 2005 年

年份	1946—1955	1956—1965	1966—1975	1976—1985	1986—1995	1996—2005
违约与重组	1	8	7	35	20	16

尽管第三世界债务危机在 1980 年代早期以前并没有爆发，但危机的根源却可以回溯到 1970 年代。1970 年代石油价格飙涨，这迫使许多国家从美国银行大量贷款。然而这些国家的实际 GDP 增长在此期间普遍放缓，这使得他们更加难以管理他们的债务。关于一场危机可能即将来临的警告早在 1975 年就曾发出，当时美国"国会举行听证会……并对第三世界贷款过度集中以及它带来的对美国银行资金状况的威胁表示关注"（美国联邦存款保险公司，1997：198）。两年后，一份来自参议院外交关系小组委员会的工作人员报告宣称，"美国银行体系乃至国际金融体系的稳定性，可能会由于国际收支平衡表中商业银行自石油价格上涨以来的大规模贷款而受到危害"。（美国参议院外交关系委员会，1977：5）

莱因哈特和罗格夫（2008）的另一项研究使用相同的数据库来分析各个国家银行业危机的发生率。为了紧扣这样一个事实，即如果这些危机发生在较大的经济体中，它们就会具有更加重要的影响，作者用国家在世界 GDP 中的比重作为权重对危机数量进行加权计算。二战后前几年，经历银行业危机的国家加权百分比为 5% 或更少，并且自 1951 至 1973 年，这一百分比接近 0。然而接下来，在 1970 年代余下的年份中这一百分比急剧上升，到 1979 年达到峰值 10%。在 1981 至 1983 年短暂下降至大约 5% 以后，经历银行业危机的国家加权百分比在 1986 年暴涨至 26%。自 1985 至 1999 年，这一百分比在 20% 至 30% 之间上下波动，平均值为 25%。此后，银行业危机的数量直落到极低的水平——当然，在最近这场全球金融危机之前。（见 Reinhart and Rogoff, 2008, 图 1）

1980年代中期到1990年代发生的主要的银行业危机包括以下这些。首先是爆发于1980年代中期的美国储蓄信贷机构危机。随后是1980年代晚期和1990年代早期发生于北欧国家的一场严重的银行业危机,以及此后不久在日本发生的一场银行业危机,当时该国股市和不动产市场上的大规模泡沫破裂。作为苏联集团崩溃的结果,一些东欧国家的银行大约在同一时期也陷入困难。接下来第三世界的债务危机再次爆发:墨西哥和阿根廷在1990年代中期经历了银行业危机,1997年初始于泰国的货币危机快速扩散,引发了东亚和东南亚七国的银行业危机,以及俄罗斯和其他地区的银行业危机。

莱因哈特和罗格夫似乎在暗示,金融自由化作为新自由主义的一个特征,对银行业危机的增加负有主要责任:"自1970年代早期以后,金融和国际资本账户的自由化——一个国家投资进出壁垒的降低和消除——已经在世界范围内生根。因而银行业危机也是如此。"然而,当他们从一般走向具体,一个不同的画面显现出来,即金融自由化更像是一个结果而不是一个原因:

> 在一个长期的间断之后,在1970年代,出现银行业危机的国家的比例第一次开始增加。固定汇率制的布雷顿森林体系的终结,再加上石油价格的急剧飙升,催生了一个持久的全球性衰退,其结果是大量发达经济体的金融部门陷入困难。1980年代早期,全球商品价格的崩溃,与美国高涨和动荡的利率一起,促成了新兴经济体的大规模银行危机和主权债务危机,其中最著名的是拉丁美洲和非洲的危机……
>
> 美国经历了它自己的银行业危机,这场危机来源于储蓄和贷款部门,始于1984年……(Reinhart and Rogoff, 2009, 206)

莱因哈特和罗格夫所说的布雷顿森林体系的"终结"实际上是一场**崩溃**。换句话说,这个体系之所以结束并不是因为对浮动汇率制的任何偏好,而是因为美国政府背弃了,并且是被迫背弃了它对其他国家的承诺,即承诺用黄金兑换它们所持有的美元。到1960年代末,美国不断加速的通货膨胀和国际收支赤字已经清楚地表明,布雷顿森林体系的关键前提——即美元"和黄金一样好"——已经不再真实。这导致美国黄金储备的耗竭和其他相关问题,从而迫使尼克松于1971年宣布美国不再履行布雷顿森林协定。

我不想否认,浮动汇率制度更可能使银行业发生危机。确切地说,我的观点是,布雷顿森林固定汇率制度应当被理解为金融不稳定性的一个结果,而不是它的原因。

莱因哈特和罗格夫提到的另一种现象——石油价格的飙升,其原因与导致布雷顿森林体系崩溃的原因完全一样,即1960年代晚期和1970年代早期美元相对黄金的快速贬值。尽管1973年阿以战争是导致石油输出国组织(OPEC)这一国际石油卡特尔消减生产的直接事件,但石油价格随后的上升也有助于实现OPEC的长期目标:扭转其用黄金来衡量的收入下滑。我前面曾提到,第三世界债务危机的主要原因是石油价格的上升和GDP增长的放缓,而这两点同样也不能归咎于金融自由化。尽管1980年代早期商品价格的崩溃可能是压垮骆驼的最后一根稻草,但债务危机的基础却在几年以前就已经被奠定了。

我将在第九章详细论述美国储蓄信贷机构危机。在这儿我简单说两点:第一,这场危机爆发的原因是1970年代不断加速的通货膨胀——对此负主要责任的是石油价格的上升而不是金融自由化。第二,**政府严格控制**存贷过程中向借款方收取的利率和向存款方支付的利率,这将业内大部分储蓄信贷机构推到了破产的边缘。随后对该行业的去管制则是为了避免即将来临的危机的一个(失败了的)努力。

美国不断增长的债务负担

"负债比例",即负债对债务人收入的百分比,通常被用来衡量债务负担——债务人偿还本金和利息的困难程度。这一衡量方法背后的思想是,如果一个人的债务余额是另一个人的两倍,而收入是那个人的三倍,那么尽管其负债在绝对数量上更大,但他或她仍然会更容易偿还其债务。

由于GDP是整个国家的收入，其负债比例就是债务占GDP的百分比。如图4.6所示，整个美国经济的负债比例（除金融业以外）自1947至1981年期间是稳定的。[7] 然而在接下来的十年中，它从不到150%暴涨到200%。自1991至2000年期间，负债比例再一次稳定，但在2000至2009年期间它从205%猛增到274%。

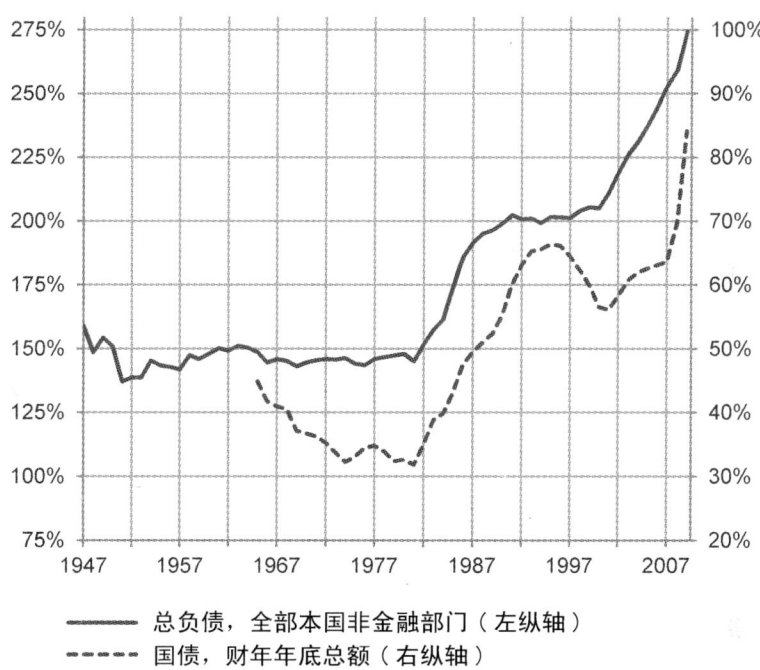

—— 总负债，全部本国非金融部门（左纵轴）
----- 国债，财年年底总额（右纵轴）

图4.6　债务余额占GDP的比例，美国

在二战后初期，国债对GDP的比例超过了100%，这是因为美国政府借了大量的债务去打仗。之后，国债比例持续下降，直到1974年以后趋于平稳。然而，如图4.6所示，1981年后它以极快的速度上升，同时经济的总负债比例也是一样。除了在网络公司泡沫时期曾发生一个短暂的反转以外，这个上升趋势一直在持续。在大衰退期间及之后，由于税收低迷以及新的税收减免和"刺激经济"的支出，国债比例出现了尤为快速的上升。

这里，我们似乎终于有了一些可以被恰当地归结于新自由主义的现象，因为至少从时间上来看似乎是对的。负债对 GDP 的百分比，无论是政府层面还是整个经济的层面，在罗纳德·里根就任总统以前都没有开始上升。然而这一表面现象极易造成误导。债务负担的长期上升实际上开始于 1970 年代，然而它却被那十年中迅速加速的通货膨胀暂时掩盖了。

表 4.3 表明，自 1973 至 1981 年，总负债和国债两者的增长，都比它们此前的增长要快得多。尽管如此，负债比例在这一时期一直保持稳定，这是因为（名义）GDP 同样在以相近的程度加速增长。然而，GDP 的增长中有超过四分之三是由通货膨胀导致的；（经通货膨胀调整的）实际 GDP 的增长率自 1973 至 1981 年大幅下降。[8] 如果通货膨胀率没有上升，那么这一时期负债比例就会以平均每年 4%—5% 的速度快速上升。

表 4.3 债务和 GDP，美国（年均百分比增长率）

	名义债务余额		GDP		债务增长减名义 GDP 增长	
	国内非金融部门总负债	美国国债	名义	实际	国内非金融部门总负债	美国国债
1947—1973	6.3%	2.3%	6.7%	3.9%	-0.3%	-4.4%
1973—1981	10.1%	9.5%	10.2%	2.5%	-0.1%	-0.7%
1981—2007	7.9%	8.4%	5.8%	3.0%	2.1%	2.7%

1981 年，总负债是 GDP 的 145%。2007 年，它是 GDP 的 253%。然而，如果 1973 年后实际 GDP 以它在 1947 至 1973 年间的平均速度增长，那么 2007 年总负债就将只有 GDP 的 180%。[9] 因此，这种情况下负债比例自 1981 至 2007 年期间就将只增加 35 个百分点，而这一期间它实际上升了 108 个百分点。这意味着负债比例的增长中超过三分之二是因 1973 年后实际 GDP 增长的放缓所导致的。

用名义量来衡量债务负担是恰当的，因为必须被偿还的是名义债务而不是实际债务。当通货膨胀在 1980 年代及之后减速时，那些在 1970 年代以固定利率借款的人，其所欠债务并不会因此而缩减！然而，如果问题是"债务负担是什么时候开始上升的"，那么负债对名义 GDP 的比例就会误导统计数字。这是因为通货膨胀率的上升和下降以不同的程度影响着负债和GDP，它们会短暂地扭曲这些比例的长期趋势。例如，当通货膨胀率上升，这会使名义GDP比实际GDP上升得更快，但它不会使既存债务上升。只有新负债——当期借款——受到影响，因此负债比例会暂时下降。在通货膨胀下降时则会出现相反的情况。

为了解决这个问题，一个有益的做法是将既存债务排除在外，只考察新净借款——即债务的**变化量**——和GDP之间的关系，通货膨胀对它们两者具有相同程度的影响。图4.7显示，在1970年代和1980年代早期，净借款比GDP上升快得多；在1970至1985年间，净借款对GDP的比例翻了一倍还多。随后，在接下来的几年中，它降回到较早的水平上，但这只是暂时的。自1990年代早期至2007年，借款/GDP比率持续上升，直到它再一次达到它在1970年代初水平的两倍。

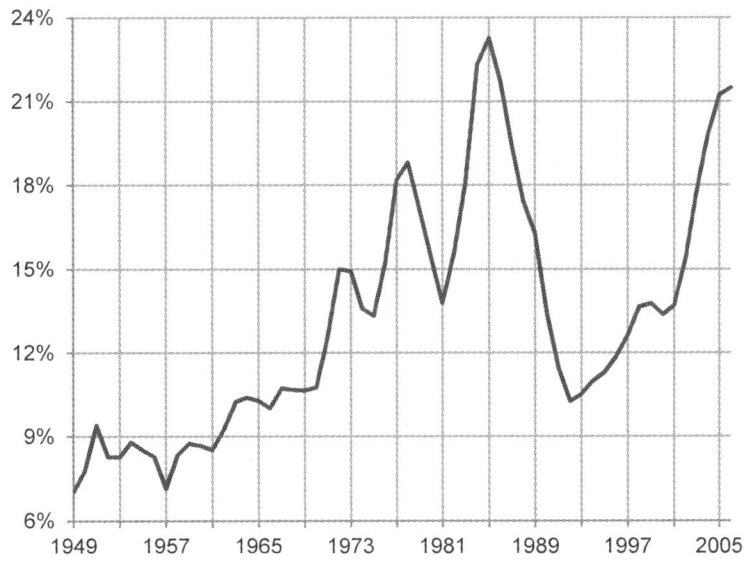

图4.7　债务变化，全美国内非金融部门

（占GDP的比例；年变动百分比的三年中心移动平均）

图4.8显示了家庭和财政部的借款/GDP比率。[10]家庭借款因住房市场的波动性而涨落显著，但家庭借款在GDP中所占的比重在1970年代

快速上升，同时它的平均水平自 1970 年代早期开始上涨。家庭借款/GDP 比率在 1947 至 1970 年间平均为 3.3%，在 1971 至 2001 年期间上升到 4.7%，并且在 2002 至 2007 年期间上升到 8.4%。家庭借款近期的上升，主要是由于住房抵押贷款的快速增长所导致的，其原因已在第三章作过讨论。财政部所借资金占 GDP 的比重，在 1970 至 1981 年期间翻了一倍，而在 1981 至 1992 年期间翻了一倍还多。（1981 年预算案是在里根当选总统之前，即卡特（Carter）政府的最后一年中正式通过的。）接下来，在 1992 至 2000 年期间，财政部的借款/GDP 比率逐步回到之前的水平，但此后它快速上升，在 2002 至 2006 年期间达到平均 4.5%。

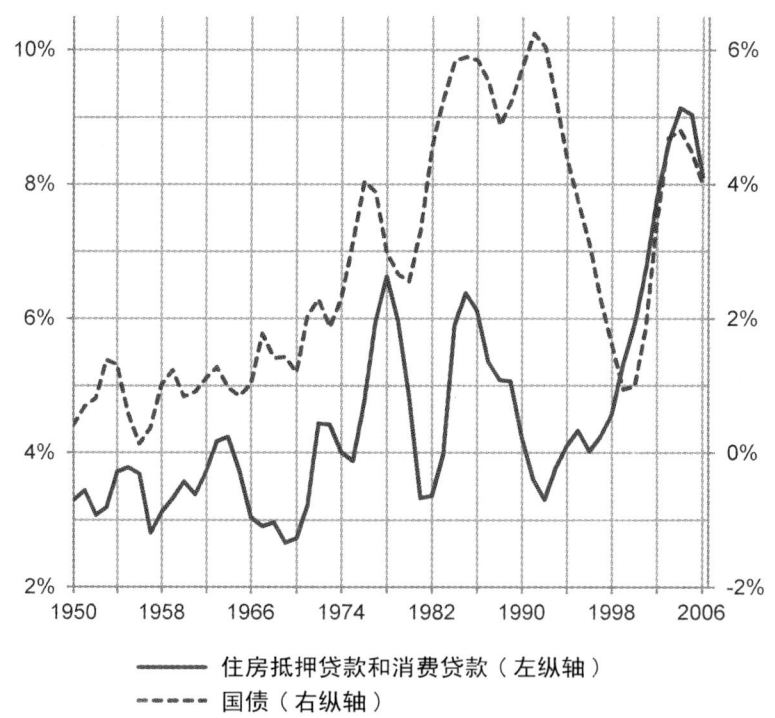

图 4.8　美国国债和家庭债务的变化

（表示为对 GDP 的百分比；年百分比变化的 3 年中心移动平均值）

国债对 GDP 的比率自 1970 年以后的全部增长，都可以归结为美国

公司盈利能力的下降和公司所得税率的降低。随着公司所缴纳的所得税的下降，盈利能力下降的大部分影响，在整体上从公司转移到了社会公众。尽管联邦政府得到的个人所得税收入在 GDP 中的比重自 1967 年以后增长了，但公司所得税收入则显著下降（见图4.9）。后者之所以下降，部分是因为公司税前利润的相对下滑，部分是因为公司税率的降低。在 1947 至 1969 年期间，税前利润平均为 GDP 的 11.6%。在 1970 至 2007 年期间，这一平均值下降了接近四分之一，达到 8.8%。1947 至 1969 年期间，税前利润的平均有效税率为 36.8%，而在 1970 至 2007 年期间，这一数字下降了超过三分之一，达到 23.5%。[11]

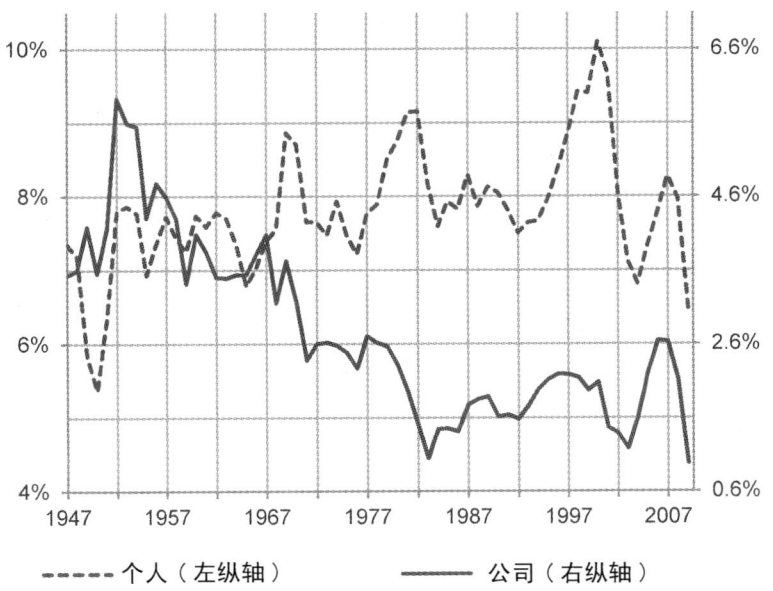

图4.9　个人和公司收入所得税，美国

（税收收入在 GDP 中的百分比）

为了衡量 1970 年以后国债对 GDP 比率的这些下降的影响，我做了如下估算，即如果自 1967 年以后公司税收入占 GDP 的比重没有下降，那么国债对 GDP 的比率可能会是多少。（1967 年的比重比 1947 至 1967 年期间的平均比重稍低一点。）为了获得这一假设的数值，我首先如下计算了所损失的收入，即用公司税收入占 GDP 比重没有下降的假设数字减去实际公司税收入的数字。然后，我把每一年的国债数量减去到当年为止收入的累计损失，并用得到的差值除以当年的 GDP。这个计算的结果显示在图 4.10 中。1970 至 2007 年期间，现实的国债对 GDP 比率增长了 71%，然而，如果公司所得税占 GDP 的比重没有降低，它将**下降** 19%。此外，到 2007 年，负债/GDP 比率将会比 1981 年实际达到的最低水平还要低 11%。

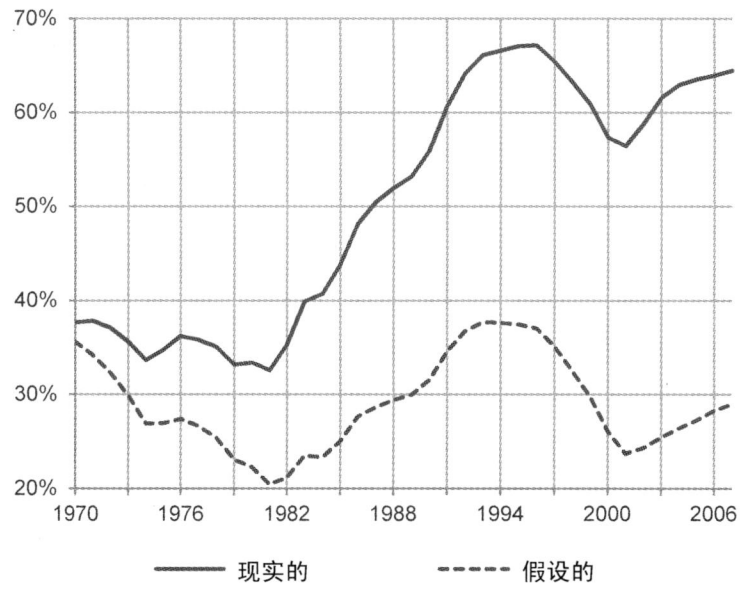

图 4.10　美国国债占 GDP 的百分比，现实的和假设的

这个计算的目的仅仅是评估公司税收入的损失导致政府债务负担增加的程度。我并不是在暗示，保持公司所得税占 GDP 比重不变的政策，可以**实际上**阻止国债对 GDP 比率的上升。在 2001 年，这种政策有可能使公司平均税后利润率下降，从那一年现实中的 7.9%，下降到 3.3% 这样一个大萧条时期的水平。因此，极有可能的是，即使在最好的情况下，这种政策也将会导致生产性投资支出增长的急剧下跌，从而极大地放慢 GDP 的增长，而 GDP 增长的这种放缓将会导致负债/GDP 比率的上升而不是下降。

美国劳动市场状况

劳动市场状况的指标同样也清楚地表明，1970年代中期的衰退是近期美国经济历史的转折点。我使用国会预算局对潜在劳动力的估计，来计算潜在劳动力与**实际**劳动力之间的缺口。由于实际劳动力既包括就业者也包括失业者，因此潜在与实际劳动力之间的缺口不是一个对失业的衡量。它衡量的是由于恶劣的劳动市场状况而导致的工人退出劳动力大军的程度。这个缺口是**潜在的**可工作人数与**实际的**可工作人数之间的差额，其中"可工作"指的是要么正在工作要么正在积极地寻找工作。[12]

在1949至1973年期间，实际劳动力平均比潜在劳动力多0.13%。[13]但是在1974至2008年期间出现了相反的情况；平均来说，实际劳动力下降到比潜在劳动力低0.17%。图4.11显示了自1949年以来5年期实际和潜在劳动力的缺口百分比，它表明1949—1973年和

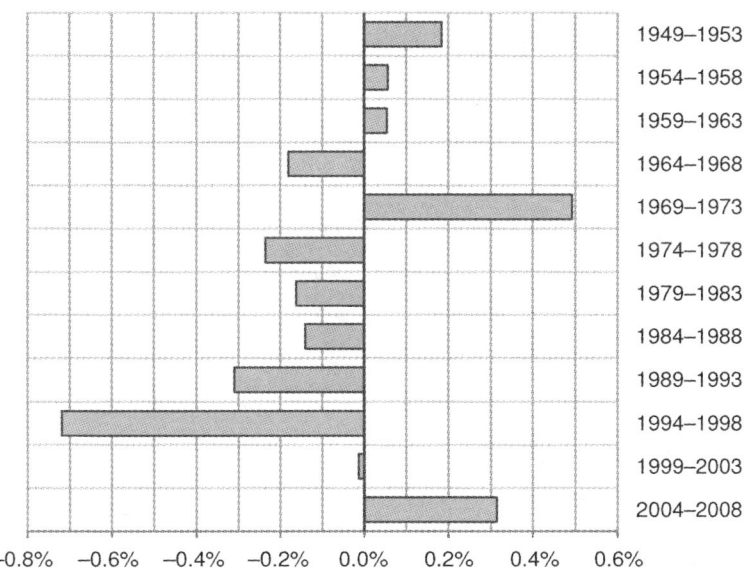

图4.11 实际和潜在劳动力间的缺口，美国
（实际对潜在的百分比差值）

1974—2008年的平均数字，在整体上对于这些时期是相当有代表性的。1973年以前，除了一个5年期间以外，其他全部时期实际劳动力都超过了潜在劳动力，而1973年以后，除了一个5年期间以外，其他全部时期潜在劳动力都超过了实际劳动力。

在1974至1979年期间，实际劳动力下降到比潜在劳动力低0.17%。这个百分比数字与1974—2008年整个时期的数字相同。这意味着1973年后的劳动市场状况的恶化是立即发生的并具有持续性的，把它归结为1980年代开始的新自由主义的兴起是不恰当的。

图4.12考察了失业的平均持续时间（均值）——即当前失业者（那些在过去一个月中没有工作但积极寻找工作的人）失业的平均周数。[14]在1948至1974年期间，这个持续时间的数字是平均11.2周，并且随着时间的推移而轻微下降。但是在1975至2007年期间——也就是说甚至直到最近这场衰退之前，这个持续时间的数字上升到平均15.4周，增加近40%。在这一时期，它自始至终显著地上升。

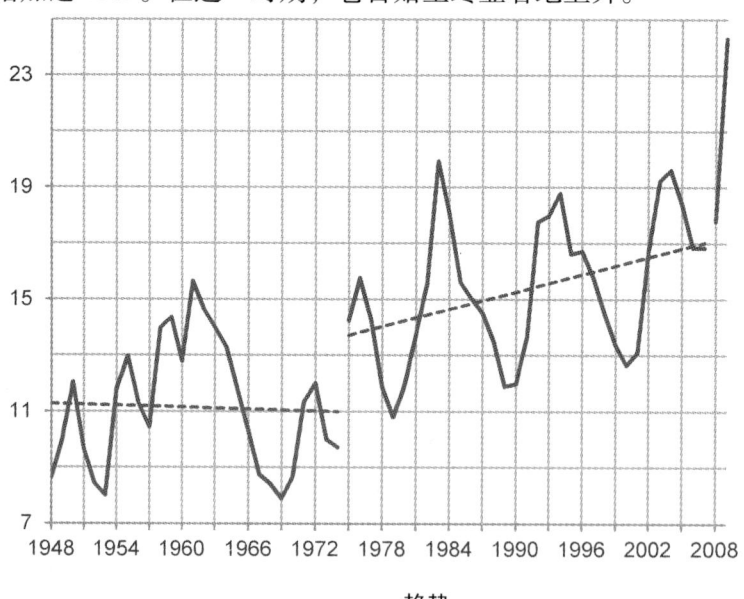

图4.12　失业的平均持续时间，美国

（平均周数）

1981年里根就任总统时，失业的平均持续时间为14.3周，与趋势值相等。这个数字比1974年的趋势值高出3.3周，而2007年的趋势值比1974年高出6.0周。因此，如果我们使用趋势值来衡量失业持续时间的长期上升趋势以避免过度优化数据，那么我们可以说，失业持续时间在1974至2007年期间的长期上升中，有超过一半的上升在美国经济的"新自由主义化"之前就已经发生了。

图4.13显示了经通货膨胀调整后的雇员工资——小时薪酬总额的增长。一组数据是将名义薪酬用消费者价格指数（CPI-W）的变动进行调整；另一组数据则是用GDP平减指数的变动进行调整。[15]表4.13中的圆点虚线显示的是，如果小时薪酬按照它在1948—1973年期间的趋势增长，那么它将会达到的水平。尽管不同的调整通货膨胀的方法产生了颇为不同的薪酬趋势，但这种差别在这里并不是特别重要，这里我们关注的重点是在二战后趋势的变化以及这些变化发生的时间。

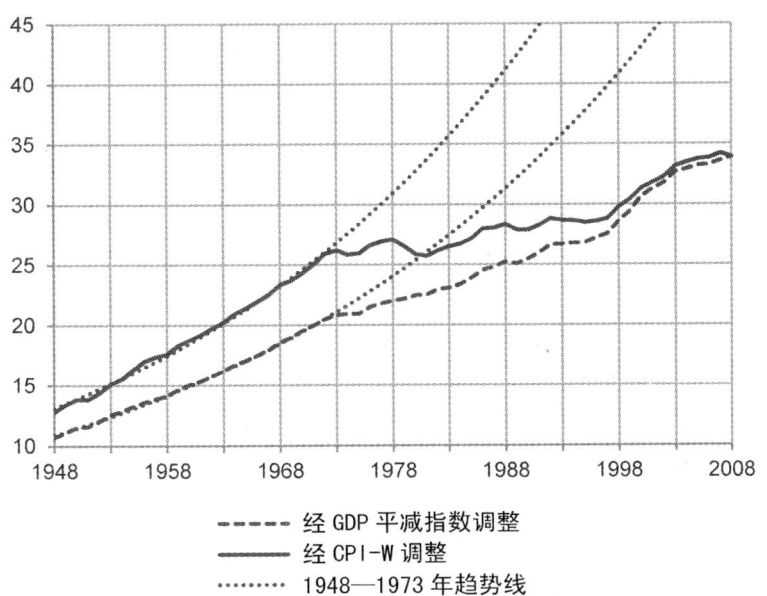

------ 经GDP平减指数调整
—— 经CPI-W调整
······· 1948—1973年趋势线

图4.13　美国雇员实际小时工资

（2008年不变美元）

两种衡量工资的方法都表明，在1948至1973年整个期间中，实际薪酬与趋势线非常接近，但自1974年开始，薪酬增长越来越落后于相应趋势线的发展。我将在第7、8两章讨论，薪酬增长的下降完全是由GDP增长的下滑以及衡量总收入和总产出的相关方法所导致的，而不是由雇员所获得的收入和产出的份额下降所导致的。

到2008年，小时薪酬远远比它在1948至1974期间的趋势一直持续的情况下所能够达到的水平要少得多——如果我们用GDP平减指数来消除通货膨胀的影响，那么将会少36%，如果我们用消费者价格指数，则少53%。但是到1980年，即里根就职之前，小时薪酬就已经比它先前趋势在此时的数值低11%或21%。因此，在薪酬相对其先前趋势的全部下降中，有30%—40%是在自1973年以后的前20%的时间里发生的，这意味着1970年代薪酬增长放缓的速度比此后要更快。因此，薪酬增长的急剧下滑在新自由主义之下持续存在，但它却不是由新自由主义所造成的。

美国的不平等

图4.14显示了1947至1992年期间美国家庭收入不平等程度的变动。它使用基尼系数（Gini coefficient）来衡量不平等；当系数上升时，不平等加剧。这幅图结束于1992年，这是因为美国统计局1993及之后年份的数字，与此前年份的数据是不可比的。[16]收入在1968年是最为平等的，但此后不平等的程度几乎在持续提高。因此，趋于更大不平等的趋势在新自由主义之前很久就已经开始，甚至它还早于1973—1975年的衰退。

最穷的那40%的家庭所得到的收入占总收入的比重，在1968至1981年期间下降了1.1%，在1981至1992年期间下降了1.0%。最穷的那60%的家庭——即最穷的40%再加上中间的20%——的收入比重，在1968至1981年期间下降了2.0%，在1981至1992年间下降了1.9%。[17]因此，最穷的40%和最穷的60%的家庭收入比重，在1981年

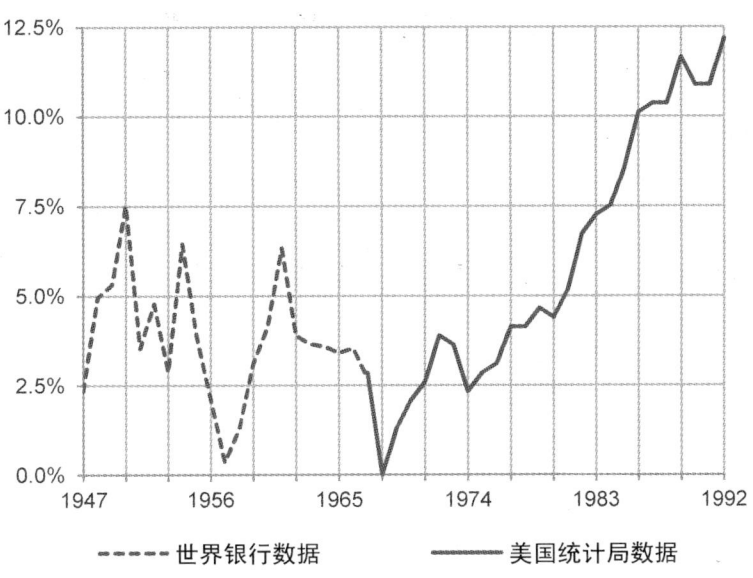

图 4.14　美国家庭收入不平等的变化

（所示年份基尼系数与 1968 年基尼系数的差值的百分比）

里根就任总统以前所发生的下降，要大于之后 11 年期间所发生的下降。

美国日益加剧的不平等常常被归咎于新自由主义，就好像只有这一个原因要为不平等的加剧负责。然而，如图 4.14 所示，不平等加剧的趋势在经济还实行凯恩斯主义政策时就已经开始了。

美国的公共基础设施

政府在基础设施上的投资是生活质量的一个重要指标。由于总体经济状况影响着政府为了筹措基础设施投资的资金而征税和借款的能力，因此这种投资也是一个反映经济相对强弱的指标。近年来，美国公共基础设施的恶化已经成为一个主要的关注目标，尤其是 2007 年 8 月明尼阿波里斯市的一座八车道大桥在一个交通高峰期坍塌，造成 13 人死亡和 145 人受伤之后，情况更是如此。这里我所关注的是要确定这种恶化是从什么时候开始的。

图 4.15 显示了州和地方建筑物的净存量与所示日期 5 年之前的数字相比的增长率，以及它与联邦政府非军事建筑物的净存量之和的 5 年期增长率。[18] 无论是联邦层面还是州和地方层面，这些"建筑物"中大约有五分之四都由以下建筑构成：高速公路、街道、大众运输系统和机场、教育和卫生保健设施、排水系统、供水系统和公用设施以及"保护与发展"建筑。因此，这些建筑物的（折旧后）净存量能够近似地替代公共基础设施。

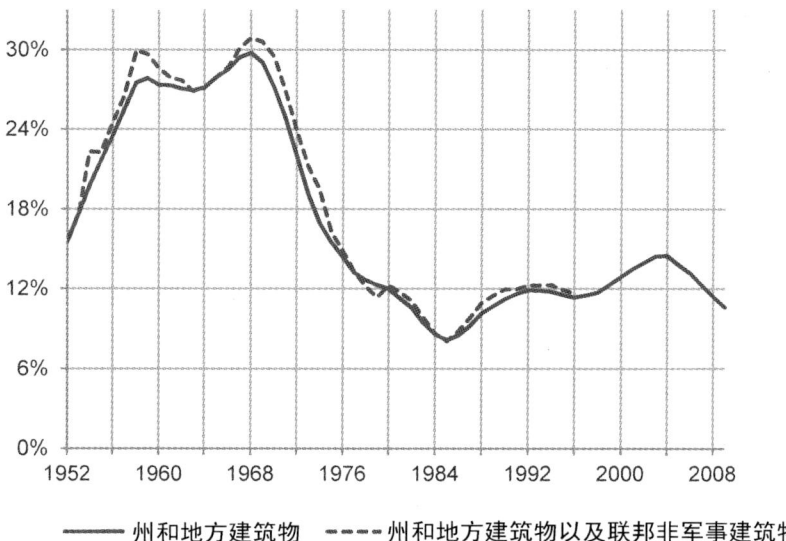

——— 州和地方建筑物　---- 州和地方建筑物以及联邦非军事建筑物

图 4.15　政府建筑物的增长，美国

（之前 5 年期变化的百分比）

如图 4.15 所示，自 1968 年后，公共部门建筑物的净存量急剧下跌了近 20 年。随后，在 1980 年代中期到 2000 年代中期出现了很小的回升，但最近的趋势是向下的。[19]

现在，国家基础设施的下降大体上可以归咎于新自由主义，尽管这一下降开始于新自由主义时代之前很久。假设到 1968 年时，基础设施支出极快的增长已经给国家提供了过多的产能，以至于直到 1980 年代早期以前都不需要建筑物存量的增长。如果这一假设是正确的，那么

1969 到 1980 年间建筑物增长的急剧下滑就不会对国家基础设施造成紧迫的威胁，因而我们就可以为此后显露的问题而指责新自由主义。

然而，现实中发生的情况似乎有很大的不同。据韦纳（Weiner, 1999：156）所说，"对国家基础设施不断恶化的关注，促使国会制定颁布了《1984 年公共工程改善法案》"，根据这一法案建立了一个小组，以评估问题的严重性并提出建议。这个小组在 1988 年 2 月的最终报告中宣称：

> ……这个国家现有的大量公共工程……处在危险之中……
>
> 目前，美国大多数主要类别的公共工程，只处在一个勉强可用的水平上……
>
> **过去 20 年中，由于对增长和关注环境的要求，公共工程上的总投资已经放缓。**我们已经磨穿了由较早的投资所建成的过多产能而形成的缓冲垫。事实上，我们现在正在耗尽过去的投资，却没有进行我们自己的数量相当的投资。（公共工程改善全国委员会，1988：1，强调为本书所加）

因此，很难证明，新自由主义政策应当对这份报告所描述的危险负有唯一的或首要的责任。美国公共基础设施的恶化始于更早的某个时间，即始于凯恩斯主义政府执政期间。

结　论

本章所回顾的其他趋势同样开始于新自由主义兴起之前。不平等甚至在 1970 年代以前就已开始提高。美国不断上升的债务负担起源于 1970 年代初借款的上升，那时它开始超出 GDP 的增长。债务和银行业危机最初的加速，是 1970 年代初期布雷顿森林体系崩溃，以及那十年通货膨胀率上升和 GDP 增长速度下降的结果。对经济增长和劳动市场状况的各种方法的衡量都清楚地表明，相对停滞始于 1970 年代中期的衰退，并且此后经济始终没有完全恢复。如果同时考虑这一证据以及下一章将要讨论的利润率和积累率下降的证据，那么显然近期美国经济史的转折点发生在1970年代，而始于1980年代"新自由主义之下"的长期繁荣，并不是一个想象中的现象，而是一个根本就不存在的现象。

几十年来，主要通过对问题投入越来越多的债务，相对停滞一直处在控制之中。这种"解决办法"同样也制造出一些人为的短期繁荣，尤其是1990年代和2000年代的短期繁荣。因此，你可以认为一个真正的繁荣正在进行——只要你拒绝"调整你对危机的措辞"（Henwood，1994），并因此拒绝承认"繁荣"仅仅是正在发生的一系列债务危机和泡沫破裂的另一方面，只是同一个人为"解决办法"的副产品。

然而，即使那些认为新自由主义已把资本主义推上一个新的稳定扩张的道路的人们，在美国住房市场泡沫破裂和世界经济陷入大衰退之时，也不得不姗姗来迟地调整他们的措辞。例如，迪梅尼和莱维最近承认说：

> 当我们的《资本的复兴：新自由主义革命的根源》这本书由哈佛大学出版社出版［于2004年］出版时，［新自由主义的］策略看上去是成功的……当前的危机是这一策略的内在矛盾的一个结果。这场危机揭示了这一策略不可持续的特征。（Duménil and Lévy, 2011: 1）

当然，根据新的事件修正结论是很容易的。然而，揭示最初产生错误结论的方法论和理论的缺陷是更加困难的，同时也是更加必要的，这正是我在接下来的三章希望进行的工作。

第五章　利润率和积累率的下降

注：第五—七章所讨论的数据主要来源于美国商务部经济分析局（Bureau of Economic Analysis，BEA）。利润数据来自 BEA 的国民收入与产出账户表（National Income and Product Accounts，NIPA）；投资、折旧和预付资本（"净存量"）数据来自 BEA 的固定资产表。这两套表格可以在 BEA 的主页（www.bea.gov）上找到。

最显而易见的解释

在第四章中，我证明了美国经济的相对停滞为过去几十年的债务积累和最近这场危机与衰退创造了条件。但是，引起相对停滞的原因是什么呢？最显而易见的解释，因而可能显得最似是而非的解释是：

（1）利润率下降，并且因为被消灭的资本价值没有多到足够恢复盈利能力的程度，所以利润率在 1970 年代中期和 1980 年代早期经济衰退之后没有出现显著回升；

（2）利润率的持续下降导致了资本积累率的持续下降；[1]

（3）积累率的下降进而导致人均 GDP、公司产出及其雇员薪酬增长缓慢，导致债务负担不断上升，如此等等。

本章我要证明，上述解释不仅仅是最显而易见的，它同时也是**正确**的解释。

解释（1）和解释（2）颇具争议，这是因为许多左派经济学家主张利润率在1980年代早期以后确实回升了，因此他们否认持续存在的盈利能力问题是大衰退的一个根本原因。相反他们把最近这场危机和衰退看成是**不可还原的**金融危机——也就是说，看成是由资本主义的"金融化"和它所导致的宏观经济困难（以及由引发这场危机的更为直接的金融部门问题）所引起的现象。相反，解释（3）不是特别具有争议；那些把危机看做是不可还原的金融危机的人们大多也同意这一点。（例如，见 Duménil and Lévy, 2004；Husson, 2008；Stockhammer, 2009）因此，我对这一显而易见并且貌似合理的解释的辩护，集中在解释（1）和解释（2）上。

为了避免让本章正文不堪重负，我把大多数冗长的方法论细节以及对数据来源和计算的详细注释放在了本章末尾的附录里进行讨论。关于方法论的要点解释了为什么我认为摒弃我的发现是不正确的，原因是我对利润率的衡量并不是通用于经济"健全性"或"马克思主义"利润率的指标，同时，关于方法论的要点还解释了为什么我关注公司部门的盈利能力而不是整个美国经济。

利润率趋势

我的利润和利润率数据涉及美国经济的全部公司部门；因此，它们既包括金融公司的利润，也包括非金融公司的利润。本节后面，我将讨论美国跨国公司对外投资的盈利能力，但除非另有说明，我的分析只涉及被 BEA 称做的"国内的"公司。（因为这两组数据严格说来不可比较，它们需要分开来讨论。）国内数据包括总部设在外国的公司（foreign-based corporations）从它们在美国的运营中获得的利润和它们位于美国的固定资产，但排除总部设在美国的公司（U. S.-based corporations）来自于国外的利润和它们位于国外的固定资产。因此，我所说的"美国公司（U. S. corporations）"，应当被理解为一个地理概念，它指的不是公司的"国籍"。

图 5.1 描绘了两种衡量方法下美国公司利润率的变动。两者具有相同的分母——以历史成本计价的固定资产（固定资本），但它们以两种不同的方式衡量利润。利润的一种衡量使用税前利润。另一种我把它称之为"财产收入"[2]，它是一个更为宽泛的利润率衡量，与马克思用"剩余价值"所指称的含意非常接近。它把公司所有的其雇员没有得到的产出（净增加值）都算做利润。它除了公司的税前利润以外，还包括在利息支付和转移支付（罚款、庭外调解、礼品捐赠等等）上的货币支出、支付销售税和财产税以及其他细项。

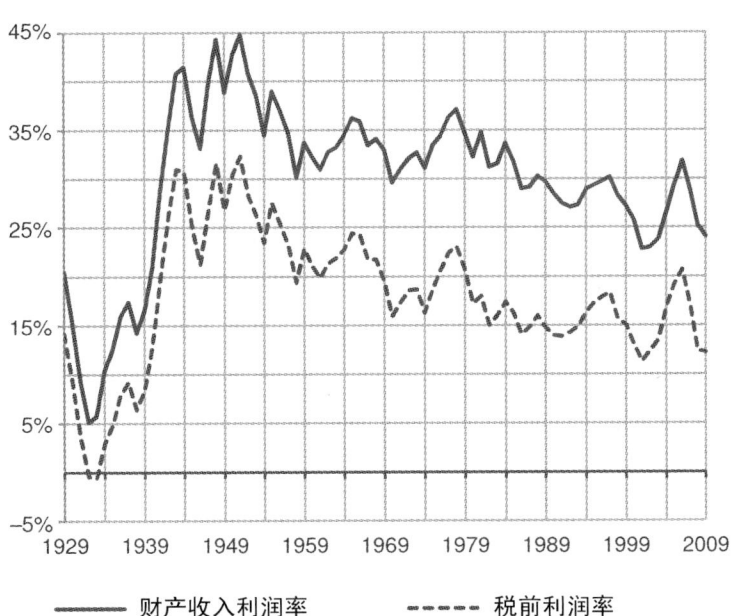

图 5.1 利润率，美国公司

（利润对固定资产历史成本的百分比）

总的来说，这两种利润率的变动一直是非常相似的。两个利润率都在大萧条早期急剧暴跌，此后它们大幅回升，这很可能是因为资本价值的大规模消灭已经发生。到 1939 年，财产收入利润率已经恢复了它在 1929 年以后下跌幅度的 74%，而税前利润率则恢复了 60%。

二战期间利润率飙升。然而盈利能力的回升并不仅仅是一个战时现象。它也不单纯是由需求所驱动的——如政府借钱打仗，外国购买军事装备以及战争结束后"被压抑的需求"据称得到了释放。被压抑的需求能够解释许多问题这一点是可疑的，因为实际GDP在战后下降了——主要是因为国防支出在1944至1947年间下降了81%，并且直到1950年代中期实际GDP也没有回到其1945年的水平。同时，战时强劲的需求也不能说明这样一个事实，即直到1950年代中期利润率一直保持着相当高的水平。

纯粹需求方的解释忽视了大萧条和战争期间资本价值的消灭所形成的盈利能力的巨大提升。在1931年初至1945年初的14年间，美国公司的预付资本增长了3%。要理解这意味着资本消灭的规模有多大，可以把这个3%的增长与以下两个数字进行对比：GDP在同一时期增长了164%，以及在其后的14年间公司预付资本增长了192%。如果在1930年初至1947初期间预付资本对GDP的比例没有下降，那么预付资本在1947年初的水平将会达到它实际水平的两倍以上，这意味着利润率将会比实际水平低一半还多——即大致与它们经过此后60年的下降所达到的水平相同。如果这种情况一直持续到了1950年代中期，**那就不会再有战后盈利能力的激增了。究竟是否还会有一个战后繁荣就值得怀疑了。**

事实上，盈利能力的长期下降始于1950年代的后半期。的确，两种利润率在1960年代和1970年代基本上没有趋势——平均来说既不上升也不下降，但如我们在下面将要看到的那样，这主要是因为通货膨胀不断加速。尤其在1970年代，通货膨胀率的上升有助于提高名义盈利能力，从而抵消本应当出现的利润率的下降。随着美联储政策推高了利率和1980年代早期发生了二次衰退，利润率，尤其是税前利润率出现了大幅下降。

在1982年至最近这场危机这一时期内，两种利润率都没有出现持续性的恢复。 财产收入利润率持续下降；对总趋势的唯一一个值得注意的例外是盈利能力的一个急剧但短暂的上升，它是由最近这场危机之前的资产价格泡沫所导致的。2001年低点时的税前利润率同样也比1982年低点时低很多。在1982至2001年间，财产收入利润率下降了26.9%

（不是 26.9 个百分点），而税前利润率几乎下降了同样的幅度，为 26.3%。

另一方面，尽管财产收入利润率在 1982 至 2007 年间趋于下降，但税前利润率在同一时期却有一个轻微的上升趋势——每年上升 0.04 个百分点。两种利润率轨迹不同的主要原因是利率的下降，它使公司能够降低其利息支付。公司所缴纳的销售税、财产税及类似税收对财产收入的比重同样也下降了。因此，如果我们把所有非劳动收入（即财产收入）都计为利润，我们就能够说利润率在这一时期趋于下降，但是公司之所以能够在一个相对不断萎缩的利润池中保留一个较大的份额，是因为它们交付给它们的债权人和税收当局的份额下降了。

发生在 2000 年代末的利润率急剧下降，同样也是利润率没有持续性恢复的证据。考虑到大衰退的严重程度，人们或许会惊讶于为什么利润率没有出现更加急剧地下跌。答案是 BEA 没有把坏账损失、用于弥补贷款损失的资金或下降的资产价格当做是减少利润的因素。相反，公司财务会计通常会把这些项目从利润中扣减掉。如果 BEA 在它对利润的估计中没有排除这些项目，那么 2000 年代晚期利润率将会下降得更多，很可能多得多。在 2007 年第二季度至 2008 年第四季度期间，BEA 衡量的全部公司的税后利润从 10030 亿美元下降到 2830 亿美元，而"据报道"，构成标普 500 指数的 500 家公司的营业收入从 1940 亿美元下降到 -2020 亿美元。[3]

美国对外投资的盈利能力

上面所讨论的趋势只涉及"国内的"公司。如果美国跨国公司从它们在国外的经营中所获得的利润率上升，那么国内利润率的下降和没有恢复这一证据或许就不是特别重要了。然而，对外投资的利润率同样下降并且没有恢复。诚然，美国跨国公司从它们在国外的经营中获得的利润份额上升显著。不过它们位于国外的固定资产对它们总固定资产的比重上升得还要更加显著。

为了衡量美国跨国公司对外投资的盈利能力，我计算了它们来自对外直接投资的收入占它们对外直接投资的百分比。[4]2006年以前的收入数字衡量的是支付了美国和外国的预提税之后的利润，而之后年份的数字衡量的则是这些税收支付之前的利润。在一家外国公司只有一部分为美国所拥有的情况中，BEA用如下方式来估计美国所有者的收入，即假定他们在公司收入中的份额与他们在公司权益中的份额相等。

图 5.2 显示了这种利润率自 1982 年起的变动——那一年是可以获得这种数据的第一年，并且把它们和国内公司的税前与税后利润率的变动进行了比较。总体说来，所有这三组数据的变动是相似的。但是，当国内利润率自 1982 至 2007 年间基本上没有趋势时，对外投资利润率以每年 0.13 个百分点的趋势下降。在 1982 年低点到 2001 年低点期间，它也比国内利润率下跌的更加急剧。2001 年税后国内利润率比 1982 年低 3.1 个百分点（下跌了 28%），税前国内利润率低 3.7 个百分点（下跌了 25%），而对外投资利润率则低 4.4 个百分点（下跌了 37%）。

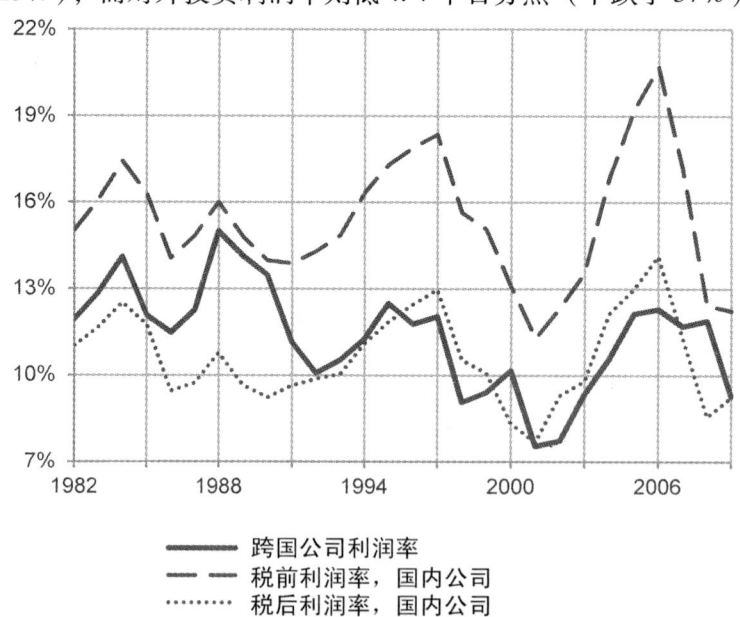

图 5.2 美国跨国公司对外直接投资的利润率

（所有利润率都是利润对固定资产历史成本的百分比）

因此，即使我在本书其他地方对盈利能力下降的分析只依赖于国内公司的数据，上述比较也表明这不是一个严重的局限。它不会使我们高估，反倒可能会使我们低估，美国公司利润率自 1982 年以来下降的程度。

对外投资利润率的下降是一个范围极其广泛的现象。自 1982 至 2007 年间，美国拥有的位于国外的全部资本中，有 86% 被投资于 20 个国家。**美国跨国公司的利润率在其中 18 个国家内都趋于下降**。[5] 由于它们中极少有欠发达国家，因此不能用第三世界国家不断上升的工资来解释这一下降趋势。由于这一下降趋势范围如此广泛，也不能用其他特定的地区性因素来解释它。相反，美国跨国公司盈利能力的普遍下降意味着，这一时期利润率很可能在世界绝大多数地方普遍下降。

流动资本

我的利润率的分母只衡量了固定资本（固定资产）。它们不包括流动资本（circulating capital）——支付给雇员的薪酬、在原材料存货上的支出等等，这是因为关于流动资本周转的信息无法获得。

要想理解周转信息为什么很重要，假设一个工人每周获得 500 美元的工资。她的年薪是 26000 美元，但是说为了雇佣她一年要预付 26000 美元那就错了。设想雇佣她的公司在某一周周初预付了 500 美元，但到这一周周末当它卖掉了她所生产的产品时，它就收回了全部的 500 美元。然后，它就能够在下一周周初预付同一个 500 美元来雇佣她。如果它到这一周周末收回了这个预付额，它就能够在第三周用同一个 500 美元的预付额来雇佣她。以此类推。因此，为了在这一年中雇佣她，需要预付 500 美元而不是 26000 美元。然而，如果我们仅仅知道年工资 26000 美元这个数字——也就是说如果我们不知道预付的资本在一年中"周转"了 52 次，那就没有办法知道为了雇佣她一年需要预付多少资本。同样的问题也使我们无法了解在原材料和其他存货上的预付资本是多少。

尽管如此，一些研究者已经选择把存货作为一部分预付资本计入进来。财产收入（或某些与利润紧密相关的衡量）对固定资产与存货之和的比例，有时被当做是"马克思主义的"利润率，也就是说被看做是马克思用剩余价值对预付资本的比例所指称的含义的一个近似的表示。然而，在利润率的分母中包括存货是有问题的，这不仅仅是因为周转的问题，还因为某些存货支出并不是预付资本。

在国民账户中，存货不仅包括原材料、半成品和"在制品"（只完成了一部分的商品和劳务）的存量，还包括尚未售出的成品库存。[6] 最后这一项显然不是马克思用预付资本所指称的内容的一部分。对于他所说的资本循环的公式，M-C ⋯ P ⋯ C′-M′，出现在生产（M-C）之前的预付资本，不包括未售产成品上的支出；这些支出是C′的一部分。

无论如何，在利润率的分母中计入存货，并不会对结果造成显著影响。图5.3清楚地表明，存货被计入后，税前利润率下跌的程度有所减少，但是，说利润率下跌到1982年并且此后没有出现持续性回升，这

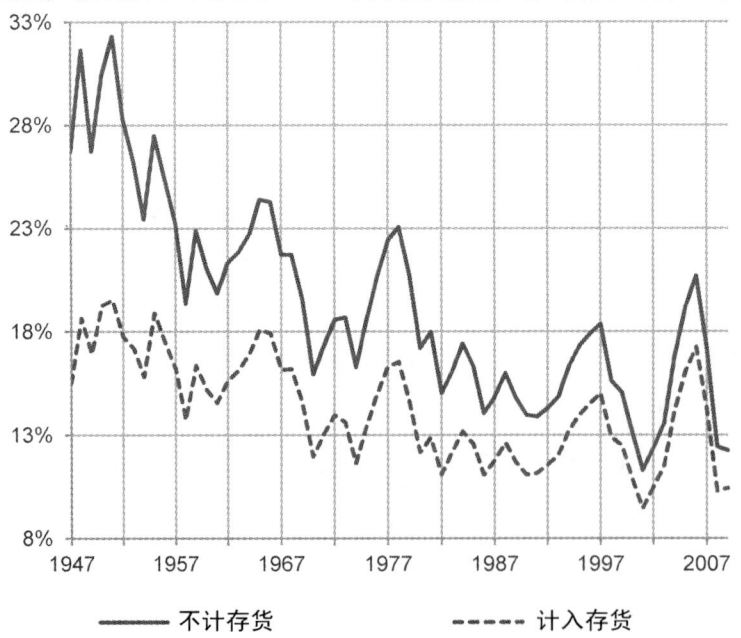

图5.3　存货对税前利润率的影响

一点仍然是正确的。如表 5.1 所示，说财产收入利润率在战后第一个时期同样下降，并且在 1982 年以后继续下降，这一点也仍然是正确的。因此，美国公司利润率在 1980 年代早期以后没有出现一个持续性恢复，这个结论是可靠的；它并不取决于任何特殊的分子或分母的选择。

表 5.1　利润率，美国公司，选择低点年份

	税前利润率		财产收入利润率	
	不计存货	计入存货	不计存货	计入存货
变化的百分点				
1949—2001	－15.5	－7.5	－16.0	－5.5
1949—1961	－6.9	－2.4	－7.9	－1.9
1961—1982	－4.8	－3.5	0.3	0.3
1982—2001	－3.7	－1.6	－8.4	－3.9
变化的百分比				
1949—2001	－57.8%	－44.2%	－41.3%	－22.2%
1949—1961	－25.7%	－14.0%	－20.3%	－7.7%
1961—1982	－24.4%	－23.9%	0.8%	1.5%
1982—2001	－24.9%	－14.7%	－26.9%	－16.9%

通货膨胀调整

即使针对通货膨胀，或者针对货币对劳动时间关系的变动对利润率进行调整后这一结论仍然是正确的，在这个意义上它也是可靠的。[7] 我们将会看到，尽管这种调整对于利润率的**水平**具有显著影响，但它们对利润率始于 1980 年代早期的**趋势**几乎没有影响。如我将在后面和下一章讨论的那样，历史成本利润率的持续性下降的证据被摒弃，其理由是历史成本的衡量方法扭曲了通货膨胀因而是没有意义的。但是，由于这种扭曲是微不足道的，因此摒弃这个证据是不正确的。

按照我们最熟悉的通货膨胀概念，如果一组给定物品的货币价格上升，那么通货膨胀就发生了。然而，马克思使用了一个不同的通货膨胀

概念，按照这种概念，如果一组物品具有既定的用劳动时间来衡量的成本，这组物品的货币价格上升，那么通货膨胀就发生了。[8]

为了按照第一种意义的通货膨胀进行调整，我用每一年的 GDP 平减指数对那一年利润和净投资对固定资产的比值进行了平减（用比值除以指数）。为了按照第二种意义的通货膨胀进行调整，我用劳动价值的货币表现（MELT）的一个近似值对同一变量进行了平减。MELT 是一小时劳动所创造的、用货币来衡量的新价值的数量。因此，MELT 的一个 10% 的上升，意味着商品价格对它们用劳动时间来衡量的价值的比例平均上升了 10%。（MELT 的进一步讨论和应用，见 Kliman，2007：25—26，127—132，以及第九章和第十章。）尽管这两种操作使我们得出的变量都是经通货膨胀调整的变量，但为了避免混淆，我将把得自第一种操作的变量称做"经通货膨胀调整"，而把得自第二种操作的变量称做"经 MELT 调整"。

图 5.4 和图 5.5 显示了二战以后三个利润率的轨迹，它们是：经通

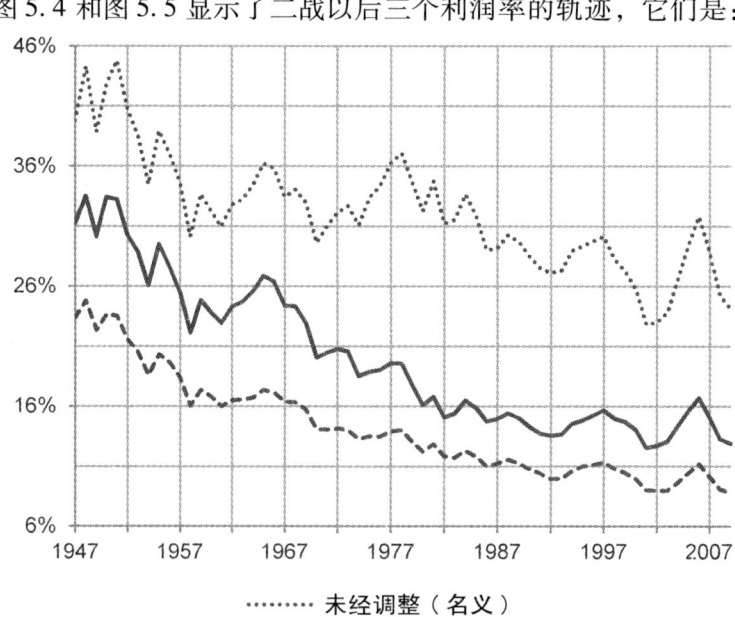

图 5.4　经通胀调整的财产收入利润率

货膨胀调整的利润率，经 MELT 调整的利润率以及用于比较的未经调整的利润率。总体来说，调整并没有显著地影响利润率的趋势，尽管它们导致利润率远远低于未调整的利润率。1970 年代这个通货膨胀不断迅速加速的时期是这一总体结果的一个主要的例外。1970 至 1979 年期间，名义（未调整的）利润率大幅上升，但 4 个经过平减的利润率中有 3 个下降了。（余下的那个经过平减的利润率——即经 MELT 调整的税前利润率——上升了 3%，而与它对应的名义利润率上升了 30%。）

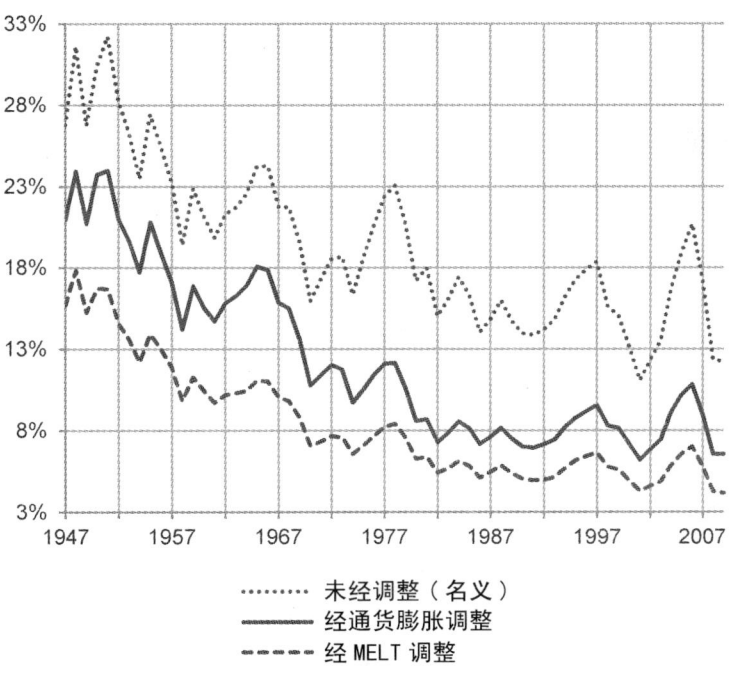

图 5.5　经通胀调整的税前利润率

另一方面，如图 5.6 所示，自 1982 年起，经通货膨胀调整的利润率和经 MELT 调整的利润率的轨迹彼此极为相似，它们也同未调整的利润率的轨迹极为相似。这反映了一个事实，即在整个这一时期，用一般价格水平衡量的通货膨胀率和用 MELT 衡量的通货膨胀率，这两者与净投资增长率的关系大致是恒定的。[9]

因此，即使在我们用价格和 MELT 的变化对利润率进行了调整之后，1982年以后利润率没有发生持续性恢复这一结论仍然是有效的。不仅是名义利润率，所有4个经过调整的利润率在1982年低点至2001年低点期间都出现了下降，经MELT调整的利润率下降的百分比，几乎与名义利润率下降的百分比一样大，而经通货膨胀调整的利润率下降的百分比大约是名义利润率下降百分比的五分之三。在1982至2007年期间，两种经调整的财产收入利润率趋于下降，而经调整的税前利润率轻微地趋向于上升。

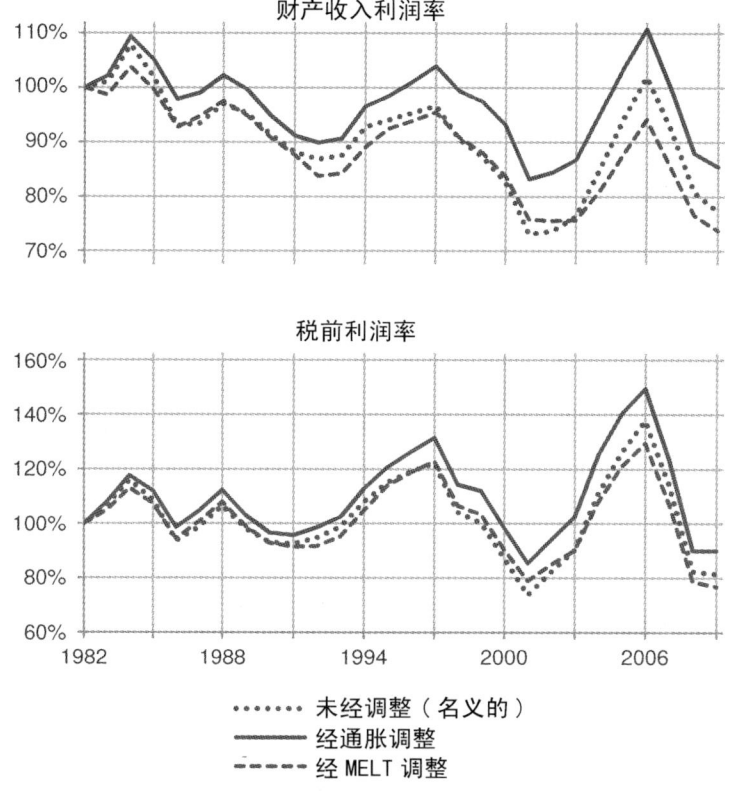

图5.6 调整和未调整的利润率

（以对1982年利润率的百分比表示，美国公司）

这些结果受到了米歇尔·哈森（2009）的挑战，他是下面这种观点的支持者，即利润率自1982年以后出现了显著回升，这是新自由主义政策提高了剥削率的结果。他认为，我的通货膨胀调整操作所计算的经通货膨胀调整的利润率和经 MELT 调整的利润率，存在着一个向下的"系统性偏差"，也就是说它们与用"正确的"方法进行通货膨胀调整所得到的利润率相比会下降得越来越远。

我们将会看到，这一观点是错误的，哈森的反对对于所讨论的下面这个关键问题几乎没有什么实践意义：自 1980 年代早期以后利润率存在持续性的恢复吗？哈森的反对的实践意义极小，是因为我平减后的利润率的趋势，与按照哈森所支持的那种方式对折旧数字进行平减所得到的趋势之间，只有极其微小的差别。

他的反对必须处理我调整净投资数字的方法。净投资是总投资与折旧之间的差额。由于我所使用的折旧数字是用历史成本来计算折旧的价值，因此当我用某一年的 GDP 平减指数或 MELT 去平减那一年的净投资时，实际上我是在用相同的平减数去平减总投资和折旧的历史成本。然而，哈森认为，用**当年**的 GDP 平减指数或 MELT 去平减当年折旧的历史成本是不正确的，这是因为不断折旧的固定资产不是用当年的价格购买的，而是在**较早**的年份用不同的价格购买的。

他坚持认为，正确的做法是用与固定资产平均使用年数那一年的价格指数或 MELT "相近似的某种东西"来平减折旧。哈森清楚地写道"相近似的某种东西"，是因为他头脑中理想的操作是对每一固定资产都用购买它的那一年的价格指数或 MELT 来平减其折旧数字。而他建议的操作应当能够产生与这一结果相同的"某种相近似的东西"。然而，这种近似究竟有多接近并不清楚，尤其是美国政府对折旧的估计是非线性的以及不同年份对总折旧的贡献是不相等的。

因此在克莱曼（2010a）中，我用稍微不同的方式实现了哈森的提议。[10]他的基本观点是，任何一年所发生的费用都应该用同一年的价格指数（或 MELT）进行平减。通过用现期成本折旧数据而不是我最初使用的历史成本折旧数据，我计算了满足这一要求的新的经通货膨胀调整的数字。由于现期成本折旧数字使用**现期**价格来衡量过去所购买的固定资产的折旧，而我修正的操作是对这些折旧数字用现期 GDP 平减指数或

MELT 进行平减，因此它克服了哈森对我最初的平减操作所提出的反对。

使用现期成本折旧数字所形成的估计，是与下面这种计算结果——即用做出相应投资的那一年的价格指数或 MELT 对每一个历史成本折旧数字进行平减所得到的结果——"相类似的某种东西"。事实上，如果固定资产价格指数的变化的百分比与 GDP 平减指数和 MELT 的变化的百分比相同，那么结果就会完全相同。[11]

图 5.7 显示，修正的平减操作是如何影响了经平减的财产收入利润率的趋势以及这种影响是多么小。修正操作，就像我最初的操作一样，带来的结论是，在 1980 年代早期以后经通货膨胀调整的利润率和经 MELT 调整的利润率没有出现持续性的回升，并且在这一时期经平减的利润率趋于下降。最初的和修正的利润率趋势之间的差距在整个时期中

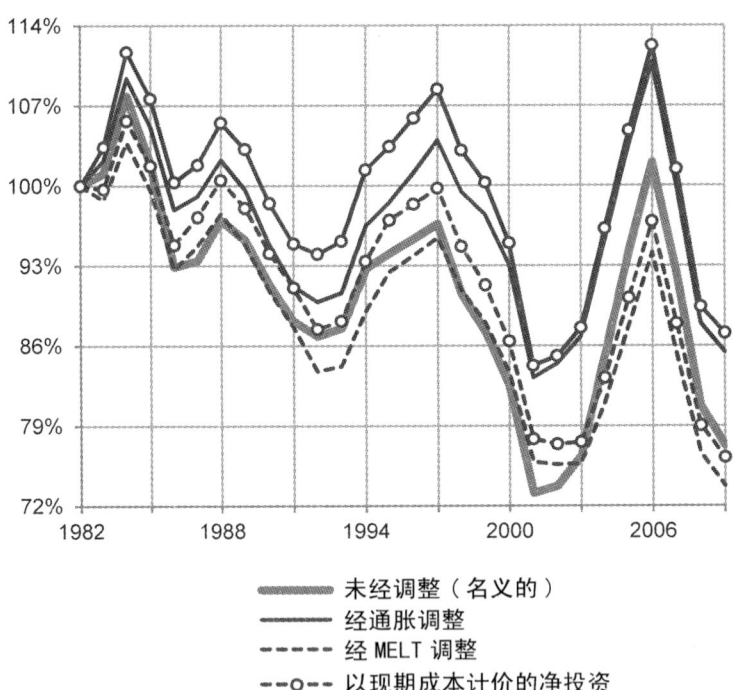

图 5.7 不同的利润率调整方法的效果

（财产收入利润率，美国公司，以对 1982 年利润率的百分比表示）

都非常小，并且在1990年代晚期和2000年代早期两者的差距显著地缩小了。与哈森所主张的相反，这表明，与他所建议的通货膨胀调整操作方式得出的利润率相比，我最初的操作所得到的经平减的利润率并没有下降得越来越远。

随后，哈森（2010）在《国际视点（International Viewpoint）》（第四国际这一政治组织的官方出版物）上回应了这些论证：

> ……自1980年代早期以来利润率的演变是什么样的……？……主要争议在于确定资本价格的方式［即资本估价的方法］：唯一正确的方法……是大多数文献所采取的现期价格方法，还是安德鲁·克莱曼提出的历史成本方法。我在一篇题为《安德鲁·克莱曼的历史成本方法》的文章中讨论了这一观点……克莱曼（Masters of words，2010［a］）的回应对我来说似乎并没有改变在这一问题上争论的内容，也没有从根本上对我所提出的论证形成挑战。事实上，这一选择（历史成本还是现期价格）并没有多大的经验意义。真正的差别存在于克莱曼随后为衡量价值利润率——它导致在过去50年中利润率趋向于下降——而做出的修正。

哈森所说的"为衡量价值利润率……修正"，指的是我为了消除MELT的变化所造成的影响而进行的调整利润率的操作。他写到，他和我的经验结果的"真正的差别"源自于这一操作，而不是源自于这一事实，即我用历史成本来计算预付成本的价值，而他用现期成本来计算其价值。然而，图5.6和图5.7——以及其他类似的含有回应他意味的图——清楚地表明，用MELT对名义变量进行平减几乎没有什么影响。在所讨论的这个时期，（以历史成本估价的资本）名义利润率的趋势和经MELT调整的利润率的趋势几乎完全一致。[12]

不断下降的积累率

积累率是净投资对预付资本的比例，由于利润率是利润对预付资本的比例，根据定义，积累率就等于净投资对利润的比值再乘以利润率。[13]因此，利润率是积累率的一个关键的决定因素。如果所有的利润都用于投资，那么积累率将等于利润率，因此利润率实质上就是最大积累率。此外，如果利润中用于（生产性）投资的比例随着时间的推移大致上是恒定的，那么积累率将以大致相同的百分比随着利润率的升降而升降。因此可以合理地认为积累率将沿着利润率的轨迹变动。

因此，那些否认利润率持续下降是大衰退的根源的人面临着一个严重的问题。他们使用现期成本"利润率"来衡量盈利能力，而事实上，它自1980年代早期以后出现了回升。然而，如果金融危机之前的四分之一个世纪里利润率经历了一个持续性的恢复，那么我们该如何解释积累率（从而GDP增长、雇员薪酬等等）没有随它一起恢复这一极为怪异的事实呢？

我将在下一章讨论对它的最显而易见的——也是**初看上去**最貌似合理的——解释：现期成本"利润率"实际上根本不是一个利润率。尤其是它不能调节企业投资行为。因此，毫不奇怪，即使现期成本"利润率"已经上升，积累率也会下降。

那些拒绝承认盈利能力的下降是大衰退的间接原因这一思想的人们，没有接受这一显而易见且貌似合理的解释，相反，他们猜测自1980年代早期出现了一个独特的新自由主义的"积累机制"（Husson, 2008；Stockhammer, 2009）。他们主张，积累率的下降，不是因为利润的缺乏，而是因为新自由主义的积累机制是一种使利润从生产性投资转移到金融市场的机制。因此，他们坚持认为，最近这场资本主义的危机是一个不可还原的金融危机，而不是一个来源于根本性的盈利能力问题的危机。

例如，迪梅尼和莱维写到：

> ……美国和欧洲经济在资本积累上的持续困难的表现，实际上［是］新自由主义的独特动力的后果。因此，人们能够断言这个结构性危机已经结束，并且能够因低下的积累率而指责新自由主义。（Duménil and Lévy, 2004：65）

同样，哈森（2008）主张：

工资份额的减少已经造成了自 1980 年代中期以来平均利润率的一个惊人的恢复。

但是……危机之前积累率始终持续围绕着一个低于以前的水平上下波动。换言之，从工资中抽出的资金并没有被用于更多的投资。

……不断增长的大规模剩余价值没有用于积累，而是主要被分配在金融收入这种形式上，这就是所发现的金融化过程的源泉。利润率和投资率之间的差距是金融化程度的一个良好的指标。

如果在资本主义整个四分之一个世纪中生产性积累率始终没有反映利润率的大幅上升这种现象是真实的，那它就是极为特殊的现象。哈森（2008）承认，利润率和积累率之间的这种背离"在资本主义的历史中几乎是空前的"。

但它是不真实的。至少，在美国资本主义最近四分之一个世纪中不

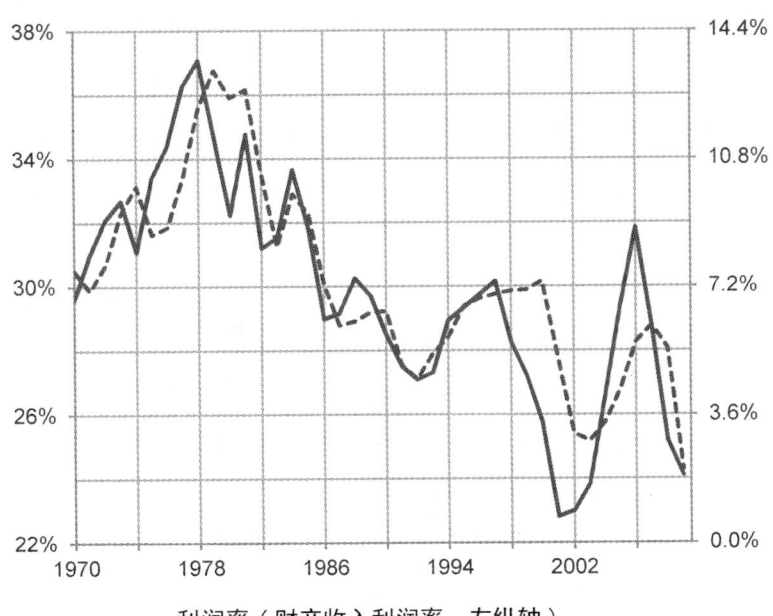

——— 利润率（财产收入利润率；左纵轴）
----- 积累率（净投资对固定资产历史成本的百分比；右纵轴）

图 5.8　利润率和积累率

是真实的。如图 5.8 所示，就两种比率都下降而言，以及就利润率的变动几乎总是比积累率的变动领先一年或几年而言，美国公司的积累率在最近 40 年中事实上始终紧密地跟随着利润率。[14]财产收入利润率在 1978 年达到 37.1% 的峰值，并在 2001 年下降到 22.8%，而积累率则从 1979 年 13.3% 的峰值下降到 2003 年 2.8% 的危机前低点。

这种关系并不是偶然的。在图 5.8 所示的整个时期中，利润率的变化解释了积累率在随后年份中 83% 的变化（也就是说 R^2 是 0.83），并且 p 值小于 900 万亿分之一。这意味着，我们在这里所观察到的现象的强度相当于，如果利润率和积累率之间在 900 万亿次观察中都存在关系，那么它们只有不到一次的机会实际上是没有关系的。

这一证据同样也不支持这样一种主张，即新自由主义下出现了一个独特的"积累机制"，它导致企业用其利润购买金融工具，而不是使用利润来获得额外的生产性资产。图 5.9 表明，1981 至 2001 年期间，美国公司在生产性固定资产上的净投资对其利润的百分比，略大于其在 1947 至 1980 年期间的百分比，并且这一结果对图中所涉及的所有四种利润率的衡量都成立。[15] 投资于生产的利润份额在 2001 年以后的确剧

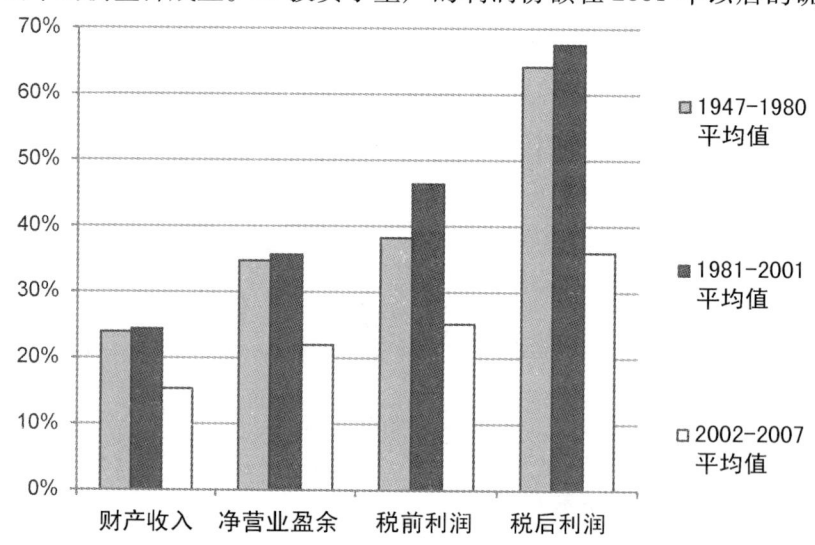

图 5.9 净投资对利润的百分比，美国公司

烈下跌了，但是，既然在新自由主义时代最初的 21 年中它都没有下降，那么 2001 年之后的下降也就不能被归咎于一个独特的新自由主义的"积累机制"。

2001 年之后下降的原因反倒是公司对利润在最近这场危机前的泡沫年代中的快速上升反应滞后。（这一滞后并不奇怪；重大投资项目常常需要很长的时间去计划和筹备资金。）税后利润在 2001（这一年利润率达到一个低点）至 2003 年期间跳升了 35%，但同一时期净投资下降了 41%，这是因为公司继续执行着它们在利润率急剧下降时所制定的投资决策——或者不投资的决策。

另一方面，在 2003 至 2007 年间，随着公司的投资决策最终赶上了泡沫，生产性投资的增长比利润的增长快得多。税后利润在这一时期增长了 35%，而净投资则飙升了 151%。事实上，**公司税后利润在这四年中增长了 2220 亿美元，而它们的净投资的增长却远远超出这一数量，达到 2800 亿美元。它们把所创造的全部新增利润都进行了投资，而且还多出一些**。在证券组合投资越来越多地挤占了生产性投资这种独特的"积累机制"之下，显然不会发生的这种行为。然而，因为 2002 至 2003 年间生产性投资继续下降，而利润继续回升，利润中用于投资的平均份额在 2002 至 2007 年期间比正常情况下低得多。

一些经济学家主张，新自由主义时代可以用利润从生产性投资向金融市场的转移来概括，他们指出了这一事实，即投资于固定资产的利润份额自 1980 年代早期以来已经明显下降。（例如，见 Stockhammer, 2009：9—11；Husson, 2010）如图 5.10 所示，这的确是一个事实，但它却是一个极具误导性的事实。1978 至 1982 年间税前利润率发生了急剧下跌（见图 5.5），但积累率起初的下降要温和得多，这是由公司对盈利能力变化的反应滞后造成的。其结果是，在 1980 年代初，税后利润中用来投资于新增固定资产的百分比异常高——1980 年为 119%，1981 年为 104%，1982 年为 94%。

换句话说，**美国公司正在进行的投资所需要的税后利润超出了它们实际获得的税后利润**。由于股息仍在继续支付，这意味着公司正在耗尽

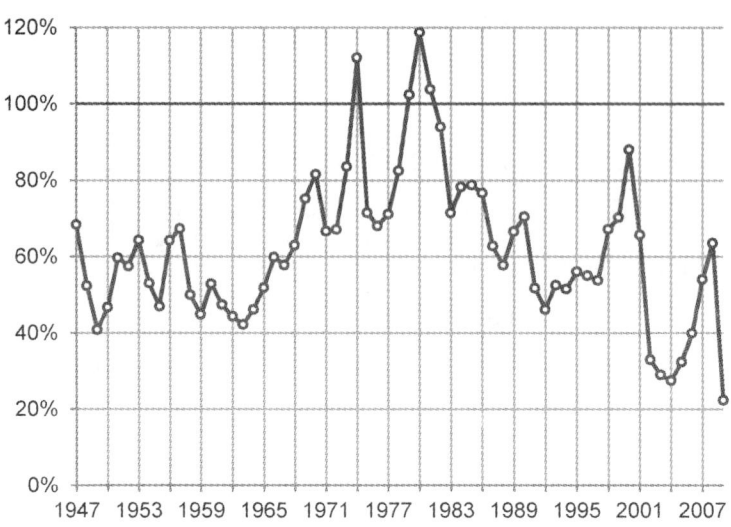

图5.10 净投资对税后利润的百分比，美国公司

它们提留的、用于替换和维持其实物资本的资金。这种情况显然是不可持续的，所以，自1983年起，用于积累的利润份额开始显著下降。但重要的一点是它回落到了**正常**水平。自1983至2001年期间，净投资平均等于税后利润的64%，远高于1947至1972年期间的平均水平（57%），略高于1947至1978年期间的平均水平（61%）。[16]

因此，这个数据并不支持"金融"已经变得与"实体"经济相脱离这一观念。那种新自由主义的从生产性投资向证券投资的转移并没有发生。因此，积累率的**全部**下降都可归结为利润率的下降。

附录：方法论、数据和计算

利润率并非唯一

我没有试图构建一个"正确的"利润率衡量方法。我相信利润率的衡量有许多不同的合理方法，[17]其中任何一种都不能充当一个万能的衡量。最恰当的利润率总是取决于所要处理的特定问题。

这里有些例子来说明我的意思。如果我们关注公司的投资行为，我们应当考察公司了解和关心的衡量盈利能力的方法，而不是"根本性的"衡量方法，因此原则上我们应当考察预期利润率而不是实际所实现的利润率。然而，如果我们（在这里我就是）关注对盈利能力的历史趋势进行评估，那么我们就应当引证现实中实现的利润率。如果我们（如我将在第六章要做的那样）希望探究利润率和股市回报率之间的关系，或者作为投资决策的决定因素的利润率，那么以"狭义"利润——例如税后利润为基础的利润率可能就是比较合适的。另一方面，如果我们希望探讨以阶级为基础的收入分配的变化对利润率所造成的影响（如我在第七章所要做的那样），那就需要一个以广义利润为基础的利润率，例如像我的财产收入利润率那样。如果我们希望去**解释**观察到的利润率的波动，那么以理论为基础的衡量利润率的方法，例如针对MELT的变化而调整的利润率，和/或针对价格水平的变化而调整的利润率，在分析中或许会起到重要的作用。如果我们希望解释诸如危机和衰退等现象，以理论为基础的衡量利润率的方法或许会比直接观测到的利润率更为合适。

由于不存在"一个"万能的利润率的衡量方法，那么因某种特定的衡量不能实现万能的作用而拒绝它，这种做法就是不合理的。例如，名义利润对预付资本的比率衡量了资本投资所实际实现的名义回报率。它不是衡量"经济健康状况"，或者资本家目前做得有多好的一个万能的指标。然而，它并不是必须只能用于这两件事，因此，若因它不能满足这两种用途而拒绝它，那就是不合理的。

为什么名义利润率不是衡量资本家做得有多好的一个万能的指标，一个理由是，当通货膨胀导致名义利润率上升时，它也侵蚀了投资者的真实财富，并伤害到那些名义成本碰巧上升得比销售收入快的生意。这并不意味着名义利润率在某种程度上就是一个对盈利能力的"不正确的"衡量：它正确地衡量了它想要衡量的东西。它实际意味着，利润率，或者具体到这个名义利润率，通常并不是唯一重要的东西。一个对"经济健康状况"或对资本家做得有多好的分析，需要考察各种因素，或许除了名义利润率**以外**还需要其他对盈利能力的衡量——例如经MELT和/或价格水平调整的利润率,以处理与资本投资所实际实现的名义回报率的变动这一问题不同的其他问题。

名义利润率为什么重要的关键理由是,企业使用它们的利润并不仅仅是为了购买商品和服务。如果那是利润唯一的用途,那么它们得到了多少名义利润就无关紧要了。重要的是利润能够购买的商品和服务的数量,也就是说,是经通货膨胀调整的利润。但是,企业还使用——并且需要——利润来偿还它们的债务和缴纳税收,因此名义利润的水平就变得重要了。如果一个企业这一年必须偿还1050万美元,那么在10%的通货膨胀率下赚得1100万美元的利润,并**不等于**在零通货膨胀的环境中赚得1000万美元。两者的差别很可能就是偿债和破产的差别,或者偿债和被政府接管的差别。

"马克思主义"的利润率?

我也没有试图构建一个"马克思主义"的利润率。我为什么不这么做的一个理由是并不存在这么一个东西。马克思在他的经济学著作中使用了几种不同的利润率。就利润率的衡量问题而言,他的理论探讨通常指的是用劳动时间来衡量的利润率,或针对MELT的变化而调整的利润率。但是,在分析经验数据时,他也讨论了名义利润率(马克思,1989b:93—94)。在利润率的分子上,他有时使用所**创造的**剩余价值,而在其他时候他也使用实际**获得的**利润(按照他的理论,这两者在总量上是相等的,但在企业层面或行业层面上是不相等的)。除了其分子包含所有剩余价值形式(产业利润,利息,租金收入等等)的利润率以外,他也提到过分子只包含产业利润的利润率。(马克思,1991a,第15章)

我为什么没有试图构建马克思主义的利润率的另一个理由是,无法获得为精确估计这个利润率所需要的数据。马克思的LTFRP涉及社会总资本,在当今时代它是指整个世界经济的资本,而不是任何一个国家或地区的资本。但是,有关世界经济的可靠的盈利能力数据是不存在的。在马克思所定义的剩余价值和BEA——我的主要数据来源——所定义的利润两者之间也存在着一个相当大的差别。这是因为由陈旧过时所导致的折旧("无形损耗")并不会减少剩余价值,但它的确减少了BEA所定义的利润。由于预付资本的数字是扣除折旧之后的净值,因此它们受到了这一问题的严重影响。然而,能够让人们可靠地修正无形损耗问题的数据是无法获得的。[18]

此外,马克思的理论所指的利润率不同于一些研究者所说的"马克思主义的"利润率。这是因为,"马克思主义的"利润率所衡量的预付资本中只包含固定资产(固定资本),或者有时包括固定资产和存货,而马克思的利润率则包含着诸如工资支付、货币储备、土地和金融工具的购买等项目,但他把某些存货排除在外。

我为什么没有试图构建马克思主义的利润率的另一个原因是,理论的任务是解释**观察到的**现象。因此,盈利能力研究的目的应当是解释这样一个利润率的变动,即当企业和投资者谈到利润率和回报率时他们所意指的那个东西的变动,而不是解释一个理论构建的利润率的变动。后者只有在它有助于解释前者的情况下才会引起兴趣。

我认为,盈利能力的某些理论构建确实大大有助于解释真实世界的现象。然而这种构建并不是真实世界现象的**决定因素**——这也是我努力避免构建马克思主义利润率的最终原因;它们在分析中起到了作用,但在真实世界中并没有起到因果作用。因此,严格说来,那种认为马克思主义利润率(或"价值利润率"等等)的升降引起了观察到的利润率的升降的说法是错误的。我认为,这种实体化(hypostatization)是对神圣利润率的固执的、误入歧途的寻求这种做法的根源。

观察到的利润率变化的现实原因,来自于由诸如技术革新等人类行为所产生的过程。盈利能力的理论构建及其组成要素(剩余价值率、资本的价值构成)的变动,是这些过程的**结果**。因此,理论家们应当做的,并且我在本书中试图要做的,是利用对观察到的现象产生影响的过程来解释这些现象。

只要实体化并没有被想象成为真正的实体,那么说一个理论构建而不是一个过程"引起了"一个现象——例如，说"资本技术构成的提高"，而不是技术革新的过程，"引起了"利润率的下降，就不会产生危害。但是这样说是不需要的，从而也不需要去构建马克思主义利润率或争论哪个利润率才是马克思主义的利润率。分析可以利用在现实中起原因作用的过程来进行。一个其因果过程属于马克思主义理论的解释，就是一个马克思主义的解释，即使它没有使用马克思主义的利润率。就此而言，我注意到马克思从来没有提出一个马克思主义的利润率，并且他在没有这样一个利润率的情况下仍然能够很好地解释盈利能力的变动以及经济危机和衰退。

为什么关注公司部门？

我把我的研究局限于公司，而不是整个美国经济，这有两个原因。一是公司制企业在私人部门中占据主导地位。另一个原因是我相信，如果我们要关注于分析美国的**资本主义的**生产——就像我在这里所关注的那样，那么把合伙企业和个人独资企业（sole proprietors）包括进来，会对结论造成严重的误导。

在1968至2007年间，公司在国内企业生产的国民收入中所占的份额大致是恒定的，平均为77%。[19]公司占企业部门固定资产（以现期成本计价）的份额也是类似的情况，平均为76%，并且在1995至2007年平均为77%。[20]因此，根据这些数字，略多于四分之三的私人企业部门是公司制的。

尽管上述百分比数字相当大，但它们仍然显著地低估了公司在美国的**资本主义的**生产中所起的作用，而当我们谈到利润和利润率时，我们必须关注的恰恰是资本主义的生产。在1970至2005年间，公司获得了企业总收益（收入）的83%到90%。[21]绝对数字更加能够揭示问题。例如，2000年联邦税表存档记录的企业平均"净收入"中，非农独资企业为12000美元，合伙制企业为131000美元，公司为184000美元。

现在，从经济学家所说的功能视角而不是法律视角来看，非公司企业"净收入"的大部分，是由对所有者自己的劳动所支付的薪酬构成的。它不是**财产的收入**（利润、利息或租金收入）。尽管没有报告非公司企业所获得的财产收入的数字，但它们仍然可以用如下方式进行估算，即假定所有公司净收入都由利润和其他财产收入构成，并且财产收入对总收益的比例在公司和非公司企业中是相等的。基于这些假定，我估算了联邦税表存档记录的 2000 年企业平均财产收入，其中非农独资企业大约为 3000 美元，合伙企业为 53000 美元，公司为 184000 美元。如果我们假定 2000 年合伙企业的平均合伙人数量与 2005 年相等，那么每个合伙人的平均财产收入大约为 9000 美元。

因此，似乎大多数合伙企业以及无疑压倒性多数的个人独资企业，并没有产生足够的财产收入以使其所有者能够在不劳动的情况下维持生活。他们（在这些企业或其他地方）从事劳动，是出于必需而不是出于选择。[22]

尽管那些并不真正具备资本主义职能的独资企业和合伙企业通常都非常小，但它们的数量也非常巨大，它们加在一起就能够对总体数字产生影响。这种影响的规模是难以估计的。作为一个粗略但稍微保守的猜测，我敢说在执行资本主义职能的私人部门企业的收益和财产收入中，公司的收益和财产收入所占的份额自 1960 年代晚期以后大约为 90%。

之所以说把分析局限于公司部门是合理的，这是其中一个因素。第二个因素是，在资本主义基础上运营的非公司企业的数字必须得到估算，而这种估算会严重地依赖于几个有问题的假定条件。尤其是我不得不毫无把握地假定，非公司部门的资本主义的组成部分和非资本主义的组成部分具有相似的趋势。只要可能，我更喜欢这样的数据，它们是"直接"呈现出的，没有经过精心的处理和猜测，从而读者可以很容易地重复得到其结果。第三个因素是，那些以资本主义的方式经营的非公司企业有可能（在盈利能力、投资、雇员薪酬等方面）经历了与公司部门相似的趋势。如果的确是这样，那么这里针对公司部门所报告的趋势对非公司企业也是适用的。

数据和计算

所有对利润、净投资和预付资本的衡量，都部分基于对折旧的估算。在本章和其他章节中，除非我另有明确说明，否则我的衡量都是基于以历史成本计价的折旧数字。历史成本折旧是以历史成本计价的固定资产总投资与固定资产净投资之差，后者是同样以历史成本计价的固定资产净存量从年初到年末的变化量。BEA 的固定资产表 6.7 第 2 行报告了公司的总投资。固定资产表 6.3 第 2 行报告了以历史成本计价的公司固定资产净存量的数据。

BEA 的固定资产净存量数字是当年年末的数字。由于我的利润率是用某一年的利润除以那年年初的预付资本（固定资产净存量），因此我的某一特定年份的净存量数字是 BEA 的上一年净存量数字。

我所说的"财产收入"是净增加值减去雇员薪酬。BEA 的 NIPA 表 1.14 第 4 行报告了公司对其雇员支付的薪酬数据。公司的净增加值（以历史成本计价）是 NIPA 表 1.14 第 1 行报告的总增加值，再减去其固定资产的历史成本折旧。

公司的净营业盈余是它们的财产收入减去它们所支付的"扣除补助后的生产税和进口税"：后者报告于 NIPA 表 1.14 第 7 行。它们的税前利润是它们的净营业盈余减去 NIPA 表 1.14 第 9 行报告的"净利息和杂项支出"，再减去它们所进行的"当期转移支付"——报告于 NIPA 表 1.14 第 10 行。它们的税后利润是其税前利润减去在 NIPA 表 1.14 第 12 行报告的"公司所得税"。

图 5.8 所显示的两组数据基于净投资的现期成本估计值，注释 15 和注释 16 所报告的结论基于以现期成本衡量的利润和净投资。各种以现期成本衡量的利润的计算方法与它们所对应的历史成本利润相一致，其中只有以现期成本计价的净增加值是总投资减去以现期成本计价的公司固定资产折旧，后者报告于固定资产表 6.4 第 2 行。以现期成本计价的净投资是总投资减去以现期成本计价的公司固定资产折旧。

BEA 没有报告公司的存货。我通过如下方式对它们进行了估算，即假定存货对固定资产的比例在公司和非公司企业中是相等的。这个估计的存货数字是，（1）以现期成本计价的私人企业存货，报告于 NIPA 表 5.7.5A 和 5.7.5B 第 1 行，乘以（2）同样以现期成本计价的私营企业固定资产净存量中公司所占的份额。（1）的年度数字是 BEA 报告的季度数字的平均值。用于计算（2）的数据报告于固定资产表 6.1 的第 2 行（公司），第 5 行（非公司企业），第 8 行（非盈利机构）和第 9 行（家庭）；（2）的数字是第 2 行除以所有企业的固定资产（第 2 行加第 5 行减第 8 行和第 9 行）。BEA 没有报告 1946 年及以前的存货。

我的经通货膨胀调整的利润率和经 MELT 调整的利润率是以如下事实为基础的，即固定资产的历史成本——即我主要衡量的名义利润率的分母，是它们在"最初那一年"年初的历史成本，加上以历史成本计价的全部固定资产净投资在那一年及以后各年的累计总额。因此，经通货膨胀调整的固定资产的历史成本，就是它们在 1929 年（BEA 报告 GDP 平减指数的第一年）年初经通货膨胀调整的历史成本，加上以历史成本计价的经通货膨胀调整的全部固定资产净投资在 1929 年及以后各年的累计总额。为了获得固定资产在 1929 年年初的经通货膨胀调整的历史成本，我用以历史成本计价的公司固定资产的净存量的未经调整的数字，除以 1929 年的 GDP 平减指数。任意一年的经通货膨胀调整的净投资，是那一年的净投资除以那一年的 GDP 平减指数。固定资产和净投资的经 MELT 调整的历史成本，是以类似的方式计算的。

GDP 平减指数报告于 NIPA 表 1.1.4 第 1 行。MELT 是用货币衡量的、1 小时劳动所创造的新价值的数量。因为资本主义如今是一个全球性的制度，所以在整个世界存在着一个单一的 MELT。但是由于无法获得可靠的国际数据，我使用美国数据作为 MELT 的近似值。

粗略地说，在马克思的理论中，创造新价值的劳动是从事如下活动的工人的劳动，即（1）生产换取货币的商品或服务；（2）对先前已经存在的价值，不属于转移其所有权，也不属于对它进行保护和记录的劳动。（销售活动，金融、不动产和保险行业中所从事的劳动以及法律活动，转移了已经存在的价值的所有权；安保人员的劳动和某些管理活动保护了已经存在的价值；会计和簿记员以及某些其他管理劳动记录了已经存在的价值。）要想对美国所发生的这种劳动的数量进行任何精确程度的估计，都会是一项令人望而生畏的任务。因此我假定创造价值的劳动在总劳动中占有一个固定的比重。（这个比重是不需要估算的，因为它同时出现于经 MELT 调整的利润率的分子和分母上，可以被消掉。）

为了避免更进一步的复杂化，我把政府雇员排除在外，并使用 BEA 关于私营行业的"相当于全职雇员"的数字——它报告于 NIPA 表 5.5A 至 5.5D 第 3 行，作为我对所实现的总劳动的估计。我用企业部门净增加值的数字作为对新创造价值相应数量的衡量，它报告于 NIPA 表 1.9.5 第 2 行。

我所得到的关于 MELT 的数据是一个粗略的估计。如果创造价值的劳动在总劳动中的比重实际上下降了——这看上去是一个合理的假定，那么我估计的经 MELT 调整的利润率就**低估**了现实中经 MELT 调整的利润率随时间而下降的程度。（如果创造价值的劳动在总劳动中所占的份额不断下降，那么 MELT 上升的速度就会快于我估计它上升的速度，这意味着**当前的**经 MELT 调整的利润对**过去的**经 MELT 调整的投资的比值，实际上要比我的估计所得到的结果更小。）

第六章　现期成本"利润率"

第五章表明，在 1970 年代和 1980 年代早期的衰退之后，美国公司的利润率没有出现持续性的恢复，并且利润率的下降解释了积累率的下降。尽管证据确凿，但实物主义的经济学家（physicalist economists）——包括激进的和马克思主义的实物主义者——却拒绝接受这一结论。前面提出的利润率衡量的是利润对过去作为资本所预付的现实货币数量（减去折旧）的比例，但是实物主义者主张，必须要衡量利润对企业为重置其固定资产所需花费的货币数量——即资产的现期成本（重置成本）——的比例。[1] 本章我将讨论他们拒绝接受第五章结论的这一理由及其他理由，并且讨论为什么他们这么做是错误的。

首先，我要明确表明，我并不是要反对这种现期成本的解释，也不是要反对用现期成本对固定资产进行计价。这种操作对某些目的是适用的。我的观点仅仅是，固定资产的现期成本与所预付的资本并不是同一个东西，并且利润对固定资产现期成本的百分比并不是任何常规意义上的利润率。

对利润率下降趋势规律的摒弃

激进的实物主义经济学家常常宣称，在最近这场金融危机和大衰退之前，美国利润率几乎已经完全从它在 1982 年以前所经历的下降中恢复过来。他们因此认为，在试图解释最近这场衰退的根源时，马克思的利润率下降趋势规律（LTFRP）即使有价值，其价值也极小。相反，他们把这场衰退归结为资本主义的"金融化"和由它引发的问题（以及归结为更加直接的金融部门的现象），他们把这些原因描绘成大多与盈利能力的变动无关或相分离。

例如，在2008年7月处于金融危机中时，弗雷德·莫斯利（Fred Moseley，2008）写到：

> 三十年中停滞的实际工资和不断提高的剥削，已经以工人为代价大幅恢复了［美国的］利润率。应当承认这一重要事实……当前这场危机的主要问题在于金融部门……关于资本主义金融制度的最好的理论家是海曼·明斯基（Hyman Minsky），而不是卡尔·马克思。当前这场危机更大程度上是一场明斯基式的危机，而不是马克思式的危机。

2009年初，莫斯利（2009）无视当时危机已显著恶化的事实，认为利润率的大幅修复已经接近"几乎完全恢复"：

> ……利润率现在正在接近它上一次在1960年代所达到的顶峰……自2001年衰退以来，尤其是最近几年，我们已经看到了利润的一个非常强劲的恢复……我推断美国利润率已经出现了一个幅度非常大的、甚至可能几乎完全的恢复。[2]

热拉尔·迪梅尼和多米尼克·莱维（2005）所做的估计表明，美国全部企业部门的利润率并没有如此大幅度的恢复，然而在谈到公司部门时，他们却附和了莫斯利的观点；截至1997年，"公司部门"的利润率"……恢复到了它在1950年代晚期的水平……考虑到二战以后利润率的演变，整个公司部门的利润率看上去几乎已经完全恢复"（Duménil and Lévy，2005：9，11，省略了强调）。迪梅尼因此认为，"危机起源于金融，并且利润率始终相对稳定，对危机没有什么影响"（Beggs，2009；参阅 Harman，2009：386，n73）。[3]

迪梅尼和莱维在他们的新书中提出了一个关于利润率轨迹的明显修正过的观点："**按照马克思的方法**计算的公司利润率，在新自由主义下**产生了一个轻微的上升趋势**——它是从1970年代结构性危机时的较低水平开始上升的，但是利润率仍然低于这个危机年代以前的普遍水平。"（2011：60；强调为本文所加。**按照马克思的方法**，指的是用财产收入或近似的替代来衡量利润。）然而出于某些他们没有清楚表明的理由，他们仍然坚持认为，最近这场危机"不是利润率不足的结果"（同上，第 33 页），并且他们因此把它看做是一场"新自由主义的危机"，而不是一场资本主义的危机。无论如何，重要的是要考察那些被认为是支持了他们最初观点——即利润率"看上去几乎完全"恢复了——的证据，因为它已经成为一个广泛观点的**主要经验基础**，即最近这场危机与衰退根源于新自由主义和金融化，而不是根源于资本主义的生产。

优化选取的①低点和高点

莫斯利和迪梅尼—莱维为什么声称利润率几乎完全恢复，一个原因是他们未能区分盈利能力的周期性变动和长期（非周期性的）趋势。显然，要确定趋势，一个人需要排除或者控制周期性效应。否则，他就可能把一个完全没有趋势的数据序列（例如图 6.1 所描绘的正弦曲线），

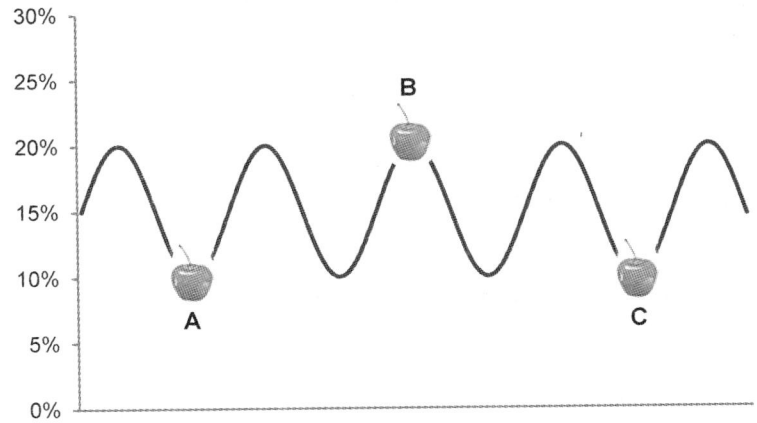

图 6.1　优化选取的波谷和波峰

---

① 这里原文是"cherry picking"，其意思是"有意选取对自己最有利的证据"。译文中出于行文的简便，根据上下文的情况分别译为"优化选取，优选，有意选择"等。——译者注

仅仅通过优选一个低点 A 并把它与其后的一个高点 B 相比较，就推断它表现出一个上升趋势。或者，仅仅通过优选一个高点 B 并把它与其后的一个低点 C 相比较，他也可能会说这个序列表现出了一个下降趋势。

然而，莫斯利和迪梅尼—莱维正是这样做的。当莫斯利断言利润率几乎已经从先前的下降中完全恢复过来，他是在拿利润率**低点**或接近低点的年份（从 1970 年代中期到 1980 年代早期）同利润率**高点**时期（2004—2007 年或 2005—2007 年）进行比较。即使他知道在后一时期住宅行业已经出现了一个大规模的和不可持续的资产泡沫，他也仍然这样做了。（Moseley, 2009，尤其是第 5 节）如果他在他数据中的低点之间进行比较，那他就会报告利润率自 1980 年的 10% 上升到 2001 年的 14%，而不是报告一个两倍于此的数字（上升到 17%—19% 之间），正是后面这个数字使他提出利润率"几乎完全恢复"。他也会报告，从 1987 年低点到最近这场危机前的最近一个低点年份即 2001 年期间，利润率并**没有恢复**。

同样，迪梅尼和莱维（2005）只选择了盈利能力到 1997 年为止的变动进行分析。他们并没有解释这一选择的理由，尽管他们的论文实际上提供了直到 2000 年的数据，尽管当他们出版其 2005 版的论文时可以获得再多几年的数据——包括 2001 年低点的数据。然而，1997 年是利润率的一个高点年份。因此，当迪梅尼和莱维宣称公司部门利润率在 1982 年以前急剧下降，并且随后经历了一个"看上去几乎完全的"恢复，他们是在拿一个**低点**同一个**高点**进行比较。[4]

为什么莫斯利以及迪梅尼和莱维选择以这种方式优化选取他们的数据？我不知道。我只能猜测，一个分析前的"想象（vision）"（熊彼特，1954：41）[①] 使他们认为，具有重要意义的是盈利能力的提高，而不是随后的下降。这一想象在《资本的复兴》（Duménil and Lévy, 2004）中表现为一个新自由主义的反革命，它在工人阶级的脊背上开创了一个新的、可持续的繁荣。[5]

[①] 熊彼特：《经济分析史》，北京：商务印书馆 1991 年版，第 7 页。——译者注

摒弃的逻辑和方法论基础

作为对最近这场危机和衰退的解释，LTFRP 因两个主要理由被认为无效而遭到摒弃，这两个理由不是经验理由，而是逻辑和方法论上的理由。逻辑理由是：由于它**在逻辑上是不可能的**，因此实物主义经济学家很早就已经摒弃了这一规律，甚至把对它的引用看做是教条主义和蒙昧主义的标志。虽然马克思论证了劳动节约型技术变革产生了一个利润率下降的趋势，"置盐定理"（Okishio's theorem, 1961）据称证明了利润最大化的资本家绝不会采用任何具有这一结果的劳动节约型技术变革。这一定理据称证明了，如果一家企业采用了提高自身利润率的技术变革，给定当前价格和工资，那么归根结底，整个经济的利润率将同样总是会提高（或不变）。

马克思的价值理论的分期单一系统解释（TSSI）的支持者们已经推翻了"置盐定理"（见 Kliman, 2007, 尤其是第 7 章）。然而，"置盐定理"证明了利润率不可能因马克思所宣称的理由而下降这一神话依然在盛行。这个神话影响了对当前这场危机原因的争论，即使把马克思的规律看做是这场危机的一个潜在决定因素也不能使它得到重视。

例如，一位激进的实物主义经济学家，罗宾·哈内尔（Robin Hahnel）最近写道：

> 资本主义存在着充当自身毁灭种子的**内在矛盾**，这种思想是完全错误的，需要被彻底地抛弃……
>
> 马克思假定，由于在最终的分析中资本家的利润来源于对劳动的剥削，因此当单个资本家用机器代替劳动以降低生产成本时，他们愚蠢地引起了一个**利润率下降的长期趋势**。……但是多亏始于置盐信雄（Nobuo Okishio）的研究，当代政治经济学家现在有了更好的认识。长话短说：节约劳动、使用资本的技术变革，就其本身而言，对于压低资本主义的利润率从而产生一个**资本主义的危机**，是没有作用的。(2010a, 强调为原文所加)

在随后对这篇文章的一个评论中，哈内尔补充说道：

> 既然从一篇到现在已有上百年老旧的文献中已经不能获得任何有用的东西，我个人无法用牺牲阅读和追随能够产生鲜美果实的文献为代价，去证明"跟上它"是正确的。
>
> 我不能告诉你，Kilman［原文如此］① 最终没有找到一条道路来挽救对某些马克思主义者差不多已成为圣杯的东西。但我可以告诉你，我愿意用我的房子打赌他没有找到。
>
> 顺便说一下："置盐定理"是一个数学定理，没有任何逻辑缺陷。一个人可以因为它的假定不恰当，或是因为它的假定与马克思的假定不一致而反对它。或者一个人可以反对某些人解释这个定理的方式。但是这个定理是逻辑自洽的。25 年来我的博士生每年都在学习如何证明它。
>
> 再顺便说一下：我也不阅读神创论者的作品，所以我不能保证他们没有做出过合理的论证。我也不阅读气候否定论者的文献。在这件事上，我确实时不时地会关注一下，全球科学界关于气候改变是真实的并且源自于人类经济 activiity［原文如此］这一压倒性的 concensus［原文如此］② 是不是已经削弱了。（Hahnel, 2010b）。

这是一个一语多义的论证。由于对"置盐定理"的反证已经更加广为人知，试图以这种方式为它进行辩护就显得粗劣了。然而，在同一个论证中使用同一个术语的不同含意，这种一语多义是一个逻辑错误；它使得论证无效。

在当前这个问题中，哈内尔将问题诉诸于我们所说的"置盐定理 1"（OT1），它是这样一个定理，即**真实世界的资本主义**被认为表现出"节约劳动、使用资本的技术变革，就其本身而言，对于压低资本主义的利润率从而产生一个资本主义的危机，是没有作用的。"但是当这一主张受到质疑之后，他又把问题诉诸于我们所说的"置盐定理 2"

---

① 这里应该是哈内尔原文的一个笔误，本应是 Kliman。——译者注

② 这里的两个［原文如此］，是指 Hanhel 的原文中有两个错误。原文看上去似为笔误。其中 activiity 应为 activity，即"人类经济活动"；concensus 应为 consensus，即"这一压倒性的共识"。——译者注

（OT2），一个**纯粹的数学的**定理。"置盐定理是一个数学定理，没有任何逻辑缺陷"，因而是一个真实的定理——即使它的假定是"不恰当的"（与真实世界的资本主义不符），即使"某些人"错误地把这个纯粹的数学定理解释为对"节约劳动，使用资本的技术变革，就其本身而言，对于压低资本主义的利润率从而产生一个资本主义的危机，是没有作用的"的一个证明。

一旦我们区分了OT1和OT2，"这个"置盐定理无法对LTFRP造成损害或对资本主义存在着内在矛盾这种想法造成损害这一事实，就变得很清楚了。OT1这个关于资本主义的定理不会造成损害，是因为它是错误的：置盐未能证明均衡利润率在他所假定的条件下不可能下降，这是因为他未能证明，被他称做"利润率"的那个不会下降的数学对象，与真实资本主义世界的均衡利润率或LTFRP中的利润率是同一个东西。（它与这两者中的任何一个都不是同一个东西）OT2这个无趣的应用数学的练习不会造成损害，是因为它的"利润率"仅仅是一个数学对象，而不是真实资本主义世界中的或马克思的规律中的利润率。

为什么LTFRP会被摒弃，并且用历史成本对盈利能力进行计价也连同它一起被摒弃，还有一个方法论的理由。为了努力使自己的理论成为科学，或者至少使自己成为优秀的经济学家，主流马克思主义者、斯拉法学派和其他激进经济学家长久以来接受了均衡模型方法和它所导致的实物主义，而实物主义迫使一个人用现期成本的概念来衡量利润率。因此，以历史成本计价的利润率之所以被摒弃，仅仅是因为如果一个人要使用它来评估盈利能力的变动，他就必须违背均衡经济学和实物主义的方法论规范。[6]由于重新主张LTFRP、反对"置盐定理"需要拒绝现期成本计价，因此为了维护这些方法论规范，LTFRP也必须被摒弃，而不顾这个定理已被推翻这一事实。因此，尽管迪梅尼和莱维（2005，2011）研究了各种各样的对利润率的衡量，但在其中的每一个衡量中，资本投资都是用它们的现期成本来计价的。

伦理上至关重要的是什么？

"我不懂你说的'光荣'的意思，"爱丽丝说。

矮胖子轻蔑地笑了："你当然不懂，等我告诉你。我的意思是你在争论中彻底失败了。"

"但是'光荣'的意思并不是'争论中彻底失败'呀，"爱丽丝反驳着说。

"我用一个词，总是同我想要说的恰如其分的，既不重，也不轻。"矮胖子相当傲慢地说。

"问题是你怎么能造出一些词，它可以包含许多不同的意思呢？"

"问题是哪个是主宰的——关键就是这里。"矮胖子说。

——刘易斯·卡罗尔（Lewis Carroll），《爱丽丝镜中奇遇记》①

在转向这一争论的经验和理论分析之前，我要评论一下伦理上至关重要的是什么。这个伦理问题不得不涉及知识分子在与公众沟通时的责任。

当实物主义者使用**利润比例或利润率**这些术语时，他们所指的是利润对企业当前为重置其资本资产所需要的货币数量的百分比——即对资产的现期成本（重置成本）的百分比。然而，对几乎所有其他人来说，这些术语指的是利润对资本资产账面价值的百分比。账面价值是过去为购买资本资产而实际预付（投资）的货币——它们的历史成本——再减去折旧和类似费用。例如，《MIT 现代经济学词典》（1992）是这样定义这个术语的：

> 利润率：用对资本资产账面价值的比例来表示的利润。

《小企业百科全书》（www.enotes.com/small-business-encyclopedia/profit-

---

① ［英］卡罗尔：《爱丽丝奇遇记》，乌鲁木齐：新疆人民出版社1981年版，第190—191页。——译者注

margin）是这样定义利润率的：

> 利润率（有时也称为回报率）……由对所得利润数量相对于所投资资本总量的各种衡量构成……利润率衡量了每单位预付资本的利润数量。

马克思是这样定义它的：

> 剩余价值或利润……总是一个超过全部预付资本的余额。因此，这个余额和总资本会保持一个比率，这个比率可以用 s/C 来表示，其中 C 表示总资本。这样，我们就得到了……**利润率**……s/C。①
>
> 利润……实际上表现总资本在生产过程和流通过程结束时所得到的价值超过它在这个生产过程之前，即它进入这个生产过程之前就具有的价值所形成的增长额。②（马克思，1991a：133，强调为原文所加；1991b：91）

由于利润率的含义对几乎所有人来说都是如此，因此当人们读到或听到"利润率"自 1980 年代早期以来一直在上升，他们就会被严重地误导，认为企业、投资者、马克思以及他们自己用利润率所表示的那个东西出现了一个恢复。然而就如我们已经看到的那样，这种恢复并没有发生。

因此，在参与公众交流时，实物主义经济学家们有责任避免说那些不可避免地会被理解为宣称**已经**存在这种恢复的话。在理想状态下，他们应当避免试图使**利润率**"总是同他们想要说的恰如其分的——既不重也不轻"，应当为他们现在坚持称做"利润率"的东西找到一个不同的术语。但是，如果这样显得要求太多，那么他们最起码应该让公众知道，"我们用'利润率'所意指的东西，并不是企业和投资者所说的利润率或马克思所说的利润率，而是利润率对资本重置成本的比率，'我们所说的利润率'自 1980 年代以来一直在上升。"

隐藏在技术论文中的对变量的定义，并不足以代替这种澄清。听演讲和读访谈的人们，大多都不会去读技术论文。即使是那些真的会去读

---

① ［德］马克思：《资本论》第 3 卷，北京：人民出版社 2004 年版，第 50—51 页。——译者注

② 《马克思恩格斯全集》第 48 卷，北京：人民出版社 1985 年版，第 277 页。——译者注

论文的人们，除非明确地指出，通常他们也不会意识到，"以现期成本计价的固定资产"与"为获得固定资产而实际花费的货币数量，减去折旧"是不同的。但是，知识分子，尤其是激进的知识分子，有责任促进公众理解，而不是导致公众误解。相反，如果他们变成了玩弄词语的能手，那么他们也就会变成公众话题的主导者而不是它的仆人。

盈利能力趋势的背离

尽管前面我们所考察的使用历史成本计价的利润率在1980年代早期以后并没有回升，但现期成本"利润率"的确在某种程度上出现了回升。然而，图6.2显示，只有在一个人优化选取低点和高点时，他才能够得出利润率几乎完全恢复的结论，而在1984年以后财产收入"利

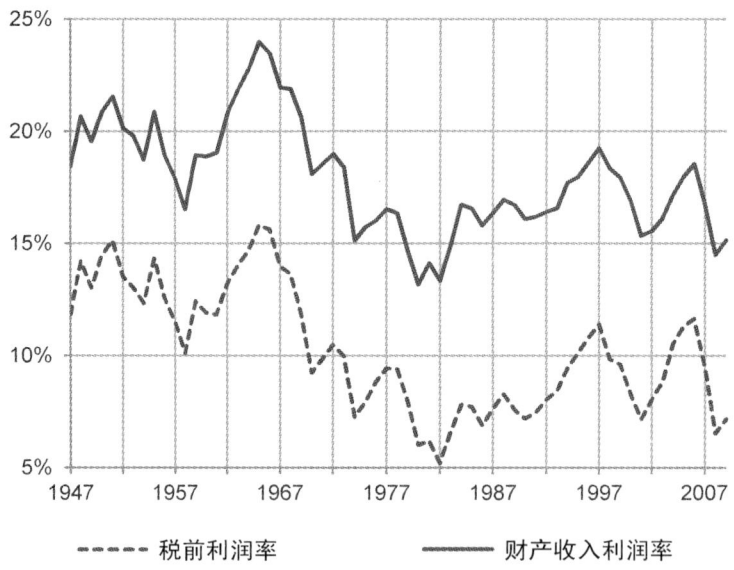

图 6.2　现期成本"利润率"，美国公司
（利润对固定资产现期成本的百分比）

润率"只有微乎其微的恢复。[7] 这个利润率在1982至2007年期间的上升中，有超过99%的升幅都发生于1982至1984年间。税前利润率的上升

中也有五分之三的升幅发生在这两年中。因此，即使是这些现期成本的衡量，也未能为这样一种观点提供支持，即新自由主义通过提高对工人的剥削成功恢复了利润率。（由于财产收入利润率在1984年以后没有上升，因此税前利润率在那一年之后的上升，不应被归结为剥削的提高，而应当归结为这样一个事实，即有两个属于财产收入但不属于税前利润的项目——利息支付和"生产税与进口税"——在公司财产收入中的份额下降了。）

尽管如此，在过去三十年中，现期成本"利润率"明显同我们在第五章所考虑的历史成本利润率相背离。图6.3比较了财产收入利润率。在1982至1997年期间，现期成本利润率上涨了44%，而历史成本利润率（并且以历史成本计价折旧）却下跌了3%；**在网络公司泡沫达到顶点时，**历史成本利润率仍然低于1980年代早期深陷于衰退的时期。随后，在1997至2001年间两个利润率出现了相同程度的下降，但其结果是，现期成本利润率在2001年低点时比1982年低点时仍高出15%，而历史成本利润率在2001年比1982年低27%。

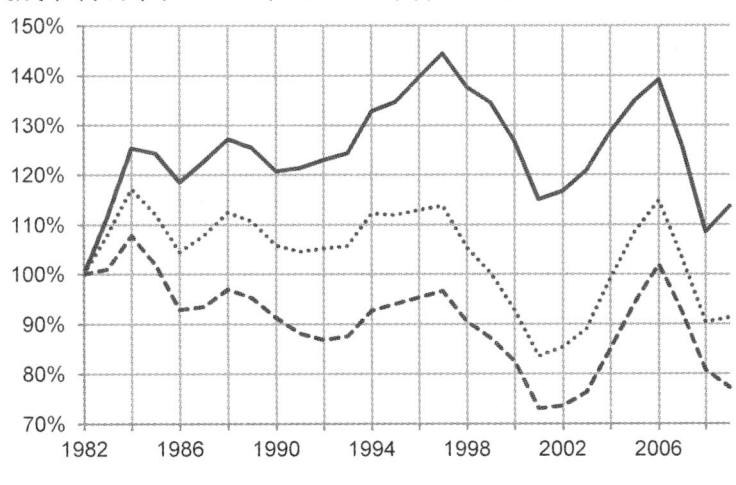

图6.3　财产收入利润率

（表示为对1982年利润率的百分比，美国公司）

根据热拉尔·迪梅尼在最近一场会议上的陈述，一位同事注意到历史成本利润率衡量了企业所关注的东西——即利润对其过去实际投资的百分比，她问道，为什么他反而使用现期成本利润率来评估盈利能力的变动。迪梅尼回答说，历史成本利润率以历史成本计价折旧，这对必须以现期成本重置折旧资产的企业来说是没有意义的。[8] 这个回答并没有解决所提出的问题，因为一个人能够用现期成本来计价折旧，而不使用现期成本"利润率"来评估盈利能力的变动。使现期成本利润率成为一个虚假的利润率的，不是它处理折旧的方式，而是这样一个事实，即它不是对利润在过去实际投资中所占百分比的一个衡量。它不是这样的一个衡量，是因为它回溯性地**重新计价**了过去的投资：

> ……对于历史成本的估计……净存量［即预付资本］在某年末到下一年末的变动等于投资减去折旧……［这个］关系对现期成本估计并不成立，因为年末价格指数被用来**重新计价**以每一年价格表示的净存量的不变美元估计值……（美国商务部，经济分析局，2003：M-10，强调为本文所加）

图 6.3 以点虚线所示的第三个利润率有助于澄清这一点。它有着与现期成本"利润率"相同的分子，即用**现期成本计价的折旧**来计算的财产收入。其分母，即预付资本，是上一年预付资本，加上本年度（总）投资再减去**以现期成本计价的折旧**。[9] 尽管如此，它仍然是一个历史成本利润率，这是因为"净存量在某年末到下一年末的变动等于投资减去折旧"。尽管现期成本"利润率"在 1982 至 2007 年间趋于上升，但这个历史成本利润率则趋于下降，并且在 1986 至 2007 年间它甚至比另外那个历史成本利润率下降得更加急剧。在 2001 年低点时，它比 1982 年低点时低 16%。它的变动并没有为新自由主义成功恢复了盈利能力这一观念提供支持。

图 6.4 显示了自大萧条结束以来现期成本利润率与标准的历史成本利润率两者之间的关系。如果考虑财产收入利润率，现期成本利润率对历史成本利润率的比率在 1941 至 1947 年间下降了 33%，之后在 1947 至 1965 年间上升了 43%，随后在 1965 至 1981 年间下降 39%，其后在

1981至2002年间再次上升，升幅为67%。如果考虑税前利润率，两者的关系甚至波动更加剧烈；在相同的四个子时期中变动的百分比分别是-35%，47%，-47%和89%。这一比率自1960年代中期至1980年代早期的下降，是这个子时期中不断加速的通货膨胀所导致的结果。而这一比率随后的上升则是此后所发生的去通货膨胀（disinflation）所导致的结果。换句话说，由于重置成本衡量方法回溯性地重新计价了资本资产，而不是以获得它们的价格来计价，因此这种衡量方法在不断上升的通货膨胀时期增大了利润率的分母，从而人为降低了利润率，并且在去通货膨胀时期减小了分母，从而人为提高了利润率。

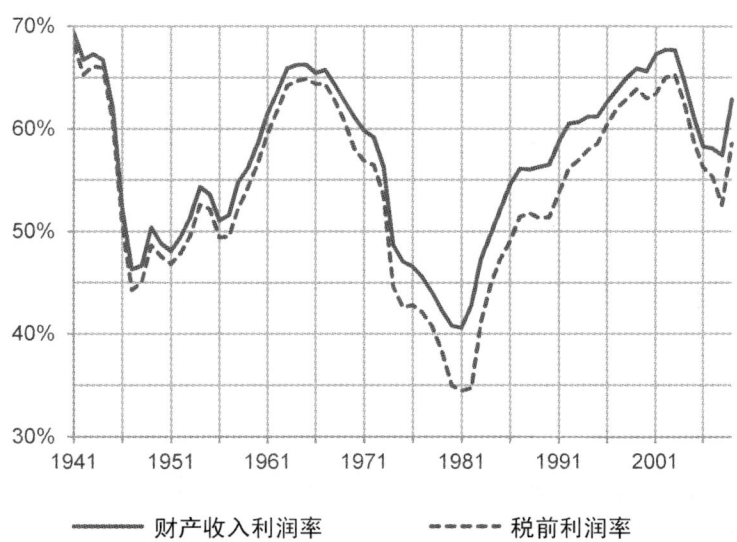

图6.4 现期成本利润率和历史成本利润率的关系

（现期成本利润率对历史成本利润率的百分比）

由于现期成本利润率和历史成本利润率之间的关系始终极不稳定，因此对1980年代早期以后盈利能力有没有恢复的判断，主要取决于所讨论的是这两个利润率中的哪一个。只有在现期成本利润率是对盈利能力的一个有效衡量的条件下，下面这种主张才可能是正确的，即因为自1980年代早期以来盈利能力回升，所以金融部门的问题和金融化进程是最近这场危机和衰退的唯一的根本原因。**因此，用重置成本衡量还是用历史成本衡量，是一件具有重大经验意义的事情。**[10]必须要做出选择。

为什么现期成本"利润率"不是利润率

因此，值得评估一下对资本投资和盈利能力进行现期成本计价的理论根据。至少在自置盐（1961）以来的半个世纪中，实物主义经济学家一直在使用现期成本"利润率"来评估盈利能力的变动。他们真的全都犯了一个彻头彻尾的错误吗？

我的回答是一个毫无保留的"是的"。在利润率这一概念的通常意义上，现期成本"利润率"根本不是一个利润率。[11]

首先，现期成本利润率不是企业和投资者寻求最大化的那个东西。他们把他们的投资决策建立在诸如净现值和内在回报率等等对盈利能力的衡量的基础之上。这些衡量使用当前的价格计价当前的投资支出，但使用**预期的未来价格**来计算未来收益，然而，现期成本"利润率"却使用**今天的价格**对当前投资支出和未来收益两者进行计价。因此，现期成本利润率不是企业和投资者寻求最大化的预期未来利润率的一个精确衡量。

第二，现期成本"利润率"不能准确衡量企业和投资者的现实回报率，即他们的利润率对初始投资数量的百分比。这两者的差距可能会非常大。例如，设想有一项投资，如果这项投资所生产的产品的价格保持不变，那么它将产生一个永久恒定的收入流。相反，如果每个时期价格都以一个固定的百分比上升或下降，那就容易得出，现实回报率 r^A 和现期成本"利润率" r^C 之间有如下关系：

$$r^A = (1+\dot{p})r^C + \dot{p}$$

其中 $\dot{p}$ 为产品价格每期变化的百分比（以小数形式表示）。[12]因此，如果 $r^C = 10\%$（即 0.10）而价格每期下降 2%（即 $\dot{p} = -0.02$），那么 r^A 就是 7.8%。

第三，与同步计价方式的支持者（例如，Laibman，1999：223）常常宣称的相反，现期成本"利润率"不能准确地衡量企业和投资者的预期未来回报率。设想一个公司以当前的价格投资购买了 100000 美元的新设备，它带来的产出的增加量，如果同时计价——即同样也以今天的价格为基础来计价，是每年 10000 美元。这项投资的现期成本"利润率"是 10%。然而，如果它的产品的价格就像上面的例子那样，预期每年将下降 2%，那么只有最幼稚无知的公司才会忽视这一信息，并且预期其投资有一个 10% 而不是 7.8% 的回报率。

第四，资本积累率和利润率之间的关系或许是为什么后者在经济学上具有重要意义的主要原因，但是现期成本"利润率"不具备同积累率的清晰的关系。事实上，尽管美国公司的积累率在过去三十多年中显著下降，但现期成本"利润率"却上升了。支持用现期成本计价盈利能力的人（例如，Duménil and Lévy, 2004；Husson, 2008；Stockhammer, 2009）认为，这两个比率相互背离，是因为一种独特的新自由主义的"积累机制"鼓励了金融投机而不是对"实体"经济的投资。然而，如第五章所表明的那样，这一观点是错误的，至少对于美国的情况而言是错误的，美国公司的积累率和他们**现实的**利润率之间在过去 40 年中一直具有极为紧密的关系。**因此，积累率同现期成本"利润率"之间的背离实际上是一个至关重要的证据，证明了后者在任何意义上都不是一个利润率。**图 5.8 清楚地表明，公司的投资行为受到现实（历史成本）利润率的调节，而不是现期成本利润率的调节。

要了解为什么现期成本利润率和积累率（在不存在特殊的新自由主义"积累机制"的情况下）能够出现显著的背离，设想一个不存在固定资本的经济，其中玉米种子和劳动是仅有的两种投入，玉米是唯一的产品，并且用玉米对工人进行支付。年初，资本家农场主从银行家那里获得了总计 4 千万美元的一年期贷款。因为玉米的价格是每蒲式耳 5 美元，他们用所借的这 4 千万美元购买了 8 百万蒲式耳玉米，这些玉米随后被用作种子种植和雇佣农业工人。年末收获了 1 千万蒲式耳玉米。

现在，假设玉米价格在此期间已经下跌到每蒲式耳 4 美元。[13] 销售收入是 4 美元 ×1 千万 =4 千万美元，而在这年**年末，年初**所投资的 8 百万蒲式耳玉米的成本是 4 美元 × 8 百万 = 3.2 千万美元。因此，以现期成本"利润率"为基础计算的利润就是 4 千万美元 – 3.2 千万美元 = 8 百万美元，因此现期成本"利润率"是 8 百万美元/3.2 千万美元 = 25%。然而，就价值（或价格）而言，这里根本就没有利润——即使我们忽略资本家农场主必须支付给银行的利息。在年末所得到的 4 千万的销售收入并不比年初所投资的 4 千万更多。因而，现实的价值（或价格）利润率是 0%

这两种利润率，25% 或 0%，哪一个更加准确地描绘了资本的最大积累率——即农场主在下一年扩大其经营的能力呢？现期成本计价的支持者们争辩说，最大积累率是 25%。农场主初始投资了 8 百万蒲式耳玉米，但到年末得到了 1 千万蒲式耳玉米，这里有一个 25% 的增长。由于在下一年年初可以投入 1 千万蒲式耳玉米而不是本年年初所投资的 8 百万蒲式耳玉米，因此可以认为他们最多能够扩大 25% 的经营。

然而，农场主自己会有点儿失望。他们现在必须要偿还他们的一年期贷款，他们不得不用他们全部的 4 千万销售收入来偿付他们在年初所借的 4 千万。农场主的净值在偿还了贷款之后根本没有增加，他们没有剩下什么东西来扩大经营。他们无法积累，**即使从实物角度来说也是如此**。此外，他们还没有支付，也无法支付他们欠银行家的利息。如果同样的状况年复一年的发生，即玉米产量每年都超出玉米投入 25%，但玉米价格每年下降 20%，那么农场主很快就会被债务所淹没。[14]

第五，现期成本"利润率"似乎与股市（equity-market）回报率没有关系。表 6.1 报告了回归结果，这些回归结果衡量了不同利润率对标准普尔 500 家公司（即构成标普 500 指数的公司）在 1947 至 2009 年期间的盈利—价格比率（earnings-to-price ratio）的预测能力。[15]（盈利—价格比率滞后一年，因此利润率数据是从 1946 至 2008 年。）如果用可决系数 R^2 作为利润率预测力的衡量，我们看到，作为对盈利—价格比率的预测指标，历史成本利润率远远优于现期成本利润率。与现期成本利润率相关的斜率系数的 t 统计量较小，这表明在对盈利—价格比率的正常水平的测试中这些利润率不具有统计上的显著影响。与税后现期成本利润率相关的斜率系数的正负号是错误的。这些结果是一个额外的指征，表明历史成本利润率同现实资本主义企业和投资者用盈利能力这个概念所表示的和所关心的东西具有更加紧密的关系。

表6.1 利润率和股市回报率

自变量（利润率）	常数项	斜率	R^2
税后历史成本利润率	−0.022 (−1.340)	0.769 (5.780)	0.354
税后现期成本利润率	0.087 (5.588)	−0.261 (−1.034)	0.017
税前历史成本利润率	−0.001 (−0.059)	0.371 5.782	0.354
税前现期成本利润率	0.060 (3.917)	0.113 (0.786)	0.010

注： 在所有的回归中，因变量是标普500指数的盈利—价格比率［市盈率（P/E ratio）的倒数］。N=63。括号中的数字是 t 统计量。

错误衡量的通货膨胀

为什么现期成本利润率在利润率这个术语的常规意义上不是一个利润率，我最后的理由与通货膨胀有关。我注意到前面哈森和迪梅尼最近对使用现期成本利润率的辩护，其理由是历史成本利润率受到通货膨胀的影响，而现期成本利润率则消除了这种影响。然而，现期成本利润率是以一种不恰当的方法对通货膨胀进行调整的。它调整的实际上不是通货膨胀——即整个经济范围的一般价格水平的上涨，而是每一种类型的资本资产的价格上涨。

如果资本资产的构成没有随时间发生变动，那么以这种方式对通货膨胀进行调整或许会是有意义的。在这种情况下，过去购买的资本资产价格的变动将精确地反映企业当前所面临的资本资产成本的变动。但是，比方说，一旦企业正在购买计算机而不是**替换**他们已经用坏了的打字机，打字机的**重置成本**的变化就成为对它们所经历的通货膨胀（或通货紧缩）的一个完全没有意义的衡量。甚至对那些继续使用打字机的企业来说，打字机的重置成本也变得完全没有意义，因为如果打字机被用坏了，它们不会重置打字机而会去购买计算机。

但确切地说，衡量现期成本就是衡量重置成本。它们衡量的是替换全部现存资本资产的成本的变化——其中包括相对较多的打字机，而不是企业当前实际取得的资本资产的成本的变化。后者包括相对较多的计算机和相对较少的打字机。

因此，为了正确地调整利润率以消除通货膨胀的影响，一个人需要针对**一般**价格水平的变动进行调整，而不是去计算现期成本"利润率"。这就是我在计算第五章所讨论的经通货膨胀调整的利润率时所做的工作。我的估算表明，经通货膨胀调整的利润率自1980年代早期以来的变动，并没有大幅背离名义历史成本利润率的变动。

财产收入现期成本"利润率"自1980年至最近这场危机期间的几乎全部上升，都应由对通货膨胀的错误衡量来负责。这一结论背后的推导过程并不困难，但是多少有些复杂，因此我将从现期成本利润率为什么以及如何错误地衡量了经通货膨胀调整的利润率这一问题开始，一步一步地向前推进。

现期成本利润率是名义利润对固定资产现期成本的比率，固定资产的现期成本能够被分解为固定资产价格指数乘以固定资产实物数量指数：

$$\text{现期成本"利润率"} = \frac{\text{利润}}{\text{固定资产现期成本}} = \frac{\text{利润}}{\text{固定资产价格} \times \text{固定资产实物数量}}$$

现在，如果我们对等式右边的分子和分母同时除以固定资产价格指数，那就得到：

$$\text{现期成本"利润率"} = \frac{\text{利润} / \text{固定资产价格}}{\text{固定资产实物数量}}$$

等式右边分子中所衡量的"实际"利润，衡量的是用利润能够购买的固定资产的数量。但是，如果我们想要控制通货膨胀——即**一般价格水平**的变动，那么我们需要用货币利润除以 GDP 平减指数（或某个类似的指数），而不是除以固定资产价格指数。因此，（实物主义的）"实际"利润率并不是现期成本利润率，而是

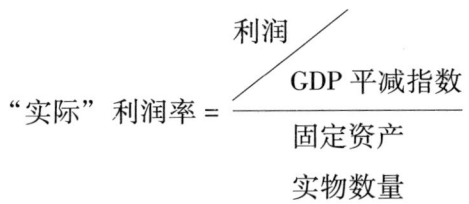

（我并不是在**推荐**使用这个"实际"利润率来衡量盈利能力的变动。在利润率这个术语的常规意义上它也不是一个利润率，并不比现期成本利润率好。我的观点不如说是，这个"实际"利润率正确地衡量了**实物主义经济学家**自己描述的那种利润率的概念——即利润的实物"数量"对固定资产实物数量的百分比，而现期成本利润率却没能正确地衡量它。）

只要固定资产价格相对于一般价格水平出现了大幅度的上升或下降，这两个利润率的轨迹就将出现巨大的差距。就像我在下面马上就要表明的那样，这实际上就是 1970 年代和 1980 年代所出现的情况。因此，由于关注的是现期成本"利润率"而不是可供选择的"实际"利润率，即使从实物主义经济学家自己的视角来看，他们也误解了最近三十年美国的资本主义。他们大大高估了实物利润率恢复的程度。他们把现期成本利润率的上升看做是新自由主义成功的标志，然而这一上升的大部分，就像我们将要看到的那样，仅仅是固定资产价格相对于一般价格水平的短期变化所带来的结果。

"实际"利润率仅仅在一个方面与现期成本利润率不同：它用 GDP 平减指数而不是固定资产价格指数来平减利润。然而，**现期成本"利润率"**自 1980 年代早期以来的大部分上升是由这个差别所导致的。图 6.5 显示，现期成本利润率和可供选择的"实际"利润率，在近半个世

纪绝大多数时间里几乎没有区别。[16]但在 1974 至 1980 年期间，固定资产价格的上升比一般价格要急剧得多。这导致现期成本"利润率"相对于可供选择的"实际"利润率出现了一个短暂但急剧的下降。另一方面，在接下来的十年中，固定资产的上升显著地小于一般价格水平的上升，因此现期成本利润率相对于"实际"利润率急剧上升。

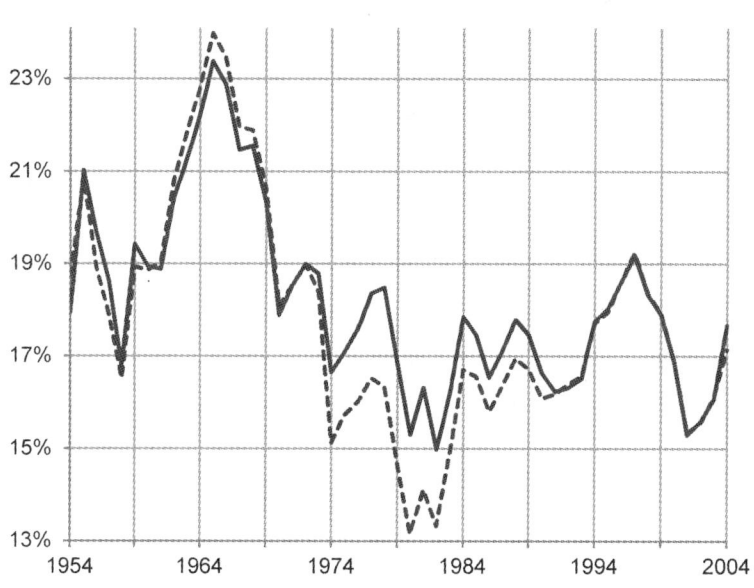

———— "实际"利润率（用 GDP 平减指数平减财产收入）
- - - - - 现期成本利润率（用固定资产价格指数平减财产收入）

图 6.5　现期成本利润率和"实际"利润率，美国公司

（平减后的财产收入对固定资产实物数量的百分比）

其结果是，在 1980 年低点至 2001 年这场危机前的最后一个利润率低点年份期间，虽然现期成本"利润率"上升了 16.6%，"实际"利润率却没有变化。在整个 1980 至 2001 年期间，现期成本利润率平均比 1980 年高出 25.9%，而"实际"利润率平均只比 1980 年高出 12.1%（见图6.6）。因此，现期成本利润率自 1980 年以来的大部分上升，是由固定资产相对价格的异常下降所造成的。

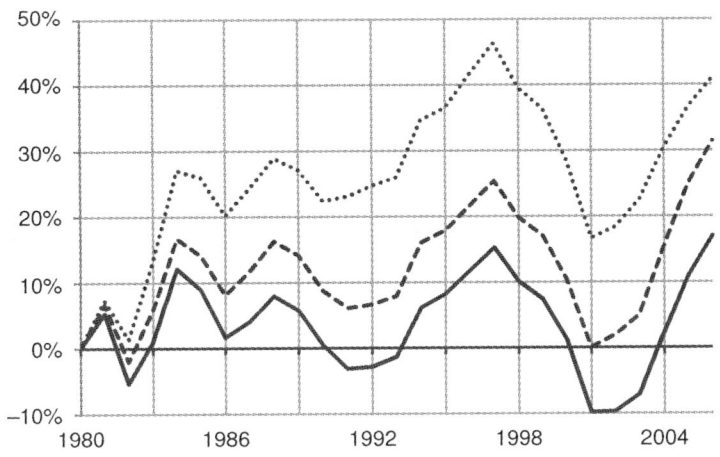

——— 经通货膨胀调整的利润率（其中净投资以现期成本计价）
- - - - "实际"利润率
········· 现期成本利润率

**图6.6 现期成本利润率、"实际"利润率
和经通货膨胀调整的利润率，美国公司**

（自1980年以来财产收入利润率变动百分比的累计）

实际上，几乎全部现期成本利润率的上升，都是由固定资产相对价格的异常下降所造成的。"实际"利润率只是消除了一部分这种影响。尽管它用一般价格水平平减了作为利润率分子的利润，但它仍然像现期成本"利润率"那样使用固定资产价格指数来平减作为利润率分母的净投资总量。如果我们使用GDP平减指数既平减净投资也平减财产收入，那么我们就得到了图6.6所示的经通货膨胀调整的利润率。它在1980至2006年期间的平均水平，只比它在1980年的水平高出3.6%。[17] 因此，现期成本利润率25.9%的增长中剩余的部分就可以被归结为消除了固定资产价格相对一般价格水平的短期飙升的结果。**换句话说，现期成本"利润率"升幅的86%，可以被看做是错误衡量通货膨胀的结果，而不是新自由主义的结果，也不是剥削程度的提高造成的结果。**

第七章　利润率为什么会下降

本章尝试说明利润率为什么下降。第一部分考察公司产出或收入在利润和雇员薪酬之间的分配。第二部分分解了利润率的变动，熟悉马克思主义经济学家对利润率变动的讨论的读者也会熟悉这个分解所采取的方式。然而，我发现这些操作既不充分又难以理解。这些操作把利润率分解为以复杂的方法所决定的变量而不是简单的变量，它们不是真正的因果分析，并且它们专注于名义变量和/或实物变量而忽视了经 MELT 调整的变量。因此在第三部分，我采用一种不同的方式来分解利润率的变动。我的分析的关键结论是，马克思的 LTFRP 与事实符合的非常好；这一规律以之为基础的那种关系，即就业相对于资本积累的低增长，说明了名义利润率自二战以来的大部分下降。

本章最后一部分证明了信息技术革命导致因陈旧过时而带来的折旧的增长，这一节还讨论了这种增长怎样影响了利润和利润率。我认为，在过去几十年中，这种折旧已经造成资本价值的大量消灭。由于资本价值的消灭是经济虚弱但却会提高盈利能力的标志，因此由技术进步带来的虚弱性甚至比由所衡量的利润率的下降所表现的虚弱性更加具有重要意义。我的估算表明，一旦我们控制了因陈旧过时而带来的折旧对盈利能力的促进作用，那么，利润率在过去几十年中的下降幅度会变得更大，并且利润率在 1990 年代至 2000 年间的泡沫期中的大部分增长也会被消除。

本章将只考虑财产收入利润率，因为我将关注收入在阶级间的分配——即雇员薪酬对财产收入——是如何影响利润率的。因为税前利润率只是财产收入的一部分，所以在这种语境下考虑税前利润率是没有什么用处的。

收入的利润份额

利润率未能恢复或许看上去显得奇怪，因为太多的文章都曾提到过去40年中发生的（经通货膨胀调整的）实际工资的停滞以及收入从工资到利润的再分配。然而工资的停滞是一个极为误导的现象，并且从工资到利润的再分配实际上也不是一个事实。**狭义**的工资和薪水并没有显著增长，这是正确的。但是，就像我将在第八章更为详细地讨论的那样，雇员薪酬的其他组成部分——雇主提供的健康和退休福利、雇主所支付的社会保障税和医疗保险税等等，增长得远比工资和薪水快得多。其结果是，**总**薪酬在公司收入中的份额并没有下降，利润在公司收入中的份额也没有上升。换句话说，收入并没有从工资再分配到利润；它是从工资再分配到了雇员的其他薪酬形式。

尽管总薪酬没有停滞，但它的确在最近几十年比二战后早期增长得更慢。图7.1提供了美国公司所生产的实际产出（净增加值）的年均增长率以及它们所支付的雇员实际薪酬的年均增长率。如果我们用GDP平减指数对通货膨胀进行调整，我们发现1973至2007年间的年均增长率比1947至1973年低41%。如果我们用消费者价格指数（CPI–U）对通货膨胀进行调整，我们发现年均增长率低了56%。此图清楚地表明，薪酬增长的下降伴随着、并且几乎可以完全归结为公司净增加值增长的类似程度的下降。[1]

因此，雇员薪酬增长的放缓不是一个分配现象。它源自于资本主义生产的相对停滞。 如图7.2所示，公司利润（财产收入）对其净增加值的百分比并没有增长。相反，这个百分比——我将称之为利润份额，随着时间的推移略有下降。自1947至1965年间，利润份额平均为32.2%，但它在接下来的5年中显著下跌。自1970至2007年间，它平

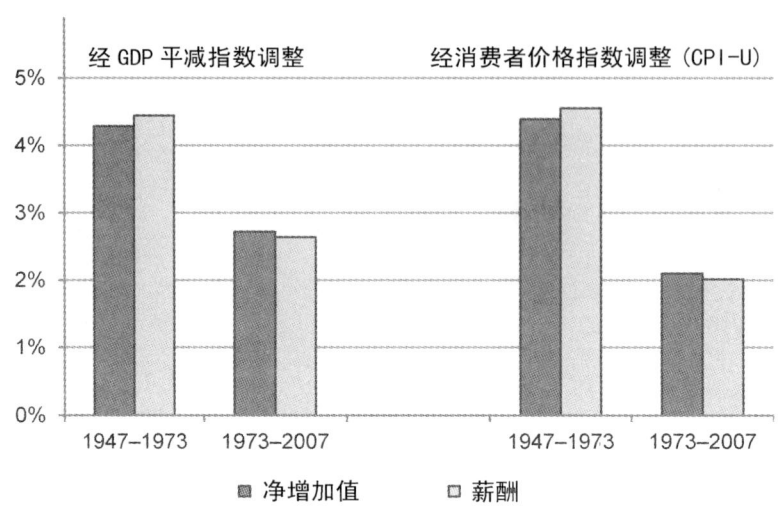

图 7.1　净增加值和雇员薪酬，美国公司

（年均增长率）

均为 29.0%，并且完全没有趋势。

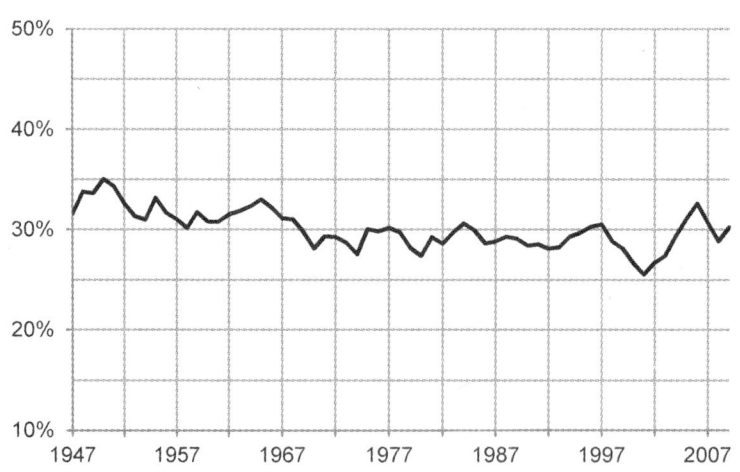

图 7.2　美国公司净增加值的利润份额

（财产收入对净增加值的百分比）

大体上说，过去 40 年中薪酬占据着净值的一个固定份额这一发现可能会造成误导，这是因为 BEA 的数字包含管理人员的薪酬。如果管理人员薪酬存在着非常迅速的增长，那么尽管总薪酬份额不变，"普通"工人的薪酬在净增加值中的份额可能会显著下降。然而，可获得的数据表明管理人员薪酬并**没有**非常迅速的增长。在 1985 年 12 月至 2007 年 12 月间，全部私人企业工人的小时名义薪酬增长了 120%，而私人企业的"管理、商务和财务经营"岗位上的雇员薪酬只有稍快一点儿的增长，它增长了 128%。[2]

由于这些岗位上的雇员所占比例不超过总人数的 10%，因此其他雇员薪酬的增长率接近于全部私人企业工人的薪酬增长率，据我估算后者为 118%。如果我们假定这些增长率也适用于公司，并且管理人员在 1985 年 12 月得到了总薪酬的 12% 到 27%——情况几乎总是如此，那么，简单的计算表明，薪酬构成自那时到 2007 年末的变化，只造成了非管理层雇员的薪酬占净增加值份额的轻微下降，下降幅度在 0.3 到 0.7 个百分点之间。因为可获得的数据极为有限并且很不完整，所以除此之外无法多说什么。[3]

无论如何，"普通"工人份额的轻微下降并没有带来利润份额的上升，它也没有减少公司利润率的下降，这是因为**公司**并不是普通工人份额下降的受益者。**管理层雇员**是受益者。由于高管（top executives）薪酬的某些部分或许还有其他管理人员和专业人士所获得的薪酬的某些部分，实际上是剩余价值而不是劳动收入，因此，如果一个人要分析收入的分配、剩余价值的分配或剩余价值对预付资本比率变动的原因和影响，那么它们在总薪酬中所占份额的增长就具有重要意义。但是在这里它不具有特别重要的意义，因为我要分析的是**公司**利润率的变动。管理人员薪酬不是公司利润：它并不归于公司。相反，它是使公司利润减少的成本。

哈森（2010）最近评论了这一问题，他写道：

> 克莱曼创造了一个既不是剩余价值也不是可变资本的［管理人员工资］

类别，他强调这些收入流出了企业。这是一个很有疑问的观点：根据这一观点，支付给股东的股息也不是剩余价值，因为，根据定义，这些利润没有被公司所保留。[4]

但是，这个问题不是某种类型的收入是否"被公司保留"或者"流出了公司"。这个问题是，这种类型的收入最初是否属于公司。股息支付属于，而管理人员薪酬则不属于。

前面所考察的数据具有几个重要的含义。首先，**尽管利润率自1980年代早期以后未能恢复这一观点，与我们所设想的自那以后利润份额上升似乎是矛盾的，但是一旦我们了解到利润份额是固定不变的，这个矛盾就消失了。**其次，相对固定的利润份额意味着，利润率的下降主要不是一个分配现象。图7.3有助于澄清这一事实。如果在1929至2007年整个时期中财产收入始终占净增加值的一个固定的百分比，那么，这种情况下的利润率就是固定利润份额的利润率。[5] 固定利润份额的利润率的变动与现实利润率的变动非常近似，这是因为现实利润份额实际上始终是相对固定的。

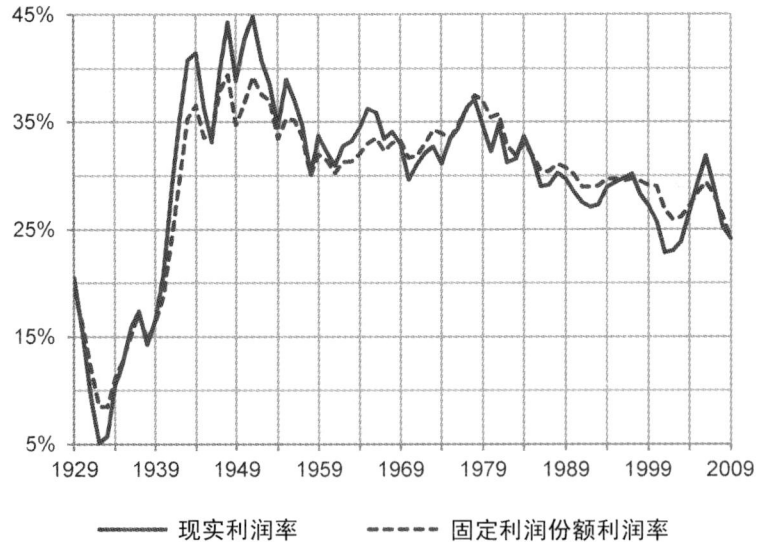

图7.3 现实利润率和固定利润份额利润率

（财产收入利润率）

第三，然而利润份额在二战以后时期中的轻微下降有助于说明**一小部分**的利润率下降。[6] 注意到图 7.3 中，现实利润率在 1940 至 1969 年间几乎总是高于固定利润份额利润率，但自 1970 年以来几乎总是低于它。这种转变反映出在 1960 年代后半期利润份额出现了显著的下降。在 1947 至 2007 年间，财产收入利润率下降了 27.6%，而利润份额下降了 2.7%。其余的利润率下降可以被归结为固定利润份额利润率的 25.5% 的下降，或者相当于说，净增加值对预付资本的 25.5% 的下降。（这一比率的变化是固定利润份额利润率变化的唯一来源。）因此，大约 10% 的利润率下降，可以被归结为利润份额的下降。

然而，即使把利润率下降的 10% 归结为利润份额的下降，它也会造成误导。如图 7.2 所示，在 1947 至 1965 年间，或者在 1970 至 2007 年间，利润份额并没有显著地变化，因此，利润率在这些时期中的下降几乎全都不能归结为利润份额的下降。

"剩余价值率"和"资本有机构成"

我常常被问到，利润率的下降中有多少是由剩余价值率的下降所引起的，有多少是由资本有机构成的上升所引起的。对此我能够给出的最简单的回答是：由于利润份额基本上是固定的，财产收入对雇员薪酬的比例也是如此。所以，几乎全部的利润率下降，都是由预付资本对雇员薪酬比率的上升所引起的。

这个回答很简单，但它似乎回避了实际提出的问题，因为它使用了不同的术语。下面的回答使用了提问者的术语，但却复杂得多。

复杂程度上升的部分原因在于，就像我在第五章附录中所讨论的那样，我在这里对衡量或分解"马克思主义的"利润率并不感兴趣，我在本书中所使用的变量是以 BEA 的概念为基础的，而不是以马克思的概念为基础的。此外，不变资本对可变资本的比率，马克思称之为资本的价值构成，与他所说的资本有机构成是不同的。（如我下面对此所做的更为详细的讨论那样，有机构成的变化基本上是由技术构成的变化所导致的,而价值构成还受到其他因素的影响。)复杂程度的上升,还因为 BEA 的数据是名义变量,没有对 MELT 变化进行调整。

就是说,要记住我们正在使用与马克思不同的术语,我们可以使用启发式方法(heuristic device),用下面这种方式来重新描述那些参与利润率决定的变量:

变量	启发式重新描述	符号
财产收入	剩余价值	s
固定资产历史成本	不变资本	c
雇员薪酬	可变资本	v
财产收入对雇员薪酬的比率	剩余价值率	s/v
固定资产历史成本对雇员薪酬的比率	资本价值构成	c/v

只要一个人愿意,他可以把左侧栏内的变量看做是对马克思的变量的近似替代。如果一个人不想这么做,他也可以不这么做。争论它们是不是好的近似替代是没有意义的,这是因为即使真的有"马克思主义的"利润率这么一个东西存在的话,它也不是我在这里所关心的。不管一个人怎么称呼这些变量,它们都具有同样的意义和同样的重要性。

对于所讨论的这个特定的利润率——即财产收入对固定资产历史成本的百分比,由于雇员薪酬并没有出现在它的分母上,因此这个利润率是:

$$\frac{s}{c} \equiv \frac{s}{v} \cdot \frac{v}{c}$$

其中 v/c 是资本价值构成的倒数。当价值构成上升(下降),v/c 下降(上升)。尽管利润率可以被表示为剩余价值率除以资本的价值构成,但上述表达式使我们能够把利润率的变化分解为两个部分之和,这是因为:

$$\frac{s}{c} \text{变化的百分比} \approx \frac{s}{v} \text{变化的百分比} + \frac{v}{c} \text{变化的百分比}$$

图 7.4 显示了利润率及其构成要素自 1947 年以来累计变化的百分比。

一方面，我们看到，利润率的短期变动受到剩余价值率的强烈驱动；前者总是随着后者而上升和下降。然而，由于剩余价值率在整个时期都保持大致固定——它在 2007 年的数值只比 1947 年数值低 3.9%，因此它对利润率的长期影响是极小的。相反，在 1947 至 2007 年间，价值构成的倒数下降了 24.6%。利润率的下降只比它略多一点儿，为 27.6%。因此，利润率在这 60 年期间的几乎所有下降——89% 的下降，可以被归因于资本价值构成的上升。

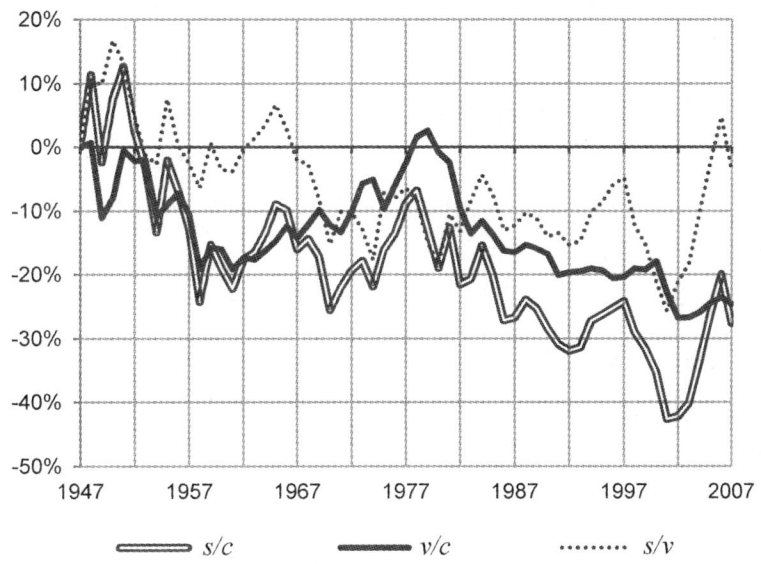

图 7.4　利润率的标准分解

（财产收入利润率及其组成自 1947 年以后变动的百分比）

图 7.4 还表明，在 1947 至 1968 年间，以及 1970 至 2003 年间，剩余价值率都只有极小的变化。这意味着，利润率在这两个子时期中的几乎所有下降，也可以归因于资本价值构成的上升。

本节的结论与马克思的 LTFRP 是一致的。这一规律说的是，在资本主义下劳动节约型技术进步引起了资本的技术构成和有机构成的提高，因而资本的价值构成同样也趋于上升，价值构成的上升进而倾向于降低利润率。例如在 1965 至 1970 年这样的时期中，剩余价值率的急剧下降导致利润率急剧下降,如果把这种情况看做是例外而不是规律,那么它们同这个规律是相容的。[7]

尽管这些结果与马克思的规律相一致,但我并不想宣称它们证明了这一规律。这里所分析的是一个单一的国家,而不是全世界的社会总资本,因此所考察的变量充其量只是马克思的变量的近似替代。

马克思的变量与上面所考察的那些变量之间的一个区别是,我所衡量的可变资本是雇员的总薪酬,而不是普通工人(无产阶级)的薪酬。但就像我在上一节所讨论的那样,由于普通工人的薪酬在过去四分之一个世纪中增长得几乎与总薪酬一样快,因而使用总薪酬的数字并不会显著影响我对 s/v 和 v/c 的增长率的估计。

另一个重要的区别是,我的变量是名义量,因此受到 MELT 变化的影响。相反,马克思对 LTFRP 的讨论隐含地抽象了 MELT 的变化。否则,诸如"这 200 万工人的总劳动……就总是生产出同样大小的价值量"(马克思 1991a:323)[①] 这类表述就会是荒谬的。

对 MELT 变化的调整,不会影响剩余价值率,这是因为同一个 MELT 被用来同时平减剩余价值和可变资本。但是,在其他条件相同的情况下,MELT 的上升会引起可变资本增长的百分比大于不变资本增长的百分比。这是因为所有的可变资本都会随 MELT 的上升而增加,但只有一小部分不变资本——即在 MELT 上升后进行的投资会随之而增加。因此,MELT 的增长倾向于降低资本的名义价值构成。这就是为什么名义价值构成的倒数在 1961 至 1979 年这个通货膨胀不断加速的时期中显著上升的原因(见图 7.4)。如果消除了这一时期 MELT 的变化,价值构成的倒数就会降低 5%。[8] 因此,虽然资本名义价值构成的下降或许初看上去同马克思的规律的一个关键前提相矛盾,但它实际上并非如此。

图 7.5 清楚地表明,名义价值构成的变动,极不同于 LTFRP 隐含所指的经 MELT 调整的价值构成的变动,也极不同于资本的技术构成和有机构成的变动。技术构成,作为对技术变革的一个衡量,是用一个生

---

① [德]马克思:《资本论》第 3 卷,北京:人民出版社 2004 年版,第 241 页。——译者注

产资料数量指标除以被雇用的工人数量。根据定义，有机构成的百分比增长率等同于技术构成的百分比增长率，这是因为马克思对有机构成的定义表明，它"由资本技术构成决定并且反映技术构成变化"（1990a：762）①。为了得到技术构成和有机构成的增长率的一个近似值，我用公司固定资产实物数量的指标除以私人企业中"等同于全职工作"的雇员人数，并且计算了这一比率变化的百分比。⁹

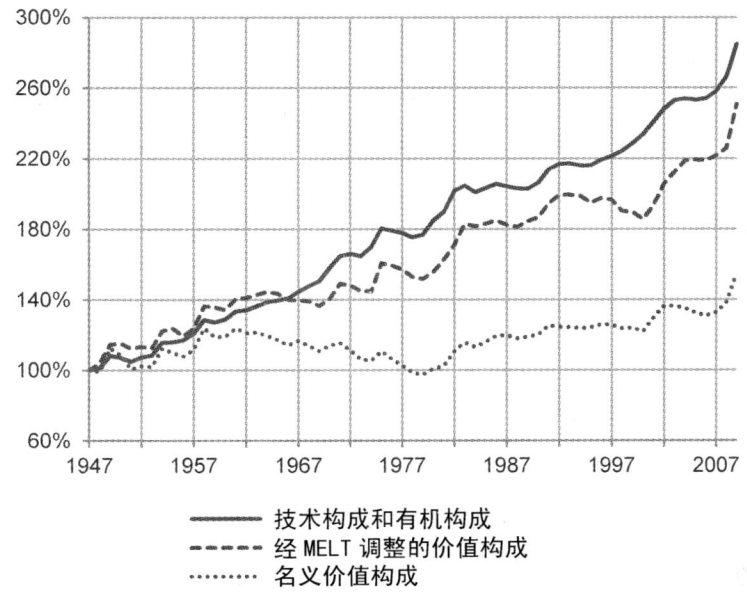

图 7.5　资本构成，美国公司

（对 1947 年资本构成的百分比）

在最近 60 年中，资本的技术构成和有机构成几乎一直在颇为迅速地上升。它们在 1947 至 2009 年间的年均增长率为 1.7%。总的来说，经 MELT 调整的价值构成紧密地跟随着技术构成和有机构成，并且它上升得几乎也一样快，平均每年上升 1.5%。相反，资本的名义价值构成增长慢得多。它在 1961 至 1999 年间**总共**增长不到 0.1%。

---

①　[德] 马克思：《资本论》第 1 卷，北京：人民出版社 2004 年版，第 707 页。——译者注

MELT 的变化还会造成如下两个利润率的变动不一致，一个是这里已经分析过的观察到的名义利润率的变动，另一个是 LTFRP 所指的经 MELT 调整的利润率的变动。因此，只考虑名义利润率及其组成要素的变动的分析，并不能正确地检验这个规律。作为对这个规律的一个检验，并且作为对美国公司利润率的观察到的变动的一个解释，下面的分析要好得多，这是因为它把 MELT 的变化看做是一个单独的变量，看做是盈利能力变化的一个单独的来源，分离了 MELT 的变化。因此，重复一遍，上面所报告的结果与马克思的规律是**一致**的，但我并不是在宣称它们**证明**了马克思的规律。

名义利润率的可供选择的分解

影响名义利润率的一个因素是利润份额。我们已经看到，利润份额在过去六十多年中只略有下降，并且自 1970 年以后它一直是固定的，因此这个因素只能说明极少一部分的利润率下降。

影响名义利润率的另一个因素是 MELT。如果商品的价格对其劳动时间价值的关系上升——情况几乎总是如此，MELT 就上升。但是，这并不意味着名义利润率几乎总是相对于经 MELT 调整的利润率上升。**如果 MELT 上升，但其增长率保持不变，那么名义利润率和经 MELT 调整的利润率之间的关系就将保持不变**（见 Kliman，2007：129—132）。然而，如果 MELT 上升得更快（更慢），商品的名义价格也会相对于其劳动时间价值上升得更快（更慢）。其结果是，名义利润率相对于经 MELT 调整的利润率上升（下降）。

图 7.6 显示这一因素对利润率也几乎没有影响。名义利润率和经 MELT 调整的利润率之间的缺口在一个相当狭窄的区间内波动。此外，这个缺口在过去 60 年中几乎没有波动（点虚线是趋势线）。[10] 换句话说，名义利润率和经 MELT 调整的利润率下降了几乎相同的数量。

由于利润份额和 MELT 的变化对利润率几乎没有影响，因此几乎全部名义利润率的下降都可以被归结为，在我们保持利润份额不变并且也

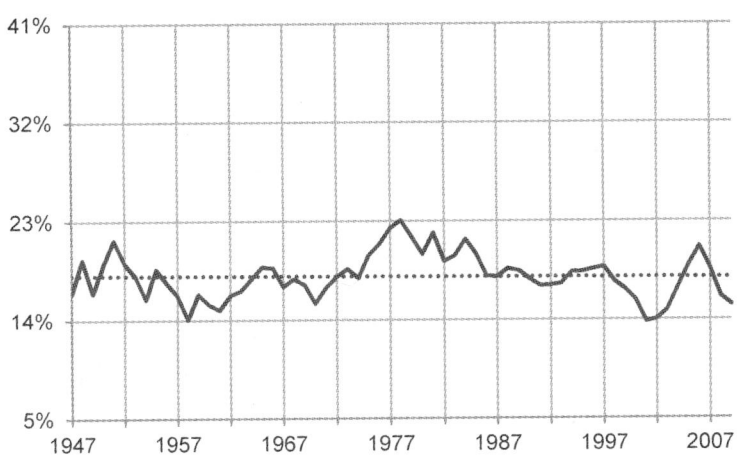

图 7.6　名义利润率和经 MELT 调整的利润率之间的缺口

（财产收入利润率之间的百分点差距）

对 MELT 的变化进行了调整之后所得到的利润率的下降。我将把后面这个利润率称之为固定利润份额的经 MELT 调整的利润率（CPS-MA 利润率）。它是名义利润率在下面这些条件下所呈现的水平：即财产收入在净增加值中所占份额完全保持不变，**并且**价格没有相对于商品的劳动时间价值上升。如图 7.7 所示，1947 至 2004 年间，名义利润率、经 MELT 调整的利润率（MA）以及 CPS-MA 利润率下降了几乎相同的数量——分别为 13.2、13.7 和 12.4 个百分点。因而，在这一时期，CPS-MA 利润率的下降解释了名义利润率的 94% 的下降。

但是，CPS-MA 利润率为什么下降？是什么在二战以后时期的进程中发生了变化导致它下降？答案原来不是有多大变化——而是不**需要**什么变化就能使某种东西下降。设想一对 22 岁的夫妇举办一个聚会。因而聚会开始时参加聚会的人的平均年龄是 22 岁。随后客人们陆续到来，所有的客人都是 10 岁；随着越来越多的客人到来，参加聚会的人的平均年龄越来越接近 10 岁。参加聚会的人的平均年龄持续下降，尽管在聚会**整个期间**什么都没有改变。第一个客人和最后一个客人以及之间的所有客人都是 10 岁。

大失败：资本主义生产大衰退的根本原因

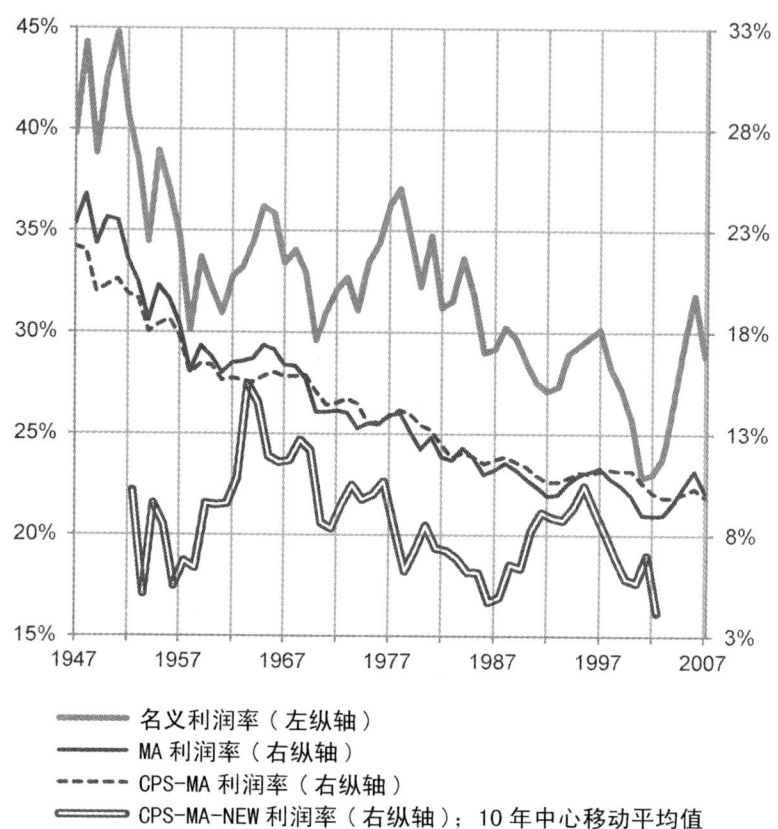

图7.7 可供选择的名义利润率分解

（财产收入利润率）

利润率的例子中所发生的情况与此类似。二战之后的时期开始之时，CPS-MA利润率是22%。但是如图7.7所示，**新投资**的CPS-MA利润率（CPS-MA-NEW），即**增加的**利润对**增加的**预付资本的百分比要低得多。[11]它在1948至2000年间平均为10%。因此总CPS-MA利润率下降得越来越远；在1991至2000年间，其平均值低于11%。

CPS-MA-NEW趋于下降，但是直到2000年以前它的下降是温和的，并且在正常检验水平上不具有统计显著性。[12]因此，总利润率的下降几乎全都不能归因于新投资利润率的**下降**。总名义利润率之所以下降的主要原因是，CPS-MA-NEW几乎总是低于现有的CPS-MA利润率——即过去的投资所产生的平均 CPS-MA 利润率。对此换一种方式来表示，战后繁荣开始时所存在的名义利润率之所以下降，并且不得不下降，是因为它高得不可持续。它高得不可持续，是因为在随后的整个 60 年中，用 CPS-MA 来表示的新投资的回报率太低，以至于使它不能持续。[13]

但是，为什么新投资的回报率如此低？答案是在整个时期中**就业增长的比预付资本慢**。这就是马克思的 LTFRP 解释利润率下降趋势的方式，同时它也是低水平的 CPS-MA-NEW 和相对固定的利润份额这些事实所暗示的现象。

换言之，如果 CPS-MA-NEW 低并且利润份额相对固定，这几乎就像是定义一样意味着，就业相对于资本积累的增长低。我说"几乎就像是定义一样"是因为，由于缺乏公司数据，我们必须做出一个假定以估计其增长。假定在公司部门和在全部私人企业部门中每雇员净增加值的增长率相同——这一假定是非常合理的。给定这一假设，那么根据 CPS-MA-NEW 的定义和相对固定的利润份额，它可以推导出新投资的经 MELT 调整的回报率近似地等于公司雇员的百分比增长率除以公司积累的新增资本（表示为对其利润的份额）。因此，如果雇员增长相对于资本积累较慢，那么新投资的经 MELT 调整的回报率就将会较低。

本章末尾附录中对这一结果进行了推导。这个推导过程多少有些乏味并且没有什么启发意义。在这里，它或许有助于表明马克思的理论蕴含着一个极为紧密相关的结果。

令 s 表示剩余价值，C 表示总预付资本，两者都用劳动时间来表示。马克思的利润率是 $\frac{s}{C}$；相应的新投资利润率是 $\frac{\Delta s}{\Delta C}$。现在，

$$\Delta s = \Delta \left(\frac{s}{E} \cdot E \right)$$

其中 E 是被雇用的工人的数量。让我们假定劳动强度固定不变；那么 E 就是对所实现的活劳动量的一个精确衡量。在马克思的理论中，用劳动时间来表示的新增价值也等于所实现的活劳动，这是因为活劳动创造了

全部新价值。由此得出结论，如果利润份额——在这里是剩余价值对新增价值的比率——是固定的，那么 $\frac{s}{E}$ 就是固定的。因此，

$$\Delta s = \Delta\left(\frac{s}{E} \cdot E\right) = \frac{s}{E} \cdot \Delta E = s \cdot \frac{\Delta E}{E} = s \cdot (\%\Delta E)$$

其中 $\%\Delta E$ 是雇员的百分比增长率。因此新投资的利润率是

$$\frac{\Delta s}{\Delta C} = \frac{s\ (\%\Delta E)}{\Delta C} = \frac{\%\Delta E}{\left(\frac{\Delta C}{s}\right)},$$

即雇员增长率对积累的追加资本（表示为对剩余价值的份额）的比率。如果这个比率比 $\frac{s}{C}$ 低，那么 $\frac{s}{C}$ 必然下降。

因此，本节报告的这些结果表明，马克思的利润率下降趋势规律与事实符合得非常好。名义利润率下降的主导原因是利润率向着新投资的较低的利润率下降这个显著的趋势。后一个利润率取决于这个规律所确定的同一关系——即雇员增长率和资本积累之间的关系。

因此，CPS-MA-NEW 利润率在二战后整个时期中都低于总 CPS-MA 利润率这一事实是极其重要的。根据这一事实，利润率的下降不再是一个谜。它完全是我们应该预料到的。利润率下降，是因为新投资的资本始终不能产生足够的对活劳动的额外雇用以维持利润率的现有水平（还因为由此产生的利润率下降的趋势没有被利润份额的上升或 MELT 更快的增长率所抵消）。

无形损耗：持续存在的资本价值的消灭

生产资料折旧（损失价值）的一个原因是它们正在变得陈旧过时。马克思把这一现象称之为"无形损耗"：

……机器除了有形损耗以外，还有所谓无形损耗。只要同样结构的机器能够更便宜地再生产出来，或者出现更好的机器同原有的机器相竞争，原有机器

的交换价值就会受到损失。(马克思，1990a，528)①

本节我将表明，过去几十年的信息技术革命已经导致无形损耗大幅增长。由于 BEA 和马克思以不同的方式看待无形损耗，因此它的增长已经引起 BEA 所衡量的利润相对于剩余价值大幅度下降。然而，无形损耗对**利润率**的影响更加复杂，这是由于折旧就像影响利润一样也影响着预付资本。我的估算表明，额外的无形损耗减少的预付资本要多于它减少的利润。因此，以 BEA 的概念为基础的利润率的下降，远远少于剩余价值对预付资本比率的下降。这表明，前面讨论的利润率数据所显示的美国资本主义在最近几十年中的运行状况比它的现实运行状况好。

作为信息技术革命的结果而一直在发生着的资本价值的消灭，非常类似于在危机中发生的资本价值的消灭，只是它以一种更加缓和与持久的方式发生着。因此，技术革命似乎是过去几十年中经济相对停滞的一个重要原因。

定　义

BEA 的利润衡量是对剩余价值——换言之从生产中得到的利润——的一个糟糕的代表，这主要是因为 BEA 对待无形损耗的方式。这种折旧并不影响所创造的剩余价值的数量，但它确实降低了 BEA 所衡量的利润。

BEA 把折旧定义为"由磨损、陈旧过时、意外损坏和老化而造成的价值下降"（Katz 和 Herman，1997：70）。由于它没有区分陈旧过时和折旧的其他原因，因此这个定义把它们全部都看做是减少利润和预付资本净存量的因素。然而马克思对待因陈旧过时而引起的固定资产价值下降的方式，不同于对待它们由磨损引起的价值下降的方式。[14]

这种差别是他的这一理论——即任何商品的价值都是当前**再生产**同

---

① ［德］马克思：《资本论》第 1 卷，北京：人民出版社 2004 年版，第 465 页。——译者注

种商品所需要的平均劳动（活劳动和过去的劳动）数量的货币表现——的结果。如果一项固定资产发生了无形损耗，生产它的过程中所付出的一部分劳动，在再生产新的同种固定资产的过程中不再需要，这就降低了用它所生产的商品的价值。因此，如果这些商品按照其价值被卖掉（根据马克思的理论，这一点在总体上是正确的），那么为获得这项固定资产所花费的一部分货币将不会得到补偿。相反，如果折旧是由固定资产的实物磨损所造成的，那么为了生产同种固定资产，仍然需要全部过去用来生产它的劳动。因此，如果用它所生产的商品按照其价值售出，那么为了得到它而花费的货币将全部得到补偿。

例如，假设购买一台机器花费了 10000 美元。如果它所发生的唯一的折旧是由磨损造成的折旧，那么在其他条件不变的情况下，全部 10000 美元都将得到补偿。在马克思的术语中，这台机器的耗尽，将把 10000 美元的价值"转移"到用它所生产的产品中。另一方面，如果这种机器的价格由于技术改进而下降到 7000 美元，那么即使在这一台机器能够被用于生产之前，生产它所花费的 30% 的劳动在生产同类机器的过程中不再需要，因此，如果用它所生产的产品按照其价值被卖掉，那么它初始成本中的 30%，即 3000 美元，就将得不到补偿。因此，这台机器的耗尽，只向其产品"转移"了 7000 美元的价值，而不是 10000 美元的价值。"如果，由于一种新发明，同种机器可由较少的劳动耗费再生产出来，那么旧机器就要或多或少地贬值，因而转移到产品上去的价值也要相应地减少。"（马克思，1990a：319）①

简言之，当一项固定资产发生无形损耗时，其所有者就会出现损失。因此马克思谈到"无形损耗的威胁"，并且他认为，由于资本家力图在他们的机器变得陈旧过时之前快速耗尽它们以避免这一威胁，"因此，在机器的最初的生活期，这种延长工作日的特别动机也最强烈。"（同上，528）②

---

① ［德］马克思：《资本论》第 1 卷，北京：人民出版社 2004 年版，第 244 页。——译者注
② ［德］马克思：《资本论》第 1 卷，北京：人民出版社 2004 年版，第 466 页。——译者注

在马克思的理论中，工人的剩余劳动是剩余价值（生产中所产生的利润）的唯一来源。由于无形损耗不会改变作为剩余劳动数量决定因素的工人工资和工人所实现的劳动这两者中的任何一个，因此它也不会改变剩余价值。但是 BEA 对待无形损耗就像对待实物的磨损一样，把它从利润中扣减掉。因此，它的利润数字衡量的不是剩余价值，而是剩余价值**减去**因无形损耗带来的损失。

因为 BEA 没有估算有多少折旧是由陈旧过时导致的，并且似乎也没有独立的估计可用，所以不可能直接测定剩余价值和所实现的利润之间差距的程度。如果无形损耗对预付资本的百分比大致是固定的，那么这个问题或许不是一个重要的问题。在那种情况下，尽管无形损耗可能会改变利润率的水平，但它并不会对利润率的趋势产生重大影响。

无形损耗的提高

然而，有充分的理由怀疑无形损耗对预付资本的百分比已经显著地提高。首先，折旧率，即折旧对预付资本的百分比，在过去半个世纪中大幅上升。其次，这一上升完全是由对软件、计算机和其他信息处理设备的使用不断增加所导致的，而这些设备折旧非常快。最后，这些设备所发生的几乎全部折旧似乎都是无形损耗。合起来看，这三点暗示着无形损耗对预付资本的百分比已经大幅增加。

这里有最为突出的事实。如图 7.8 所示，在 1950 年代保持稳定的平均折旧率，在 1960 至 2000 年间快速上升，从大约 7% 上升到大约 11%。[15] 当然，在同一时期，企业对信息处理设备和软件（information-processing equipment and software，IPE&S）的使用也出现了惊人的增长，从不到其固定资产的 5% 上升到 18% 以上。[16] 由于绝大多数 IPE&S 比其他固定资产折旧的快得多，因此这导致了平均折旧率上升。

例如，"BEA 折旧估计"（美国商务部，2008）中公布的估算表明，在报告所列的 107 种不同的设备与软件中，预打包软件的"使用年限"最短，而定制软件和"自行开发（own-account）"软件的使用年限比这

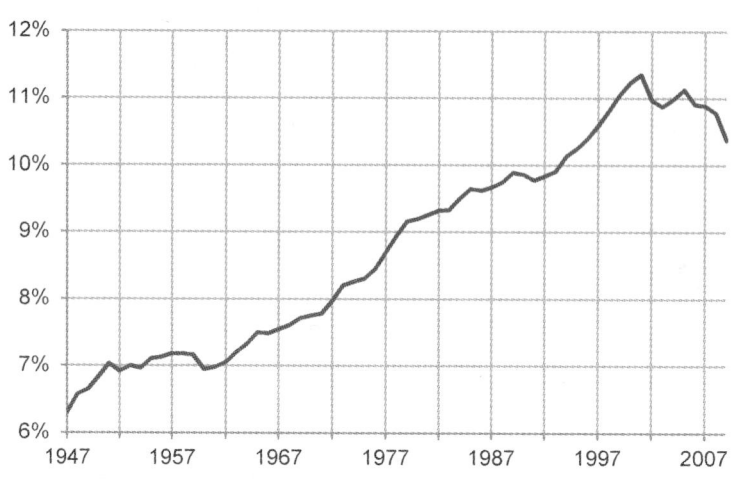

图 7.8 折旧率，美国公司

（历史成本折旧对固定资产历史成本的百分比）

张表中其他任何种类的设备都更短——除了核燃料（见表7.1）。[17] "办公、计算和会计机器"的估计使用年限同样也低于平均水平，并且它自1978年以后出现了下降。表7.1 还提供了取自另一份 BEA 出版物（美国商务部，经济分析局，2003，M—30，表 B）的数据，它们是 5 年期二手汽车和计算机设备的转售价值。毫不奇怪，5 年期二手汽车几乎值新车价值的三分之一，而 5 年期二手个人计算机和打印机几乎只值新机器的 14%。

表 7.1 计算机设备的快速折旧

	使用年限
预打包软件	3 年
定制软件	5 年
自营账户软件	5 年
核燃料	4 年
办公、计算和会计机器	
1978 年以前	8 年
1978 年以后	7 年

(续表)

	使用年限					
	私人非住宅设备的使用年限					
年数	3~5	6~10	11~15	16~20	21~25	>25
所有107个设备各类的百分比	3.7%	14.0%	38.3%	25.2%	12.1%	6.5%
	5年期资产的价值对新资产价值的百分比					
汽车	32.6%					
计算机及外围设备						
个人计算机	10.6%					
打印机	13.4%					
计算机存储设备	17.7%					
终端及显示器	22.2%					
磁带驱动设备	29.2%					

注：本表所有数据均来自美国商务部经济分析局（2003）和美国商务部（2008）

在2003年的一篇论文中，特夫林（Tevlin）和惠兰（Whelan）指出，计算机使用的增加是折旧率自1990年代以来的大部分上升的来源："一旦排除了计算机，估计的折旧率随着时间的推移只表现为一个缓慢与温和的上涨。"（2003：7）重要的是要注意到他们只排除了"计算机及外围设备"，而它们只占企业IPE&S资产总折旧的一小部分。2009年，IPE&S总折旧中的49%是软件的折旧，而计算机及外围设备的折旧只构成总折旧的17%。

如果我们排除了**所有IPE&S资产**，其结果是，二战以后折旧率的全部上升都会消失。如图7.9所示，**美国企业所有其他固定资产的平均折旧率在整个时期中始终没有趋势并且相当稳定。因此折旧率的全部上升都可以归因于企业对快速折旧的IPE&S的使用的增加。**

现在，几乎所有的计算机和计算机相关设备的折旧似乎都是无形损耗。软件不存在实物磨损。对计算机硬件而言，在一篇考察1984至

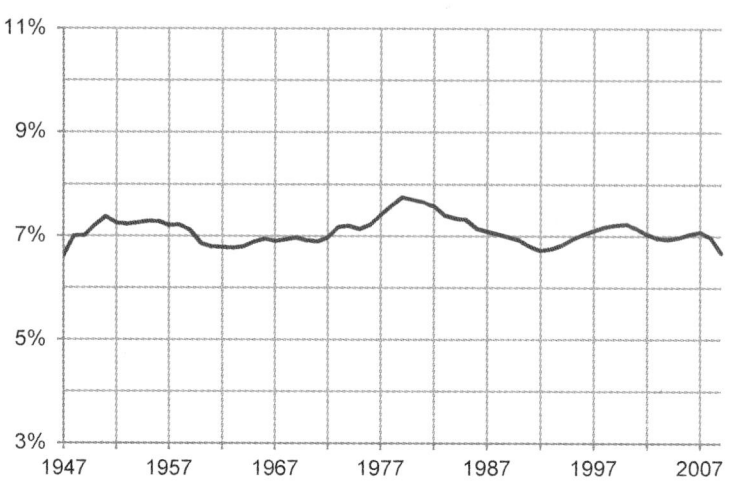

图 7.9　非 IPE&S 折旧率，美国企业部门

（IPE&S = 信息处理设备和软件）

2001 年间生产的康柏（Compaq）和捷威（Gateway）计算机的折旧的论文中，盖斯克、雷米和夏皮罗（Geske, Ramey and Shapiro, 2004，表9）估计，它们的总折旧中平均只有八分之一是由（"与年限相关的"）磨损导致的。其余为无形损耗；其中一半是由严格意义的"陈旧过时"所导致的，而总折旧的八分之三是"零岁"计算机的折旧，即它们一开箱就发生的折旧。

由于 IPE&S 使用的增加是折旧率的全部增长的原因，以及几乎所有计算机和软件的折旧都是无形损耗，因此可以合理的假定折旧率的全部增长都是额外无形损耗的结果。模拟结果表明，这一假定是非常现实的：额外无形损耗引起的折旧率增长的比例，不可能大幅度偏离 100%。[18]

无形损耗增加造成的损失

在这一假定的基础上，我计算了由无形损耗的增加所带来的损失——即利润的减少。估计的无形损耗的增加量——即损失，是 BEA

报告的折旧数字减去我所估计的这样一个折旧数字,它是当总折旧增长率与公司非 IPE&S 资产折旧增长率相同时的折旧数字。[19]

图 7.10 显示了由无形损耗导致的损失对经调整的利润(它是 BEA 报告的利润加上估计的无形损耗的增加量)的百分比。在 1980 年代早期至中期,这种损失快速增长,达到了高得惊人的水平。此后,以百分比来表示的损失一直维持在相当高的水平上(除了上一个十年的中期,当时利润短暂飙升)。在 1990 至 2009 年间,损失平均等于税后利润的 27%、税前利润的 21% 以及财产收入的 13%。

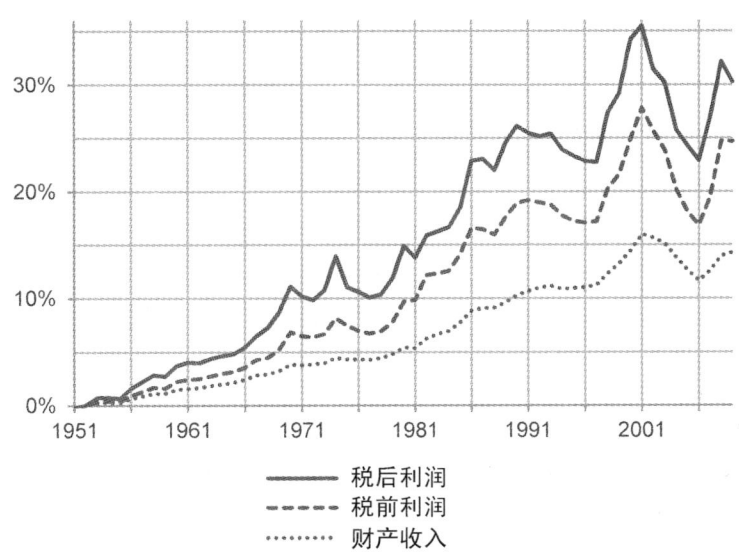

图 7.10　额外无形损耗带来的损失,美国公司

(对经调整的利润的百分比)

这意味着,剩余价值中有一个较大的份额因无形损耗带来的损失而没有实现为利润。没有办法精确地知道这个份额有多大,因为我们不知道总的无形损耗的程度;我只是估算了它的增加量。如果我们假定——这个假定是不符合实际的,在信息技术革命造成这种增加之前不存在无形损耗,那么上一段所报告的百分比就是在 1990 至 2009 年间未能实现为利润的剩余价值的百分比。但是它们是**最小**百分比。无形损耗每额外增加一美元，都会提高一美元的损失和经调整的利润，这会增加损失对经调整利润的百分比（因为分子小于分母，分子相对增加得更大）。

我们将会在下面看到，无形损耗的增加如何影响对利润率的估计。然而在此之前我们需要注意到，它就像影响利润率的分子一样，同样也影响着利润率的分母，即预付资本。这是因为我的预付资本数据指的是资本的"净存量"。资本净存量的追加额，即净投资，是总投资**减去**折旧。因此无形损耗同时降低了 BEA 所衡量的利润和预付资本。无形损耗对利润率的影响大体上是不确定的。然而，随着时间的推移，预付资本与利润相比容易出现数量相对更大的下降，这是因为资本净存量的减少与利润的减少不同，它是累计的和持久的。例如，如果一台机器出现了值 3000 美元的无形损耗，那么此后资本净存量就永远减少 3000 美元。

因此，BEA 基础上的利润率的分子是所实现的利润（剩余价值减去由无形损耗带来的损失），分母则是预付资本**减去**由无形损耗带来的损失。但是，剩余价值对预付资本的比例是什么，我们还是不知道；因为我们不知道 BEA 报告的折旧中有多少是无形损耗。尽管如此，估计无形损耗的**增加量**对利润率的影响仍然是可能的。

上面解释了我对无形损耗增加量的估计。要计算这一增加量对财产收入利润率的影响，我用估计的每一年额外折旧加上 BEA 基础上的当年财产收入的估计值，得到了经调整利润的估计值。预付资本的估计值是通过估计的每年额外折旧加上（以历史成本表示的）净投资得到的。BEA 的某一年年初的预付资本数字，是前一年年初预付资本加上前一年的净投资，而我的经调整的预付资本数字还包括了估计的前一年额外折旧。

图 7.11 显示了这种调整如何影响这两个变量。与经调整的财产收入衡量相比，经调整的预付资本衡量增长了更大的百分比，这是因为，如上面所强调的那样，额外折旧以累计的方式永久地降低了预付资本而不是利润。

图 7.12 显示了这种调整怎样影响了财产收入利润率。在 1982 年低

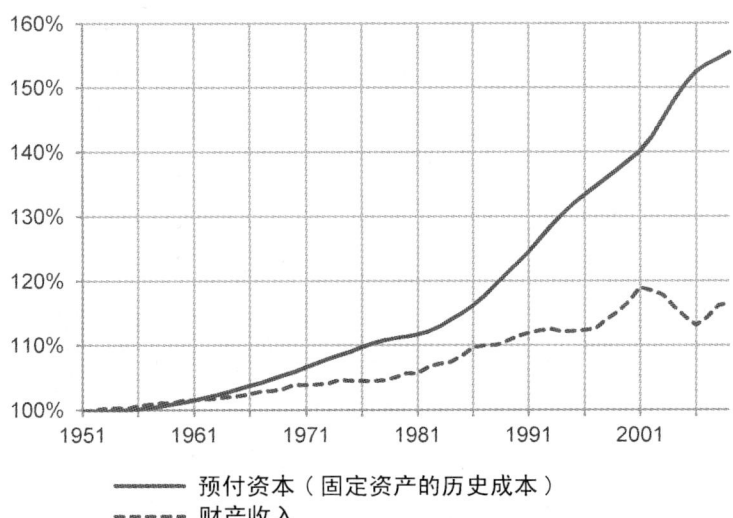

图 7.11　对超额折旧调整后的变量

（对未经调整变量的百分比）

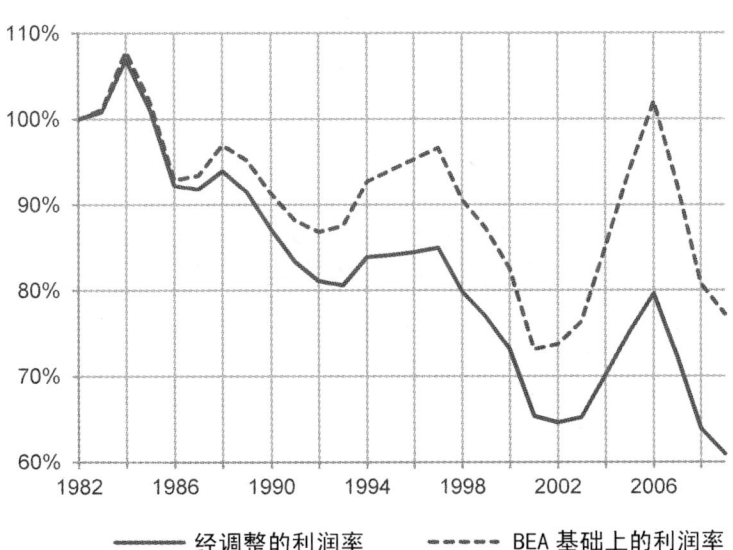

图 7.12　BEA 基础上的利润率和经调整的利润率

（财产收入利润率；对 1982 年利润率的百分比）

点至 2001 年低点期间，BEA 基础上的财产收入对历史成本的固定资产净存量的比率下降了 26.9%（从 31.2% 下降到 22.8%）。当把估计的超额折旧加回到分子和分母上去之后，这个利润率下降了 34.7%（从 29.7% 下降到 19.4%）。因此，剩余价值对预付资本这一比率下降的百分比，比 BEA 基础上的利润率下降的百分比大 29%。同样值得注意的是，这种调整消除了利润率在 1990 年代的绝大部分上升，同时也消除了自 2001 至 2006 年间所发生的几乎一半的上升，这表明，BEA 基础上的利润率的这些上升，主要是由于 BEA 没有区分无形损耗和磨损这一事实所带来的。

上面的分析表明，如果无形损耗没有同磨损导致的折旧区分开来，那么所衡量的利润率相对于剩余价值对预付资本比率将趋于上升。因此，它表明，在评估技术进步对盈利能力的冲击时，或检验马克思的利润率下降趋势规律时，需要密切关注无形损耗。最后，它表明，BEA 基础上的利润率的下降，显著地低估了剩余价值对预付资本比率自 1980 年代早期以来所出现的下降。因此我们得到一个附带的结果，它对新自由主义下资本主义生产的生命力提出了质疑。

技术进步带来了无形损耗，无形损耗有助于支撑所衡量的利润率。这并不意味着技术进步有助于提高利润率。相反，它意味着技术进步降低盈利能力的一种途径是**通过**无形损耗来实现的，因为它导致实现的利润低于生产中所产生的剩余价值。其他各种形式的资本价值消灭起初导致了降低盈利能力的损失，随后在这些损失被记入账目并且预付资本价值相应减少之后它又提高了盈利能力，在无形损耗的情况下也会出现与此相同结果。无形损耗最终提高了衡量的利润率，是因为它**首先**引起利润率下降。换言之，利润率随后的上升不是由技术进步本身带来的，而是由簿记损失带来的。

数学附录

定理

如果净增加值的利润份额保持相对固定,并且每雇员净增加值的增长率在公司部门和全部私人企业部门相等,那么经 MELT 调整的新投资回报率近似地等于公司就业增长率除以公司积累的追加资本(表示为对其利润的份额)。

定义

A	平均利润份额
ΔC_{MA}	经 MELT 调整的所积累的追加资本
E_C	公司就业
E_p	私人企业部门就业
M	劳动时间的货币表现(MELT)
N_c	公司净增加值
N_p	私人企业部门净增加值
π_c	公司名义利润
π_{cMA}	公司经 MELT 调整的利润

证明

CPS-MA 利润率的分子是 $\dfrac{A \cdot N_c}{M}$。CPS-MA-NEW 的分子是这一表达式的变化量。因为 A 是一个常数,因此 CPS-MA-NEW 的分子是:

$$A \cdot \Delta\left(\frac{N_c}{M}\right) = A\left(\frac{N_c}{M}\right)\left(\frac{\Delta\,[N_c/M]}{N_c/M}\right) \qquad (1)$$

由于利润份额是相对固定的,A 近似等于现实利润份额 $\dfrac{\pi_c}{N_c}$,因此

$$A\left(\frac{N_c}{M}\right) \approx \left(\frac{\pi_c}{N_c}\right)\left(\frac{N_c}{M}\right) = \left(\frac{\pi_c}{M}\right) = \pi_{cMA} \tag{2}$$

将（2）代入（1），我们可以得到

$$\pi_{cMA}\left(\frac{\Delta\,[N_c/M]}{N_c/M}\right) \tag{3}$$

它是 CPS-MA-NEW 分子的近似值。并且由于我用 $\dfrac{N_p}{E_p}$ 来代表 M，因而（3）可以表示为

$$\pi_{cMA}\left(\frac{\Delta\,[N_c/N_p]\,E_p}{[N_c/N_p]\,E_p}\right) \tag{3'}$$

现在，如果公司部门和全部私人企业部门的每雇员净增加值的增长率相等，

$$\frac{N_c}{E_c} = \alpha\left(\frac{N_p}{E_p}\right)$$

其中 α 是一个常数。这意味着

$$\frac{N_c}{N_p} = \alpha\left(\frac{E_c}{E_p}\right)$$

因此

$$\left(\frac{N_c}{N_p}\right)E_p = \alpha\left(\frac{E_c}{E_p}\right)E_p = \alpha E_c \tag{4}$$

将（4）代入（3'），我们发现，CPS-MA-NEW 的分子近似等于

$$\pi_{cMA}\left(\frac{\Delta\alpha E_c}{\alpha E_c}\right) \tag{3''}$$

并且由于 α 是一个常数，（3''）可以写为

$$\pi_{cMA}\left(\frac{\Delta\alpha E_c}{\alpha E_c}\right) = \pi_{cMA}\left(\frac{\Delta E_c}{E_c}\right) = (\pi_{cMA})(\%\Delta E_c) \tag{3'''}$$

其中 $\%\Delta E_c$ 是公司就业的百分比增长率。

用（3'''）除以 CPS-MA-NEW 的分母 ΔC_{MA}，我们得到

$$\frac{(\pi_{cMA})(\%\Delta E_c)}{\Delta C_{MA}} = \frac{\%\Delta E_c}{\Delta C_{MA}/\pi_{cMA}}$$

即，公司就业的百分比增长率除以公司积累的追加资本（表示为对其利润的份额），它是 CPS-MA-NEW 的近似值。

第八章　看似可选的消费不足理论

本章批判性地考察了消费不足论关于大衰退根本原因的观点，同样还考察了消费不足论的理论基础。在下一章，我将讨论这一理论的政治内涵，在当前这一历史时刻我对它感到十分担忧。我相信它引起了资本主义能够被塑造的更加公平和相对不易发生危机这样一种虚幻的希望，而试图实现这一目标的失败很可能会导致理想的幻灭和向右派的转变。一些读者或许希望首先读到这个讨论，但我把它延迟到下一章以避免造成这样一种印象，即我是出于政治原因而摒弃消费不足论，而不是在经验的和逻辑的基础上对它进行批评。

我已在本书中证明，大衰退的根源在于过去几十年中债务的大规模累积，债务的累积可以追溯到盈利能力的持续下降，盈利能力的下降是就业相对于资本积累速度的增长不足所导致的。消费不足论的作者，与其他作者一样，同意债务累积起到了关键的作用。但是他们主张，它是根源于对工人的支付下降和/或工人收入份额的下降，而这两者则导致了消费支出的不足——或者说，如果消费不是靠债务支撑，就会出现消费支出的不足。相反，我将证明，最近这场危机不可能追溯到美国工人所得到的薪酬的下降或他们的收入份额的下降，因为**这两者任何一个都没有下降**。

然而，即使消费不足论的作者在有关事实上是正确的，我随后也将表明我们仍然不得不拒绝他们关于危机的观点，因为消费不足理论所依赖的基础是错误的。我将批评这一理论背后的直觉，而且我将证明消费不足论的一个关键文本——保罗·A. 巴兰（Paul A. Baran）和保罗·M. 斯威齐（Paul M. Sweezy）的《垄断资本》——包含着对这一理论的辩护，而这一辩护却是建立在一个逻辑错误之上的，并且它在经验基础上具有严重的缺陷。

谎言，该死的谎言，和消费不足论的统计数字

> 有三种谎言：谎言，该死的谎言，和统计数字。
> ——马克·吐温的流行格言，出处不详

接下来的证据表明，消费不足论关于大衰退根本原因的观点是错误的。与消费不足论作者所认为的相反，美国工人阶级得到的国民收入份额并没有下降；它在40年中一直大致保持在同一水平上，比1960年高很多。此外，在过去30年中（这一时期有着可靠的数据），美国工人的薪酬即使在我们对通货膨胀进行调整之后也有所上升——根据某种衡量，上升了差不多37%。

工人的国民收入份额

在本书其他部分，我已经讨论了这样一种主张，即最近这场经济危机是一个不可还原的金融危机，是一种由金融所统治的资本主义特殊形式的一场危机，而不是资本主义生产的一场危机。《每月评论》（*Monthly Review*）——一份长久以来一直赞同消费不足论和所谓"左翼凯恩斯主义"传统的出版物——的两位作者约翰·贝拉米·福斯特和弗雷德·马格多夫（John Bellamy Foster and Fred Magdoff，2008），最近把金融危机的观念和消费不足论融合在了一起：[1]

> 正是始于1970年代的经济相对停滞的现实……导致了"金融化资本主义的新体制"的出现，……通过这一体制，经济中的需求"多亏资本泡沫"而得到刺激。……但是这样一种金融化的增长模式不能够产生快速的经济发展——不管持续多久，并且这一模式也是不可持续的……
>
> 解释整个动力的一个关键因素，是在美国工资和薪水对国民收入的百分比

率的下降中发现的。1970年代的停滞导致资本通过压低劳动成本来提高利润，从而发动了一场加快了的针对工人的阶级战争……图3显示了工资和薪水在国民收入中的份额自1960年代晚期至今的急剧下降。

福斯特和马格多夫的图3使用美国政府官方数据来显示，工资和薪水自1960年占GDP的52%和1970年的53%下降到2007年的46%。它看上去很有说服力，除非你也查看了政府目录并意识到这张图遗漏了一大块不断增长的劳动人民的收入。工人收入的这些其他组成部分的数据是容易获得的；它们报告在福斯特和马格多夫用来获得其工资和薪水数据的同一张表上。

哈维（2010：13）不加评论的使用了基本相同的图，里克·沃尔夫（Rick Wolff, 2008a）在一篇发表于《每月评论电子期刊》（*Monthly Review's MRZine*）上的文章中重制了此图并用它作为自己分析的基础。最近，沃尔夫和斯蒂芬·雷斯尼克（Stephen Resnick）发表了一个对经济危机的解释，其中强调了这样一个事实，即"制造业中支付给工人的实际工资自［1970年代晚期］至今差不多保持不变，甚至还略有下降"（Resnick and Wolff, 2010：176），但是他们忽略了制造业工人收入的其他组成部分。

在福斯特和马格多夫发表图3的几个月前，时任国家经济研究局（National Bureau of Economic Research）局长的马丁·费尔德斯坦（Martin Feldstein）写道，"关注工资而不是总薪酬"是一个"衡量错误"，它"带来了关于国民收入份额如何演变的一种错误的观点。**工资和薪水对GDP的比率这个极具误导性的数字自1970年的53%下降到2006年的46%**"。（2008：2，4；强调为本文所加）他还郑重提到，这个错误已经"导致一些分析者得出劳动收入的上升与生产力的增长不相一致的结论"。（同上：2）

如果一个人把自己的注意力局限在工资和薪水之上，那么他遗漏了什么呢？首先，工人的总薪酬还包括许多雇主支付的健康和退休福利，还有雇主代表其工人所支付的一部分社会安全福利保障和老年保健医疗税（Social Security and Medicare taxes）。由于美国人口正在老龄化，并且退休后生活得更久，健康医疗费用增长极为迅速，自1970年以后，薪酬中这些非工资组成部分的增长速度是工资和薪水的2倍。事实上，工人现在更少直接提取其薪酬，而是为他们老年的生活进行更多的储蓄。[2]

第二，政府付给人们尤其是工人阶级大量的"社会福利"：社会保险和医疗福利，退伍军人福利，还有例如福利援助金和失业保险福利等其他项目。随着人口的老龄化和更多的人被纳入到社会保险和医疗体系，这些社会福利在国民收入中所占的份额同样也增加了。当然，劳动人民也把比以前更多的钱放入社会保险和医疗基金。因此，我们需要减去他们通过其税收贡献出去的部分；我们要加到总薪酬中去的，仅仅是由政府提供的社会福利和为社会福利而征收的那部分税收。我将称这个差额为"政府净社会福利"。自1970年以来，净福利的增长速度几乎是工资和薪水收入的4倍。

尽管福斯特和马格多夫的图3把工人的收入表示为GDP的一个份额，但这是又一个衡量错误（见Feldstein，2008：4）。美国大约八分之一的GDP由现有固定资产的"耗费"构成，这一部分不属于任何人的收入，BEA和其他国民经济核算机构在计算国民收入时会把这一部分减去。因此，对收入分配的分析应当考虑国民收入的份额，而不是GDP的份额。

图8.1比较了福斯特和马格多夫的结果和我以如下方式得到的结果，即把非工资薪酬和政府净社会福利计算在内，同时衡量工人的收入对国民收入的份额而不是对GDP的份额。自1960至2007年间，工资薪水对GDP的份额和对国民收入的份额下降了6.2和5.8个百分点。但是总薪酬对国民收入的份额上升了0.8个百分点，在政府净社会福利也被包含进去时工人的国民收入份额上升了5.0个百分点。自1970至2007年间，工资薪水对GDP和对国民收入的份额下降了7.5和7.6个百分点。但是总薪酬对国民收入的份额只下降了3.0个百分点，而在政府净社会福利也被包含进去时，工人的国民收入份额上升了0.1个百

分点。[3]

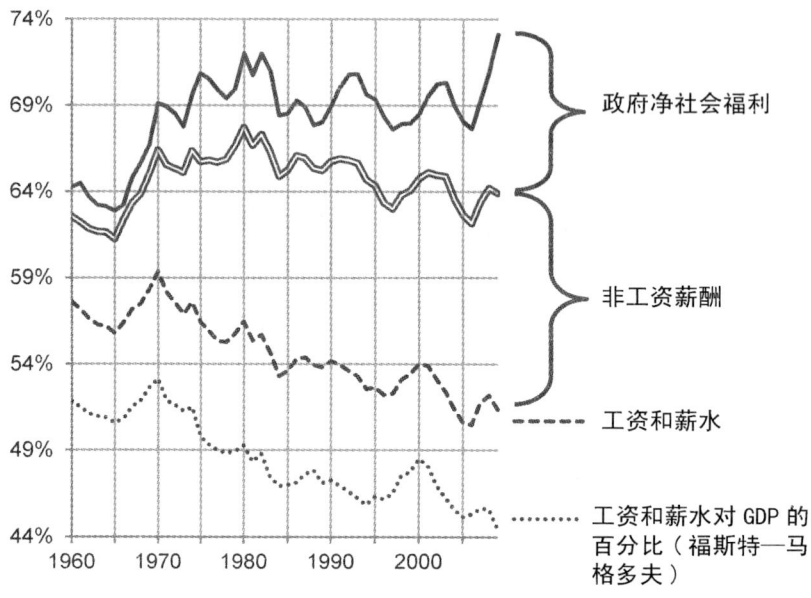

图 8.1 1960—2009 美国国民收入的工人份额

我并不想暗示工人生活得很好。情况并非如此。他们在 1970 年代中期时并不富裕，自那以后他们的收入也只有缓慢地增长。但是他们生活得不好的理由与他们在国民收入中的份额**下降**毫无关系，因为根本没有出现这种下降。就像我在第七章中讨论的那样，公司雇员薪酬增长的放缓同样也不是一个分配现象，而是由公司总收入（净增加值）增长的放缓所导致的结果。由于公司收入一直都没有快速增长，劳动人口的收入一直保持着对公司收入的一个近乎不变的份额，因此他们的薪酬仅是缓慢地增长。

实际薪酬

此外，福斯特和马格多夫写道，工资和薪水占 GDP 的份额的下降反映了这样的事实，尽管在过去几十年中生产力和利润有了巨大的增长，美国非农私人企业部门工人的（用 1982 年美元衡量的）［经通货膨胀调整的］

实际工资，在 1972 年达到每小时 8.99 美元的高点，到 2006 年下降到 8.24 美元（相当于 1967 年的小时实际工资）。

这个陈述中的一个问题是，它也仅仅考虑了工资和薪水，而不是劳动人民的总薪酬，他们在退休后获得的收入在其薪酬中所占的份额越来越大。另一个问题是对通货膨胀进行调整有不同的方法。他们所选择的方法使实际薪资的增长看上去更小。为了消除通货膨胀的影响，他们使用了城市工薪收入者的消费者价格指数（CPI-W）。一个容易获得并且被广泛采用的替代指数是 PCE 价格指数。因为 CPI-W（如同其他类型的 CPI 一样）不是一个前后一致的序列——1985 年以前它对房主住宅费用的估计基于住宅价值，而在此后的年份中它们是基于相似住宅的房租费用（见 Bosworth and Perry，1994：320—321）——因此，在分析跨越这两个时期时它的有效性是有限的。无论如何，福斯特和马格多夫都应该告知读者调整通货膨胀的不同方法以及这些方法所带来的不同结果。

第三个问题是他们采用了"生产和非管理工人"的薪资数据。几年以前，美国劳工统计局（BLS）宣布终止发布这一数据序列；后来它又决定保留这一数据序列，但同时也发布一个纳入全部私人部门工人的替代衡量。计划终止发布的一个原因是生产和非管理工人这一类别对于回答政府调查问卷的人来说没有多大意义。美国劳工部（2005）指出：

> ……生产和非管理工人的工作小时数和工资总额数据已经变得越来越难以搜集，这是因为这些分类方式对调查对象没有意义。许多调查对象报告称无法将他们的工资记录按照生产/非管理类别的定义列成表格。

由于这个原因，图 8.2 和 8.3 还考虑了所有私人部门美国劳动的数据。他们的工资和薪水数据只有在 1976 年以后才可获得；他们的小时总薪酬数据只有在 1980 年以后才可获得。生产和非管理工人的小时总薪酬数据只有在 1981 年 6 月至 2005 年 11 月期间才可获得。这些工人的其他总薪酬数字是我的估计。[4]

图 8.2 清楚地表明，实际小时总薪酬**显著上升**而不是下降，生产和

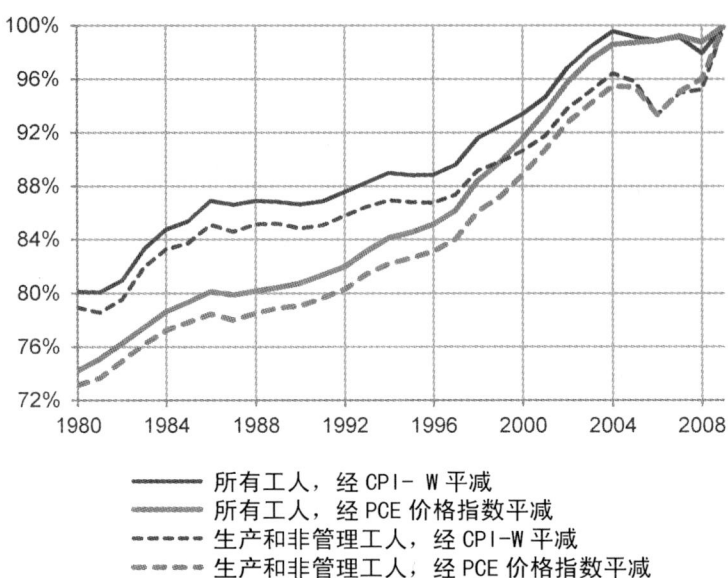

图 8.2　实际小时薪酬，美国私人企业工人

（对 2009 年水平的百分比）

非管理工人实际薪酬的上升始终在平均水平之上。当我们使用 PCE 价格指数对通货膨胀进行调整时，我们发现他们的薪酬在 1980 至 2009 年间上升了 37%，而所有工人的薪酬上升了 35%。当我们用 CPI-W 对通货膨胀进行调整时，我们发现生产和非管理工人的薪酬上升了 27%，而所有工人的薪酬上升了 25%。

如果我们使用 PCE 价格指数对通货膨胀进行调整，我们发现如图 8.3 所示，实际工资和薪水同样也上升而非下降。自 1972 至 2009 年间，生产和非管理工人的工资和薪水上升了 12%。自 1976 至 2009 年间，他们的工资和薪水上升了 14%，而全部私人部门工人的工资和薪水上升了 22%。即使当我们使用 CPI-W 对通货膨胀进行调整，我们发现全部私人部门工人的工资和薪水上升了 7%。唯一下降的数据序列是福斯特和马格多夫提供的那个——用 CPI-W 对生产和非管理工人的工资和薪水进行平减得到的数据序列，它自 1972 年以来下降了 4%。

上述分析的结果是，一个人要想得到工人的实际薪资下降的结论，

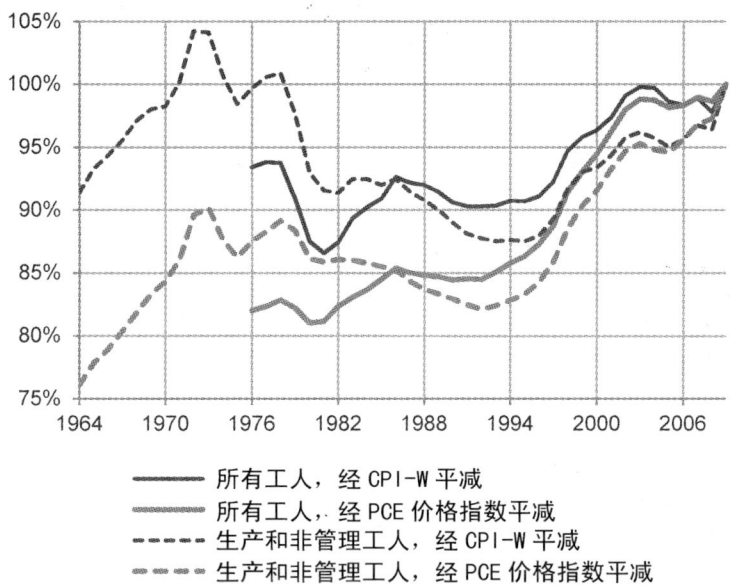

图 8.3　实际小时工资和薪水，美国私人企业工人

（对 2009 年水平的百分比）

他必须做到**所有**以下这几点：

（1）仅仅考察工资和薪水，而忽略更有意义的总薪酬数字；

（2）仅仅使用 CPI-W 对通货膨胀进行调整，而忽略 PCE 价格指数；

（3）仅仅考察生产和非管理工人数据序列，而忽略全部工人的数据。

但是即使一个人做到了上述所有这些，他仍然会发现美国工人的实际薪资在新自由主义时期是在上升的。当使用 CPI-W 作为通货膨胀的衡量时，生产和非管理工人的实际工资和薪水在罗纳德·里根于 1981 年执政以来上升了 9%。

根据托马斯·皮凯蒂（Thomas Piketty）和伊曼纽尔·赛斯（Emmanuel Saez）的一项广为人知的研究（例如 Piketty and Saez，2003），美国的收入不平等和工资不平等在最近几十年中出现了引人注目的增长。这似乎是在表明，管理者和专业人士在薪资方面取得了巨大的增长，而"普通"工人的薪资则出现停滞或下滑。然而，如我在上一章所讨论的那样，非管理雇员在美国公司净增加值中的份额在 1985 至 2007 年间大幅下降，图 8.3 为这一结论提供了独立的证据。尽管如我前面提到的那样，生产和非管理工人的数据是有问题的，但它们仍然是普通工人实际工资和薪水的最好的信息来源，这是因为它们排除了公司所有者、"主要受雇于指挥、监督他人或为他人制订工作计划"的那些雇员，以及"〔提供服务的行业中〕未直接参与生产的雇员"。[5] 图 8.3 显示，**在 1986 至 2009 年间，生产和非管理工人的实际工资和薪水的增长速度，与私人企业工人整体的实际工资和薪水的增长速度相同。**

明显相反的是，皮凯蒂和赛斯的数据带来了这一结论，即收入最低的 90% 的人口，其平均实际工资自 1986 至 2008 年间上升了 17.9%，而最高的 10% 的实际薪水的上升速度几乎是它的 3 倍，为 48.2%。[6] 为什么皮凯蒂和赛斯的数据产生的结果与 BLS 报告的结果有如此大的差别，其原因并不那么明显，但清楚的是他们的数据集是极不典型的。它建立在人们在所得税申报表上报告的工资和薪水数据的基础上，其局限性是显而易见的。BLS 的工资和薪水数据则是建立在对营业处所调查的基础之上的。

此外，BLS 的数据是关于**个人**的数据，而皮凯蒂和赛斯的工资和薪水数据则是关于**纳税单位**（tax units）的数据。如果位于工资分配底层的每纳税单位工薪收入者数量的下降快于顶层的下降，那么衡量到的不平等的提高就将偏大。最近的研究结果表明或许已经出现了这种情况。在美国，一个纳税单位要么是一个没有结婚的单身者，要么是已结婚的一对夫妇——他们要填写合并申报表（两种情况下都包括所抚养的全部孩子），因此结婚率的下降趋于降低每纳税单位的工薪收入者的数量。这项研究发现，在受教育程度较低的人口中，婚姻率已经出现了非常急剧的下降。例如，在 1970 至 2007 年间，在没有高中文凭的人口中，30 至 44 岁已结婚的男性所占的百分比下降了 39 个百分点，而在大学毕业的人口中只下降了 19 个百分点（Fry and Cohn，2010：19）。由于低教育人口通常获得较低的工资，这表明，在工资分配的底层中，每纳税单位工薪收入者数量的下降很可能大得不成比例，这导致皮凯蒂和赛斯的数据夸大了不平等的增长。

伯克豪瑟、拉雷莫尔和西蒙（Burkhauser, Larrimore and Simon, 2011）的一项新的研究表明，皮凯蒂和赛斯的发现就收入分配而言也是极具误导性的，因为他们是以一种极不寻常的方式定义收入的。表 8.1 显示了自 1979 至 2007 年间美国人口中的五分位人口（以 20% 为一组进行分组）实际收入的百分比变化总量。在第一行中，收入是按照皮凯蒂和赛斯对它的定义来定义的；在第二行中，它是按照"在有关美国贫困、收入和收入不平等的文献中最常使用的"（Burkhauser, 2011：8）方式来定义的。[7] 所有这三个收入的定义都带来了收入不平等增加的结果，但是当使用皮凯蒂和赛斯的定义时增加的程度远远更高，而他们的定义是唯一一个带来中低层收入的美国人的实际收入下降或停滞这一结论的定义。

表 8.1　实际收入增长，美国，1979—2007 年

收入的定义	五分位人口				
	最低	次低	中间	次高	最高
税收单位的税前收入；不考虑转移支付（皮凯蒂—赛斯的定义）	−33.0%	−5.5%	2.2%	12.3%	32.7%
家庭的税前收入，针对家庭规模进行了调整；包括转移支付（绝大多数的共同定义）	9.9%	8.6%	22.8%	29.2%	42.0%
家庭的税后收入，对家庭规模进行了调整；包括转移支付和健康福利	26.4%	25.0%	36.9%	40.4%	52.6%

消费不足论者的直觉

前面我证明了，消费不足论作者提出的作为最近这场经济危机和衰退的至关重要的根本原因的现象，在更进一步的考察下被证明是根本不

存在的现象。如果这就是它全部的错误,那么我们就能够得出结论,应当拒绝把消费不足当做是解释当前这个问题的一个因素,但它并非在任何条件下都不能作为解释因素。然而,我将要证明,事实上在任何条件下都应当拒绝它,因为消费不足的**理论**是建立在一个使它站不住脚的基本的(并且是低级的)逻辑错误的基础之上。在讨论这一错误之前,考察一下导致它兴起的潜在直觉是有用的。[8]

消费不足理论主张,经济危机和衰退是由于支付给工人的太少从而据称造成了支出不足所引起的。[9]这反过来暗示着,如果工人的境况更好,经济也将会更好。由于我们在这里所讨论的是一个**资本主义**经济,因此这一观念显得非常奇怪。当工人的薪资下降,他们的损失就是雇佣他们的公司获得的额外利润,而利润则是给资本主义制度添加动力的燃料。使这个制度出现问题的不是利润率的上升,而是下降。

然而,消费不足论阵营指出了这样一个事实,即处境比管理者、所有者等差的工人将他们收入中的较大份额花费在消费品和服务上。因此,如果工人的薪资和/或收入份额下降,个人消费需求就将趋于下降。这事实上会降低利润,它有可能为一场经济危机或衰退创造了条件,**除非个人消费需求的下降被需求的其他组成部分的上升所抵消**。

让我们详细考察一下企业的**生产性**消费需求——换言之,即它们的投资需求。它包括企业用来建造建筑物(工厂、商场、办公室,如此等等)以及购买机器、其他设备和软件的支出。如果投资需求上升,并且这种上升大得足以抵消个人消费需求的下降,那么工资或工人收入份额的下降就不会导致**总**需求的下降。这样的话,它就不会导致一场经济危机或衰退。

然而,消费不足论者声称,投资需求的增长在长期中不可能比个人消费需求的增长快。为什么不会呢?哦,他们说,如果企业投资于新的工厂和机器等,并使用它们来生产更多的物品,那么他们就不得不卖掉这些物品。这显然是正确的。但接下来就出现了消费不足论者的直觉:**企业最终不得不把这些物品卖给公众**。

消费不足论者的确认识到投资品是生产出来的,并且一些投资品是

第八章　看似可选的消费不足理论

用来生产更多的投资品的。但是他们的直觉告诉他们，这个过程**最终**将带来更多的鞋子和 iPods，并且增加的投资品数量和用来生产更多的鞋子和 iPods 所需要的数量一样多。在长期中，那些不带来额外的鞋子和 iPods 的投资品不可能会增加。

为什么不会呢？为什么企业就不能最终相互销售而非得卖给公众呢？比如说，为什么不会出现这样的一个过程，采矿公司把铁卖给用铁来炼钢的公司；钢的生产者把钢卖给用钢来生产采矿设备的公司；采矿设备的生产者不是把这些采矿设备卖给 iPods 和鞋子生产者，而是卖给采矿公司，而它们再用这些设备采掘出更多的铁……如此这般一直下去呢？（当然，我并不是说一个不生产**任何**消费品的体系，我所说的只是这样一个体系，其中消费品的生产和对消费品的需求的上升远远慢于投资品的生产和需求。）

消费不足论者的回答是，"不管生产过程的历史形式如何，生产过程现在是而且必然继续是为人类的消费而生产产品的过程"（Sweezy 1970：172）①。**然而，无论是斯威齐还是其他消费不足论的作者，都不曾提供任何证据或论证来支持这一断言**。它只是消费不足论者以教条的形式所提出的，就好像它是一个已确立的事实一样的直觉。

下一节我将考察斯威齐和巴兰后来提出的一个看上去更为坚实的对消费不足理论的论证。现在，我只想说，尽管他们的论证明显受到了上述直觉的启发，但它与上述直觉有很大不同。这个直觉不得不涉及生产的目的——即**为人类的消费而生产产品**，而巴兰和斯威齐的论证则并非如此。这个直觉说的是为生产更多的投资品而生产投资品最终是不可能的，而巴兰和斯威齐所寻求的只是表明这样一个过程是不可能的。

无论如何，消费不足论者的直觉引出了关于经济低迷的一个理论。对消费品的需求为投资需求设定了一个严格的最终极限，因此总需求受到消费需求有限增长的抑制。但是技术进步导致**潜在**产出较快的增长。这一矛盾的结果是出现了总供给超出总需求这样一个根深蒂固的结构性

---

① 斯威齐：《资本主义发展论》，北京：商务印书馆1997年版，第192页。——译者注

趋势。这种状况在长期中当然是不可持续的。如果产出的增长的确暂时超出了消费需求所设定的极限，其结果就必然是"生产过剩的危机"。要么生产和就业必须下滑，要么价格必须下降，要么这两者以某种相互结合的方式出现。

其他一些理论只是简单地假定需求跟不上生产。消费不足论者则试图解释为什么它跟不上生产，这一点具有重要意义。然而，就像马克思最初在《资本论》第 2 卷的再生产图式中所证明的那样，资本主义生产的扩张最终必然受到有限的消费需求的抑制这一至关重要的主张恰恰是错误的。[10] 他并不怀疑这一趋势指向消费不足，但他表明这一趋势并不构成生产扩张的不可克服的障碍。（Dunayevskaya，2000：126）

总产出的一部分是消费品，另有一部分是投资品（生产资料），它们将被直接或间接地用于生产未来的消费品。消费需求**确实**给产出的这两个部分的扩张设定了一个极限。然而，再生产图式证明了，首先，这里还存在产出的最后一个部分，即将被用来生产追加生产资料的生产资料，而追加的生产资料随后又生产出了甚至更多的生产资料，以此类推，就像是在铁→钢→采矿设备→铁……这个例子中一样。在这个链条中**所有**铁、钢和采矿设备全都没有进入消费品的生产。**最后这一部分产出的增长并不受"人类消费"的限制，这是因为它的需求者并不是人类，而是资本主义公司。**

再生产图式还证明了，资本主义经济增长率的提高，如表 8.2 所示，通常需要最后这部分产出相对于总产出扩张。机器被用来生产机器和生产食品。假定每台机器只能使用一年。在第 1 年和第 2 年中，经济的总产出为 100 美元，并且每一个部门在生产中耗尽的机器价值和增加的新价值两者都等于产出价值的一半。但是用粗体字表示出来的最后那部分产出的价值，即部门 I 用来生产新机器的机器，在第 1 年只有 25 美元，而第 2 年为 30 美元。这给部门 I 创造了工人额外就业的机会，同时由于部门 I 现在有了更多的机器和工人，部门 I 的产出的价值也更大了。（部门 I 所使用的机器和雇佣的工人数量的增长，最初是由于部门 II 规模的缩减才成为可能的。）

表 8.2　最后那部分产出和经济增长

	部门	耗尽的生产资料的价值	增加的价值	产出的价值
第 1 年	I	$25	$25	价值 $50 的机器
	II	$25	$25	价值 $50 的食品
	总计	$50	$50	$100
第 2 年	I	$30	$30	价值 $60 的机器
	II	$20	$20	价值 $40 的食品
	总计	$50	$50	$100

现在，在第 1 年，经济无法增长。这年年末生产出的价值 50 美元的机器恰好足够重置两个部门在这一年中耗尽的价值 50 美元的机器；没有追加的机器，增长是不可能的。但是在第 2 年，价值 60 美元的机器在年末被生产出来，它与这一年耗尽的、需要重置的价值 50 美元的机器相比增加了 20%。因此，如果存在对追加机器的**投资需求**（并且如果多雇用了 20% 的工人），那么整个经济的产出的价值就将在下一年增加 20%。换言之，经济的增长率将从 0% 提高到 20%。生产机器的机器数量的增加使得增长率的提高成为可能，并且所形成的机器生产的相对增长是以食品生产为代价的。

一般而言，如果生产相同数量的新机器或相同数量的食品所需要的机器变得更少，那么增长率也会提高，但是资本主义用机器来代替工人的趋势使这一情况不大可能出现。因而，资本主义不是一个为消费而生产的制度，资本主义越来越成为一个为生产而生产的制度，生产机器是为了生产更多的机器。

消费不足论者并没有试图反驳再生产图式所表现出的可能性：尽管消费需求相对下降，但是通过对生产新机器的机器的需求的增长和机器生产的相对扩张，增长仍然能够无限地发生。消费不足论者只是出于对他们相信其为现实的教条的偏爱而忽视了再生产图式，这一教条即所有生产，即使是资本主义的生产，都是以消费为目的而进行的生产。[11] 这种诉诸于现实的做法所存在的问题是，由于图式并非真实资本主义世界的模型，因此，出于认为这些图式未能将部门 I 和部门 II 的现实增长路径模型化的理由而拒绝它们，这种作法是不正确的。这些图式是解释工具，它们连同其他东西一起，揭示了为生产而进行的生产能够无限地发生并达到越来越大的规模这一现象**在逻辑上是可能的**。任何试图通过诉诸现实而回避这一基本事实的做法，都代表着对逻辑的背离。

因为对生产追加机器的机器的需求并没有最终受到有限的食品需求的限制，所以它在总需求中的份额能够不断增长。因此，总需求能够增长得比食品需求快，即使是在长期中，这也允许总生产增长得比食品生产快。

这意味着，消费不足论不能够解释经济的低迷。设想经济总产出的价值是 100 美元，而消费需求只有 80 美元。如果投资需求足够强劲——至少 20 美元，那么尽管消费需求有限，仍然不会出现经济低迷。另一方面，如果投资需求过于疲软，例如 15 美元，那就会出现经济低迷。**但它的出现并不是因为**消费需求有限。在出现经济低迷时消费需求只有 80 美元，但是在没有出现经济低迷时消费需求同样也只有 80 美元。（在 1943 至 2007 年的 65 年间，美国的实际个人消费支出只在 1974 年和 1980 年下降了两次，而国内实际私人总投资支出却有 23 个年份出现下降。此外，1974 年和 1980 年消费支出下降的百分比，平均只有投资支出下降百分比的 7%。）因此，经济低迷的原因是那些导致投资需求为 15 美元而非 20 美元的现象。并且，既然投资需求的缺乏并不是由消费不足所引起的，那么经济低迷也不是消费不足所引起的。

普遍承认的是，现实驱动生产性投资支出的是盈利能力——过去的利润为投资支出提供了资金，对未来盈利能力的预期提供了进行投资的动机。因此，就像第五章所表明的那样，投资支出不景气的背后是利润率下降的趋势。

一般而言，消费不足论是同意这一点的。但是他们争辩说，市场需求的缺乏是压低利润率的原因，而这反过来导致了投资支出数量的不足。然而，就像刚刚所表明的那样，投资支出的**不足**是引起需求不足的原因，如果投资支出足够强劲，那就不会有需求的缺乏。盈利能力问题是引起投资支出不足的原因。一旦承认了所有这些，就会清楚消费不足论者把作为结果的需求缺乏误解为了原因,而把作为原因的过去盈利能力和预期未来盈利能力的不足误解为了结果。杜娜耶夫斯卡娅(Dunayevskaya)写道:

> 危机……并不是由"有效需求"的不足所引起的。相反,是危机引起了"有效需求"的不足。……"卖不掉"本身就证明了它自己同样是**因为作为其根本的利润率在此前的下降,而这无论如何都与卖不掉没有任何关系**。(1991:43,强调为原文所加)[12]

尽管消费不足论者摒弃了马克思的再生产图式的内涵,但他们中有许多人却认为他们的理论是根植于马克思的成果的。他们(例如 Sweezy,1970:177;Desai,2010:115)尤其喜欢对马克思的文本断章取义,"一切现实的危机的最后原因,总是群众的贫穷和他们的消费受到限制"。(1991a:615)① 让我们把这句话放回到它所在的那段话的上下文中去。

马克思强调,如果"整个社会只是由产业资本家和雇佣工人构成",总收入(=净产出)将被划分为前者的利润和后者的工资。如果我们假定工人在消费品和服务上花费了他们的全部收入,那么需求的缺乏,从而"危机好像只能由"两件事情"来说明"。首先,即使所有收入都花费在了商品和服务之上,但生产的某些部门仍然可能出现需求的不足(其他部门的需求过多)——"各个不同部门生产的不平衡"。其次,产业资本家的需求可能低于他们用来积累的利润;这种情况下就会出现"资本家自己的消费和他们的积累之间的不平衡"。[13] "然而实际情况是,[需求]在很大程度上依赖于非生产阶级的消费能力;而工人的

---

① [德]马克思:《资本论》第3卷,北京:人民出版社2004年版,第548页。——译者注

消费能力……受……的限制。"（马克思，1991a：614—615）① 换言之，工人只得到了一部分非利润的收入，而属于资本家和工人之外的"非生产阶级"的第三个群体获得了剩余的部分，如果他们的消费需求大幅低于他们的收入，那就将出现危机。

因此，在马克思谈到危机的两个原因的那一段中仅仅两句话之后，"一切现实的危机的最后原因，总是群众的贫穷和他们的消费受到限制"，其本意是这导致了如下的**可能性**，即获得了否则就将由工人获得的收入的第三个群体，**可能**没有把他们的收入全部花费在商品和服务之上。或者，如果我们撇开那些由第一类不平衡所导致的问题，就像撇开某些与"现实的危机"不同的东西一样，那么工人受限制的消费是最终原因，其本意是这创造了如下这种可能性，即产业资本家和第三个群体得到了某些他们**可能**不会把他们得到的部分收入花费在商品和服务之上。这些可能性进而"包含着危机的可能性，**但仅仅是可能性**。这种可能性要发展为现实，必须有整整一系列的关系"。（马克思，1990a：209，强调为本文所加）②

这些段落中没有任何一个地方暗示着这样一种思想，即危机是由资本主义持久的结构性问题所引起的，而这种结构性问题是由个人消费需求的持续不足所导致的。即使从长期看，它们甚至也没有暗含着投资需求能够增长地比消费需求快的否认。马克思当然并**不是**在"正面质疑任何一种这样的思想，即资本主义危机的'基本'原因存在于某个单独的生产领域"（Desai，2010：115），这是因为这些段落仅仅在讨论使危机**得以可能**的因素；它们并没有讨论将"这一可能性"转化为"现实"的基本条件。

---

① ［德］马克思：《资本论》第3卷，北京：人民出版社2004年版，第547—548页。克莱曼此处的英文原文是：But as things actually are, [demand] depends to a large extent on the consumption capacity of non-productive classes……《资本论》的中文原文是：然而实际情况是，投资在生产上的资本的补偿，在很大程度上依赖于非生产阶级的消费能力……——译者注

② ［德］马克思：《资本论》第1卷，北京：人民出版社2004年版，第135—136页。——译者注

20世纪最重要的消费不足论者评论说，提到"最终原因"的那句话——马克思并非为出版而准备的手稿中的一个颇为晦涩的段落中的一个脱离了上下文的单独的句子！——"看来是马克思赞成危机的消费不足论的最直截了当的说法"。（Sweezy，1970，177）① 如果那就是对马克思是一个消费不足论者的最好的证据——它的确是，那么我实在不想去看其他的证据。

巴兰和斯威齐的逻辑错误

巴兰和斯威齐的著名的《垄断资本》一书，初读时或许看上去主要是一个对二战后美国资本主义的描述。但这一描述的关键点是要回答这本书的核心理论问题：由于要避免停滞或另一场大萧条就要求"剩余"被"吸收"，而剩余的持续增长却使剩余的吸收变得越来越困难，因此垄断资本主义怎么才能够避免停滞或另一场大萧条呢？这个问题并非产生于事实。它产生于他们的消费不足理论。只有从那个理论的观点来看它才具有意义，如果那个理论具有无法挽回的缺陷，那么他们所描述的许多现象——军事开支、"浪费的"商业支出等等的增长，就不会具有像巴兰和斯威齐赋予它们那样的作用或意义。

因此，尽管他们对经济危机和衰退的消费不足理论的辩护只有一页稍多一点儿，但它却是整本书的关键所在。几乎所有其他内容的成立与否都同这一辩护能否成立联系在一起。由于《垄断资本》仍然对一部分学院左派和政治左派具有巨大的影响，并且由于书中对消费不足理论的简短辩护起着核心的作用，我将对它进行全面的讨论和批判。

他们重申了如下主张，即剩余相对于总收入具有增长的趋势，但资本家的个人消费需求只吸收了剩余的一个较小的份额，之后，巴兰和斯威齐问到，投资需求是否能够"吸收不断增加的剩余中的不断上升的份额"。他们是这样回答这个问题的：

---

① 斯威齐：《资本主义发展论》，北京：商务印书馆1997年版，第198页。——译者注

这种情况的逻辑如下：如果总收入加速增长，那么其中的一个越来越大的份额就不得不用于投资；反过来，如果一个越来越大的份额用于投资，那么总收入也就必然加速增长。然而从经济学的观点看，这一点所包含的意思是荒谬的。它意味着，必须把数量越来越大的生产物资生产出来，其唯一目的就是用来在未来生产出更加越来越大的生产物资。消费在产出中的比重将会越来越小，而资本存量的增长将与消费的现实或潜在扩张毫无关系。（Baran and Sweezy, 1966: 81）

就像我们将要看到的那样，第二句话是错误的。如果潜在产出对资本存量的比率保持固定，那么这段话中的其他句子都是正确的。那是埃弗塞·多马（Evsey Domar, 1957）的增长模型所做的假定，巴兰和斯威齐在这一段的脚注中引用了多马，所以可以推测他们也假定潜在产出/资本比率保持固定。因此我将也采取这一假定。由这一假定可以得到，资本存量与潜在产出以相同百分比的速度增长；如果它们以不同的速度增长，它们的比率就会随时间而改变。

爆炸式增长？

巴兰和斯威齐的下一句话是这样开头的："姑且不谈这种爆炸性增长过程迟早将超出任何可能的经济体的物质潜力这一事实……"

因此，为什么这一增长过程被认为具有"荒谬的"意思——即有一部分其比例不断增长的生产不是为了人类消费而进行的生产，其原因之一是这一过程据称是爆炸式的。在增长理论中，"爆炸式的"是一个技术性的用语；在这里它意指产出和资本存量的百分比增长率以一种**不受限制**的方式提高；换句话说，它们的增长率的提高是没有界限的。这就是为什么增长过程可能会最终超过任何经济的物质潜力。但是巴兰和斯威齐没有做出任何论证来证明所讨论的这一增长过程必然是爆炸式的。事实上，如下面的例子所显示的那样，它未必会是爆炸式的。

假定，（a）潜在产出/资本比保持不变；（b）现实产出最初等于潜在（最大）产出；（c）工人消费最初等于收入的75%；（d）剩下的部分是"剩余"，最初为收入的25%；（e）资本家的消费最初等于收入的

20%；(f) 最后5%的收入进行投资，用于购买追加的资本存量，从而全部剩余被"吸收"；(g) 潜在产出/资本比为0.15。(见表8.3)

表8.3 初始状态

占收入的百分比					
(1)	(2)	(3)	(4)	(5)	(6)
工人消费	剩余=100%-(1)	资本家个人消费	需要的投资=(2)-(3)	产出—资本比	资本和产出增长率(4)×(5)
75%	25%	20%	5%	0.15	0.75%

假定 (f) 和假定 (g) 具有几个含义。首先，由于投资最初等于潜在产出的5%，并且潜在产出/资本比为0.15，因此投资最初等于资本存量。其次，这暗示着资本存量最初每年增长0.75%，这是因为投资对资本存量的比率就是后者的百分比增长率（即资本存量的增加量对总资本存量的百分比）。最后，由于潜在产出以与资本存量相同的百分比速度增长，因此它最初也每年增长0.75%。

接下来会发生什么？巴兰和斯威齐认为，工人消费对收入的份额随时间而下降，因此剩余上升，但是，被资本家个人消费所吸收的那部分剩余也随时间而下降。那么，让我们设想一下，被工人消费的收入份额从75%依次下降到74%，到73.1%，再到72.29%，如此等等；它每年都下降前一年降幅的9/10。最终的结果是工人的份额将**永远**下降，但并非**没有界限**。它将越来越接近总收入的65%，但绝不会低于，甚至不会达到这一下限（见图8.4）。（同样，如果你这周储蓄400美元，下周200美元，再下一周100美元，如此等等，你的总储蓄将永远增加，但并非没有界限。你的总储蓄将总是低于800美元。）设想资本家的个人消费也以相同的方式逐步下降，从收入的20%下降到19.5%，再到19.05%，如此等等。它将接近一个15%的下限。这样，与巴兰和斯威齐先前的论断一致，剩余将从收入的25%上升到一个上限，为100%-65%=35%，[14]同时资本家个人消费所吸收的剩余份额随时间从20%/25%=80%，下降到15%/35%=42.9%的下限。

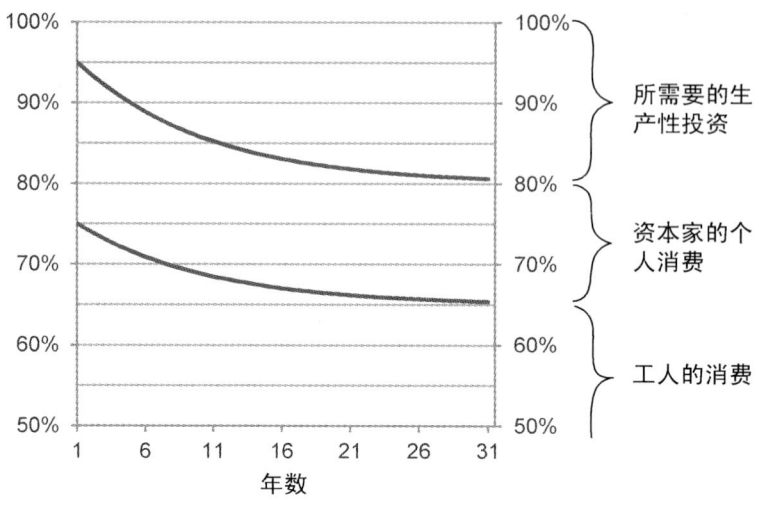

图8.4 收入的份额

因为工人和资本家的个人消费需求在收入中的份额在下降,所以现实产出将降低到潜在产出以下,除非投资支出从总收入的5%上升到总收入的100% − 65% − 15% = 20%这一上限。由于我们假定潜在产出/资本比保持在0.15不变,因此用于投资的收入逐步上升到资本存量的20% × 0.15 = 3%。给定我们其他的假定,这意味着经济增长率将逐步提高并接近一个3%的上限。

但是,这意味着增长率**绝不会超过**3%。换言之,这里并没有爆炸式的增长。一个3%的增长率并不是特别快。它还稍低于美国1929年以来实际GDP的平均增长率。因此,我们的例子证明了,与巴兰和斯威齐所断言的相反,(1)剩余在收入中的份额能够**永远**上升,同时(2)人们所消费的产出份额和资本家个人消费所吸收的剩余份额能够永远下降,但是(3)尽管如此,全部剩余仍然能够**永远**被吸收,只要(4)收入的一个不断增长的份额被用于投资,同时(5)**这个过程绝不会必然带来最终超出经济的物质潜力的爆炸式增长。**

就像我们马上将要看到的那样,上述证明也摧毁了代表经济危机的消费不足理论的《垄断资本》的主要论点。这一论点如下所示:

第八章　看似可选的消费不足理论

如果加速增长［即增长率不断提高］因其完全不切实际而被排除，那么剩下的不可避免的结论就是，大量的用于现实投资的剩余相对于收入的上升，必然意味着经济的生产能力比它的产出增长得更快。这种投资模式当然不是不可能的；事实上，在资本主义的历史中它常常被观察到。但不可能的是，它会无限期地持续下去。或迟或早，过剩的能力会增长到大得阻碍进一步投资的程度。一旦投资下降，收入和就业也将下降，因而剩余本身也会下降。换句话说，这种投资模式是自我限制的，并且会以一场经济下滑而告终——即一场衰退或萧条的开端。（Baran and Sweezy，1966：81）

这个因果链条中的所有环节都围绕着这样一个主张，即不断提高的增长率能够"因其完全不切实际而被排除"。就像上面的例子所显示的那样，这一主张是未经证明和不能保证的。因此，我们并不是只剩下如下这个不可避免的结论，即如果投资在收入中的份额存在一个持续的上升，那么资本存量（"生产能力"）和潜在产出就必然总是增长得比现实产出更快。在我们的例子中，潜在和现实产出之间根本不存在缺口，更不用说一个不断增长的缺口了。为了向读者保证这里并没有耍花招，表8.4 提供了这一经济演变的前十个时期的数字。读者可以核实，就收入份额的变化和不断上升的增长率而言，所有这些数字是否都符合我们的假定，以及它们是否违反了任何巴兰和斯威齐的假定。**然而现实和潜在产出总是相等的**（在这个例子中）。[15]

表8.4　前十个时期

| 年 | C_W | C_C | I | Y | 占 Y 的百分比 | | | $K=$ 上年的 $K+I$ | Q_{MAX} | $\dfrac{Q_{MAX}}{K}$ | $(Y, Q_{MAX}$ 和 K 的）增长率 |
					C_W	C_C	I				
1	450	120	30	600	75.0	20.0	5.0	4000	600	0.15	
2	447	118	39	605	74.0	19.5	6.5	4030	605	0.15	0.75%
3	446	116	48	610	73.1	19.1	7.8	4069	610	0.15	0.97%
4	446	115	56	618	72.3	18.6	9.1	4117	618	0.15	1.18%
5	448	114	64	626	71.6	18.3	10.2	4173	626	0.15	1.36%
6	451	114	71	636	70.9	18.0	11.1	4237	636	0.15	1.52%

(续表)

年	C_W	C_C	I	Y	占 Y 的百分比			$K =$ 上年的 $K+I$	Q_{MAX}	$\dfrac{Q_{MAX}}{K}$	(Y, Q_{MAX} 和 K 的)增长率
					C_W	C_C	I				
7	454	114	78	646	70.3	17.7	12.0	4308	646	0.15	1.67%
8	459	114	84	658	69.8	17.4	12.8	4385	658	0.15	1.80%
9	465	115	91	670	69.3	17.2	13.5	4470	670	0.15	1.92%
10	471	116	97	684	68.9	16.9	14.2	4560	684	0.15	2.03%

C_W = 工人的消费；C_C = 资本家的个人消费；I = 净生产性投资；Y = 实际产出 = 收入 = 总消费加投资支出；K = 资本存量；Q_{MAX} = 潜在产出。大部分数字四舍五入为整数。

因此，我们并不是只剩下过剩能力增长这个不可避免的结论。结果是，尽管巴兰和斯威齐有过断言，但收入中投资份额的上升并不必然导致投资、收入、就业和剩余的最终下降。换言之，这个论点并**不能**表明"这种投资模式是自我限制的，并且会以一场经济下滑而告终"。

真实的世界

让我们回到巴兰和斯威齐的下面这个论断，即"如果一个越来越大的份额用于投资，那么总收入也就必然加速增长。然而从经济学的观点看，这一点所包含的意思是荒谬的。"对这一论断的一个辩护是用爆炸式增长所进行的论证。他们唯一的其他辩护是

> 姑且不谈这种爆炸性增长过程迟早将超出任何可能的经济体的物质潜力这一事实，完全没有理由假定，在真实世界中，任何类似的现象曾经发生过或可能会发生。生产物资的制造者并不能给彼此的产出提供一个无限扩张的市场，他们也知道这一点。尤其是，想象垄断资本主义的小心谨慎和精心算计的巨型公司会计划并执行这种情况中所预先假定的那种滚雪球式的扩张方案，这纯粹是幻想。

最后的两句话，即提到"无限扩张的市场"和"滚雪球式的扩张"的

那两句话，无疑预先假定了所讨论的增长过程必然是爆炸式的，而它已被证明是错误的。对于第一句，有**非常**好的理由"假定"加速增长曾经发生过。表 8.5 提供了对全球实际 GDP 自 1600 年以来的增长率的估计，它是在已故的安格斯·麦迪森和世界银行公布的数据基础上计算的。[16] 这个表格提出了极强的证据，证明了实际 GDP 增长的加速是整个世界在近 4 个世纪以来的常规现象。到 1973 年为止，除了 1913 至 1950 年这个经历了大萧条和两次世界大战的时期以外，平均增长率一直持续上升。

表 8.5　1600 年以来全球实际 GDP 的增长

年份	年均百分比增长率（指数）								
	1600—1700	1700—1820	1820—1870	1870—1900	1900—1913	1913—1950	1950—1960	1960—1973	1973—2008
麦迪森（国际元）	0.11	0.52	0.94	1.92	2.51	1.81	4.58	4.93	3.31
世界银行（美国美元）								5.21	2.95

对于美国的例子，同样也有**非常**好的证据表明，自 1933 年这个大萧条低点年份开始的四分之三个世纪中，用于投资的收入份额在上升，而用于消费的份额在下降。由于支出法的产出和生产法的产出在会计上是相等的，图 8.5 中画出的实际 GDP、私人非住宅固定资产投资和个人消费的数字既是需求数据同时也是现实产出数据。[17] 它们在 2009 年全部因衰退而下降，但在 2008 年，投资需求是 1933 年的 72.7 倍，而 GDP 只有 18.5 倍，个人消费需求只有 15.4 倍。因此私人投资需求的增长速度几乎是 GDP 的 4 倍和个人消费需求的 5 倍。如果用另一种方法来表示这一点，那就是在收入的消费份额下降了 16% 的同时，收入的投资份额几乎增大到 4 倍。

大体上说，根据《垄断资本》和消费不足理论，"完全没有理由假定，在真实世界中，任何类似的现象曾经发生过或可能会发生"。但是它**的确**发生了，至少在美国持续了 75 年。而且在过去的四个世纪中它在全世界范围内几乎一直在发生着。除此之外，人们还能怎么解释近乎

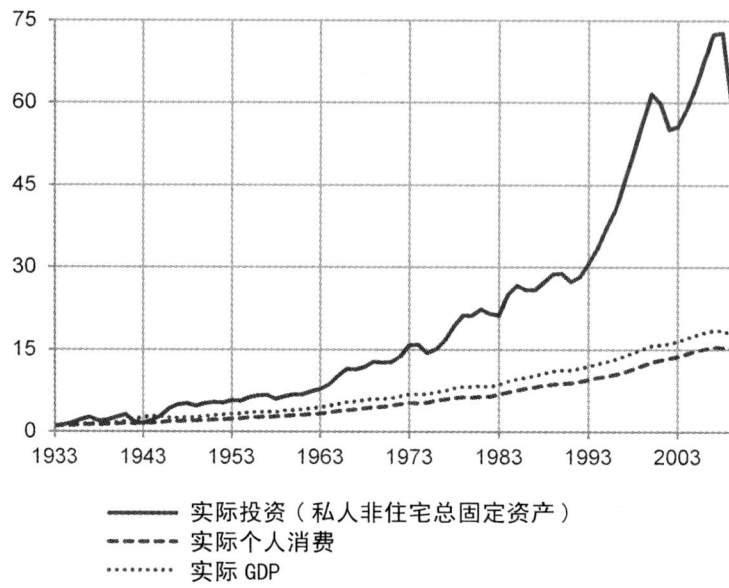

图 8.5　美国的投资、消费和 GDP 的增长，1933—2009

（表示为对 1933 年价值的倍数）

四个世纪的加速增长呢？如果现实和潜在产出相等，并且潜在产出/资本比固定，收入的投资份额的一个 $x\%$ 的上升会带来产出增长率的一个 $x\%$ 的上升。[18]在这些条件下，收入的投资份额的上升能够完全解释经济增长率的上升。当然，现实和潜在产出并不总是近似相等的，潜在产出/资本比也并不完全固定，其他许多因素也会造成影响。尽管如此，就像一份对有关经济增长决定因素的文献进行了综述的研究总结的那样，

……投资或许不是增长唯一的引擎［，但这］并不改变这一事实，即资本积累依然处于那个引擎的核心地位。一般而言，很难找到这样的国家，它们在没有资本形成的重要作用下就能够以高且持续的速度长时期增长——很久以前诸如罗斯托（Rostow，1960）或格申克龙（Gerschenkron，1962）这样的经济史学家就已注意到这一事实。（Schmid-Hebbel，主编，1994：20，强调为原文所加）

以同一研究报告的数据为基础的表 8.6 说明了这一事实。在 1965 至

1992 年间，投资占 GDP 的份额的差别解释了 91% 的 GDP 增长率的差别。

表 8.6　投资和增长，1965—1992 平均值

	东亚四小龙	OECD 国家	其他 LDC 国家	拉美和加勒比海地区	非洲
国内总投资（占 GDP 的百分比）	28.8	23.8	21.3	20.8	19.2
GDP 增长率	4.8	2.8	2.7	1.5	0.6

注：东亚四小龙为香港、新加坡、韩国和中国台湾。OECD 是经济合作与发展组织；那时，几乎所有其成员都是发达工业化国家。LDC 国家是欠发达国家（less-developed countries）

衡量的问题

我在前面表明，在 1933 至 2008 年期间，美国私人非住宅固定资产投资需求的增长速度几乎是 GDP 的 4 倍和个人消费需求的 5 倍。这一发现非常重要，因为它直截了当地推翻了消费不足论的这一主张，即："完全没有理由假定，在真实世界中，任何类似［收入的投资份额的一个长期上升］的现象曾经发生过或可能会发生"。因此有必要仔细讨论一下与这一发现有关的衡量问题。

BEA 没有发布能够互相有效比较的关于总投资需求和总消费需求的经通货膨胀调整的衡量。这就是为什么图 8.5 排除了实际投资和消费需求的某些组成部分的主要原因——它排除了建筑住宅的支出、政府支出以及进出口支出。同样，对于进出口无法得出任何结论，这是因为 BEA 有关它们的数据只开始于 1967 年，并且统计表没有把诸如食品和饮料、汽车和卡车等一些进出口支出分解为投资支出和消费支出。

因为没有关于经济总体的经通货膨胀调整的数据，我们不得不分别考察住宅建设和政府支出这两个组成部分。2008 年住宅建设上的实际支出（NIPA 表 1.1.3，第 12 行）是 1933 年的 26.7 倍。很难评估这个数字的重要性，因为住宅建设支出的地位是不明确的。一方面，BEA

把它归类为投资支出。另一方面人们购买住宅是为了消费住宅所提供的"住宅服务";这种购买实际上是消费支出。第三个方面,就像一个关于经济学家的答案的老笑话所说的那样,对新房子的需求常常部分或全部是对一种资产的需求,一种对把钱放在银行或购买证券的替代方案的需求,因此它既不是(生产性)投资支出也不是消费支出。

为了有助于解决这一问题,我们可以使用个人在住宅服务和公用事业上的消费支出(NIPA,表1.5.3,第16行)作为对住宅建设支出中个人消费部分的一个近似替代。用实际量来表示,2008年是1933年的17.4倍,这与个人总消费支出的增长系数,即15.4极为相似。因此可以肯定地说,住宅建设支出对于生产性投资和个人消费两者的相对增长没有很大影响。

2008年政府总实际投资支出(NIPA,表3.9.3,第3行)是1933年的21.5倍,而政府实际消费支出(NIPA,表3.9.3,第2行)只有14.4倍。后面这个数字与个人消费支出的增长系数非常相似。如果用个人非住宅投资支出(NIPA,表1.5.5,第28行)和政府投资支出(NIPA,表1.5.5,第53行加上第56行)的相对规模来加权两者的增长系数,我们就可以得到实际投资增长总量的一个粗略的估计。我估算出它自1933年至2008年增长了60倍多一点儿,大约是总消费支出的4倍。既然我们因缺乏数据而不得不排除进出口,同时因住宅建设不具有影响把它也排除在外,我还估算出美国总投资支出的增长速度是总消费支出的4倍。

我使用总投资而不是(减去折旧之后的)净投资的数字来衡量投资。这里,总投资支出是一个恰当的衡量,因为它与投资品的总生产是同一回事。(这来自于这样的事实,即生产出的任何东西要么是一件投资品,要么是一件消费品,要么是服务,以及消费支出事实上与消费品和服务的生产是同一回事这个事实。)换句话说,总投资与马克思在《资本论》第2卷的再生产图式中的第Ⅰ部类是同一回事,而消费支出则是第Ⅱ部类。

无论如何,1933年个人非住宅实际净投资(NIPA,表5.2.3,第12行)是负的,因此估算它自那一年以来的增长率是不可能的。在整个 1931 至 1944 年间，除了 1937、1940 和 1941 这三年以外它都是负数。在 1945 至 2008 年间，个人非住宅实际净投资的增长速度是个人实际消费支出的 7.0 倍，实际 GDP 的 9.9 倍。但是，因为净投资波动极大，它在某一特定年份到 2008 年期间的增长总量，受到所选择的起点年份的很大影响。如果我选择 1930、1937、1940 或 1941 年作为起点年份，那结果就会极为不同。实际净投资的增长速度将会是实际个人消费支出的 4.3 至 93.4 倍之间，实际 GDP 的 4.5 到 89.5 倍之间。

如果用名义量来表示，就是说，如果不对通货膨胀进行调整，那么在 1933 至 2008 年期间，个人非住宅总投资（NIPA，表 1.1.5，第 9 行）的增长速度是个人消费支出（同上，第 2 行）的 3.0 倍，GDP（同上，第 1 行）的 2.6 倍。在 1945 至 2008 年期间，个人非住宅净投资的增长速度是个人消费支出的 2.4 倍，GDP 的 3.1 倍。

总之，我们有极为有力的证据表明，在过去的四分之三个世纪中非住宅投资支出的增长显著快于消费支出和 GDP 的增长。我们所考虑的对它们的相对增长的所有类型的衡量都证明了情况的确是这样。

然而，为什么我选择 1933 年作为我分析的开始，或者选择尽可能接近它的年份呢？在那个大萧条低点的年份中，投资支出极低。难道我是有意选择最优数据从而夸大投资需求的增长吗？不是。为了检验消费不足论者的主张，这个起点是应当选择的正确起点。消费不足论者把大萧条看做是对均衡的回归，在这个点上，曾经暂时超出了个人消费增长的生产资料的增长，被强迫回到协调一致。就像巴兰和斯威齐在前面所引的一段话中表达的那样，"大量的用于现实投资的剩余相对收入的上升……是自我限制的，并且会以一场经济下滑而告终——即一场衰退或萧条的开端。"在《垄断资本》的其他地方，他们甚至更加清楚地表达了这一点："大萧条［……是］美国经济体系运行的**正常产物**［，］……**这个体系总是趋向于在现实中实现这个理论准则。**"（Baran and Sweezy，1966：235，强调为本文所加）

因为消费不足论者把 1933 年或那前后看做是一个均衡，他们可能会预计，存在于 1933 年前后的投资和消费支出之间的关系是一个长期可持续的关系。换句话说，他们可能会预计，此后投资相对于个人消费的任何增长都只是暂时的和自我否定的。事实上，消费不足论者，例如阿尔文·汉森（Alvin Hansen），**的确**曾预测二战后将会回到大萧条的状况中，并且巴兰和斯威齐在二十年后声称，"垄断资本主义没有外部刺激就处于停滞状态而无力自拔"。（同上，239）

消费不足论走向何方？

当然，消费不足论者很可能会援用"外部刺激"来试图搪塞如下证据，即美国投资支出在至少75年的时间里增长得远远快于消费支出。卢森堡（Luxemburg）在她一个世纪以前的消费不足论著作中（例如，Luxemburg，1964）援用了一个外部刺激——帝国主义，来解释资本主义经济究竟如何能够增长，并且《每月评论》学派长久以来一直利用外部刺激——创新、消费主义、美国霸权，还有军事开支、金融、营销以及其他形式的"浪费"，来搪塞美国自很早以前就没有达到一个绝对停滞点这一事实。各种宗教狂热同样善于发现特殊的合理化理由来搪塞他们关于末日和拯救的预言的失败。

《垄断资本》的支持者们或许会指出这样一个事实，即对于投资支出相对消费支出不可能**无限地**上升这一点它是正确的。但是75年是一段很漫长的时间。此外，即使在最近这场极为严重的衰退之后，我们仍然与1933年国内私人非住宅实际总投资与个人消费支出之间的均衡距离非常遥远。要重建那个均衡，即使在消费支出没有任何下降的条件下，也需要投资支出从其2008年顶点水平下降79%。[19] 2009年发生的投资大规模下降也仅仅使投资下降了17%。在这个证据表明消费不足理论是错误的这一点被承认之前，我们还要等多久？**无限期**地等下去吗？

然而，即使要让《垄断资本》中提出的理论符合现实并不需要特殊的合理化理由和无限期的等待，它还是因另一个更为根本的原因而存在致命的缺陷。那个原因就是前面所强调的这样一个原因：收入的投资份额的永久上升和增长率的永久上升是"完全不切实际的"这一结论根植于一个低级的逻辑错误，即如果某个东西永久增长，那它的增长必然同时是没有界限的。原则上讲，经济增长率和收入的投资份额能够永久上升，同时却停留在现实的界限之内。

第九章　还有哪些问题未解决？

国家资本主义的新表现

2008年3月，美国政府"救助"了华尔街第五大投资公司贝尔斯登（Bear Stearns）。那一年6月，它再次"救助"了房利美（Fannie Mae）和房地美（Freddie Mac）这两个巨额房地产抵押贷款的放款者和抵押贷款支持的提供者，并且在2个月后将这两家公司正式国有化。当9月中旬恐慌冲击一开始，其他国有化进程就随之而来。通过购买其绝大部分股份，政府实际上已把AIG这个保险公司巨头国有化。此后不久，超过700家银行以及通用汽车（General Motors）和克莱斯勒（Chrysler）公司，因政府通过TARP为它们提供资本而成为由政府部分拥有的公司。

在整个政治光谱（political spectrum）中，一些评论者认为这些行动试图让富人更富，而一些左派则认为，由于它们标志着对自由市场和新自由主义的意识形态上的转变，因此它们具有某种进步的意义。我认为这两种观念都存在严重的误解。

这些干预，还有政府普遍实行的积极的财政货币政策，是国家资本主义的一个新的表现。它不是苏联那种以中央"计划"和国有财产统治为特征的国家资本主义。它是这样一种意义上的国家资本主义，杜娜耶夫斯卡娅（2000，第258页以下）用它指称一个新的全球资本主义阶段,即一种自1930年代伴随新政和类似政策体制而兴起的以持续的国家干预为特征的阶段。新政的目的,就像最近的政府干预的目的一样,是要挽救资本主义制度本身。

因为许多自由主义的和左派的评论者选择从分配的角度来讨论干预——政府解救了哪些人,是富有的投资者和放贷者,还是被解雇的工人和面临丧失抵押品赎回权的普通房屋业主?——让我强调一下,我使用"挽救资本主义制度"意指的是其字面上的含义。这些干预的目的不是要使富者更富,甚至也不是要保护他们的财富,而是要挽救**这样一种**制度。

政府官员并没有隐藏这就是他们的目的这一事实。在面对金融危机调查委员会时的证词中,美联储主席本·伯南克(2010)声称:

> 在危机中,政府为大而不倒的公司提供支持,不是出于对他们的偏袒或对公司的管理者、所有者或债权人的特殊关注,而是因为政府认识到听任经济在更广的范围中出现混乱的倒闭风潮,其后果在某种程度上要远比为避免失败而付出的代价更加严重。

想想对贝尔斯登的"救助"。美联储试图把它以每股2美元的大甩卖价格廉价卖给摩根大通(JP Morgan Chase),这个价格只是它在公开市场中的资产价值的一个极小部分,并且是最终售出价格的五分之一。贝尔斯登的确出现了严重的麻烦,但也有其他解决其麻烦的办法。如果它能够在美联储的"贴现窗口"获得贷款,贝尔斯登或许就能够度过它因现金缺乏而面临的最紧迫的危机,从而捱到6个月后的TARP救助。但是美联储一直等到贝尔斯登被出售给摩根大通**之后的第二天**,才宣布它现在将对华尔街的公司开放贴现窗口。另外,如果贝尔斯登被允许申请破产,那么它就有可能继续运营,其所有者的股份也就有可能不会仅按照其市值的一部分来出售了。相反,美联储迫使贝尔斯登廉价出售。

因此,把对贝尔斯登的接管称做"救助"是极具误导性的。美联储当然不是要救助贝尔斯登公司的所有者。它也并非企图使摩根大通的所有者变得更加富有;摩根大通被选择成为贝尔斯登资产的新所有者,是因为它是唯一一个大得足以买下这些资产的金融公司。美联储以这种方式采取行动，是为了向金融世界发出一个明确的信号，即美国政府将竭尽全力阻止任何"大而不倒"的机构破产，因为这样一种破产可能会带来多米诺效应，引发基金的大规模恐慌性赎回，足以使整个金融制度崩溃。

再想想政府对房利美和房地美的"救助"。这一救助的起因是它们的股票价格急剧下跌。但是，政府并非出于支撑其股票价格的目的而实施援救。在宣布了救助计划之后，它们的股票价格仍在继续下降，这完全是因为政府的动机并**不是**要救助公司的股东。事实上，股东们并没有从政府那儿拿到钱。只有那些借钱给他们的机构和投资者得到了救助，并且政府经过深思熟虑，决定不救助那些高风险次级债务的持有人。与贝尔斯登的例子一样，这个干预的重点是通过这样一种方式来恢复金融制度的信心，即向贷出人保证，即使其他所有人都不能偿还欠他们的钱，美国政府也将会向他们偿还这些钱。

国家资本主义的这种新表现本质上具有非意识形态的特点。乔治·W. 布什（George W. Bush）的财政部长，亨利·保尔森（Henry Paulson），无疑不是政府管制或国有化的拥护者。但当恐慌紧随雷曼兄弟的破产而来时，他却匆忙抛出了 TARP 的援助方案。在那个"这个笨蛋会搞砸"（George W. Bush，转引自 Herszenhorn，Hulser 和 Stolberg，2008）的时刻，意识形态的顾虑完全被抛到一边。同样被抛到一边的还有这样的担忧，即政府对"大而不倒"公司的救助会导致道德风险和过度风险承担。具有压倒一切的优先地位的是服务于资本主义的利益——资本主义本身的利益，它与资本家的利益是不同的。正如马克思所说，"资本家只是作为人格化的资本……执行职能……资本家对工人的统治，就是物对人的统治……产品对生产者的统治。"（1990b：989—990）① 目的是资本持续的自我扩张，即让产生价值的价值产生价值，为了价值的积累——而不是为了富人的消费——而积累价值。

---

① 《马克思恩格斯全集》第49卷，北京：人民出版社1982年版，第48页。——译者注

这场远离自由市场和新自由主义资本主义，回到更多的政府控制甚至政府所有的运动，是一个实用主义的问题而不是一个意识形态问题。它并不存在什么内在的革新。事实上更大的政府干预最近一直伴随着——或者更准确地说越来越多地采取了——紧缩性的措施。就美国而言，政府只是一直在做它必须要做的事，而无论它必须要做的事情是什么，都是为了阻止资本主义制度的崩溃。当它为了平息金融市场中的恐慌和阻止衰退演变为一场萧条而需要大规模借款时，它就大规模借款。但作为其结果的国债激增——自雷曼兄弟破产以后的三年中，国债增长超过50%，本身已成为这个制度的稳定性的一个潜在威胁，因此，现在对经济政策的讨论已集中于使赤字支出得到控制的紧缩性措施。

几十年来，美国政府一直在这样的一个信条下运作，即大型商业银行对资本主义制度如此至关重要，以至于它们太大而不能倒闭。在最近这场危机中，这一信条第一次被延伸到诸如贝尔斯登和AIG这些商业银行以外的机构。"大而不倒"信条的这种延伸反映了最近这场危机对整个金融体系构成威胁这一事实，也反映了投资银行、经纪商和保险公司日益具有"系统重要性"这一事实。¹ 雷曼兄弟被允许破产，但这已被证明是一个错误，一个政府无疑不愿重复的错误。如圣路易斯联邦储备银行主席詹姆斯·布拉德（James Bullard, 2010）所说，"金融危机表明，全球性大型金融机构确实是'大而不倒'。……我们可以允许大型金融公司突然倒闭，但全球性恐慌就会随之而来。"

因此，最近这场危机以及政策制定者对它的应对，已大大加剧了大而不倒的问题。在这场危机之前，政府是否会"在异常或紧急情况下"使用纳税人的钱来支持任何或所有具有系统重要性的金融机构这一点并不完全清楚。然而现在，这一点**已经**完全清楚。其结果是，道德风险显著增加。那些把资金借给这种机构的放贷者，或许同样还有它们的股东，现在甚至有更大的激励去从事高风险行为，因为他们知道得到了这样一种保证，即纳税人将承担他们过度冒险的后果。

极为值得怀疑的是，资本主义下是否有什么方法能够阻止金融机构变得大而不倒，或者永久缩减那些已经太大的金融机构。因为资本主义是一个价值生产体系，削减成本是至关重要的，而这不可避免地导致马克思所说的"资本集中"（1990a：777）。大公司，它们能够用比小公司低得多的成本进行生产，击败了小公司，把它们赶出交易或接管它们。这种变动在金融业尤其明显，这是因为一家银行并不需要100倍的劳动或100倍的计算机就能够放出1亿美元而不是100万美元的贷款。在美国，"大而不倒"公司的规模和/或数量很可能大大增加，因为美国银行业并不像欧洲那样集中化。²

因此，道德风险、过度风险承担和政府救助同样也很可能大大增加。因此，资本的集中使得资本主义更不稳定，而不是更加稳定。这与正统马克思主义者在一个世纪以前所预期的完全相反。³

对最近这次国家资本主义干预的最恰当的描述或许是，它是马克思所说的"资本主义生产方式在资本主义生产方式本身范围内的扬弃"（1991a：569）①的最后一个阶段。除了财产这种权利以外，这种制度中再没有任何东西是私有的。"大而不倒"信条延伸到任何和所有具有系统重要性的机构，使得这一状况惊人的清晰。并且如我在这里所强调的一样，政府甚至不再为了私人利益而进行干预。它是为了这种制度本身的利益而进行干预。这种经济制度对任何形式的人类利益的总体异化是一个清楚的迹象，表明它必然要灭亡，从而给更高级的社会秩序让路。

解决方案是进一步国家化吗？

几十年来，一直到最近，我们听到过很多关于自由资本主义比那种国家所有、控制、干预和/或管制在其中扮演重要作用的资本主义形式更加成功的说法。现在，我们正在听到把各种国家主义形式的资本主义当做新的解决方案的说法。这种变化的关键是，那些没有完全打破资本

---

① ［德］马克思：《资本论》第3卷，北京：人民出版社2004年版，第497页。——译者注

主义意识形态的人们不得不总是设法"把责任推给资本主义本身以外的某种东西"。（Harman，2009：292）他们只有两个可供选择的选项——自由市场或是国家干预，他们只能从一种观点转变为另一种观点。大萧条似乎是自由市场的危机，因此，他们接受了各种形式的国家主义。1970年代的全球危机似乎是干预主义国家的危机，因此，他们重新转向自由市场。随后，当苏联及其附庸国的崩溃似乎表现为"非"资本主义的崩溃而不是资本主义的某种形式的崩溃时，他们在自由市场这条道路上走得更远。而现在，他们重新转变为各种形式的国家主义。

管　制

对金融业进行更加严格的管制怎么样？它能够阻止下一场危机吗？为了有助于回答这一问题，回顾一下1980年代美国在储蓄和贷款都处于严格管制之下爆发的储蓄信贷机构危机（S&L crisis）是有益的。事实上，**储蓄信贷机构危机恰恰是由管制所导致的**。

一项联邦法律规定了储蓄信贷机构（S&Ls）向储户支付的利率上限。大约有三分之二的州还制定了反高利贷法，这些法律限制了它们对其放出的抵押贷款所收取的利息（住房抵押贷款是它们的主要业务）。S&Ls在当时被称做是"3-6-3行业"：通过对存款支付3%的利息来吸纳资金，再以6%的利率把它们放贷出去，并且下午3点去打高尔夫。这是一项非常无聊的生意，但却被认为是非常安全和稳定的生意。

然而，在1986年存在的全部S&Ls中，大约一半在那一年到1995年期间要么破产，要么被其他机构接管。（Curry和Shibut，2000：26）那些破产或被接管的S&Ls的储户不得不接受政府救助——他们的存款获得了联邦政府的保障，在1986—1995年间，这一救助花费了纳税人1530亿美元——其中还不包括政府为支付这一救助所发行的债券的利息（Curry和Shibut，2000：31，33）。相反，美国财政部最近估计，TARP对纳税人带来的负担不超过这一数字的三分之一（金融稳定办公室，2010：1），如果把通货膨胀考虑在内，大约是五分之一。[5]

尽管各种管制措施能够控制 S&Ls 支付和收取的利率，但它们并不能控制 1970 年代后期和 1980 年代早期在布雷顿森林体系崩溃和 OPEC 提高石油价格之后所发生的不断上升的通货膨胀。（以消费价格指数 [CPI-U] 来衡量的）通货膨胀率在 1974 至 1978 年间平均为 8.0%，在 1979 至 1981 年间是 11.7%。

一旦通货膨胀上升，S&Ls 从它们的抵押贷款中所收取的利率就往往会低于通货膨胀率，因此，若以（经通货膨胀调整的）"实际"量来衡量，它们正在遭受损失。此外，联邦政府允许它们向储户提供的微薄利率更加低于通货膨胀率。储户们在把他们的钱存入 S&Ls 时会遭受巨额损失。这种状况刺激产生了一个不受管制的替代方法，货币市场共同基金，它所支付的利率足以弥补通货膨胀。储户非常高兴有这个替代方法。他们放弃了受到管制的 S&Ls，把他们的钱投入到货币市场共同基金中去。这样，管制和通货膨胀就创造了这样一种状况，即资金流入不足而流出过多的状况

为了防止 S&Ls 崩溃，国会于 1980 年通过一项法律，废除了各州的反高利贷法。这项法律允许 S&Ls 对**新增**贷款收取超过通货膨胀率的利息，但它并没有解决根本性问题：S&Ls 几乎所有的收入都来自于那些**已经存在**的贷款——它们在 1950 年代、1960 年代和 1970 年代以低利率所发放的 30 年期抵押贷款。这些贷款的利息以实际量来衡量仍然是负数。1980 年的这一法律还允许 S&Ls 在持有较少资本的情况下发放更多的贷款，参与某些投机性的不动产和商业贷款。这些贷款比住房抵押贷款更加有利可图，但也具有更大的风险。

随着危机继续恶化，国会采取了更多的措施以防止 S&Ls 崩溃。1982 年，它通过一项法律，提高了 S&Ls 向储户支付的利率上限。这一新的法律还允许它们参与更具投机性的贷款，同时对它们的资本金要求也更加宽松。但是这一措施的作用太小，同时也来得太迟。1980 和 1982 年这两项允许 S&Ls 通过从事高风险的不动产和商业贷款来弥补其损失的法律条款，只是让事情变得更加糟糕，因为这些高风险贷款中有许多根本就无法偿还。最终结果是不得不实施了美国历史上规模最大的

救助。

尽管采取了取消储蓄信贷行业管制这种最后一搏的措施，但对修复已经存在的严重问题来说，它只是一次失败的尝试。最初引起这个问题的原因是对利率的管制和凯恩斯主义政策无法阻止的不断上升的通货膨胀。而这次救助花费了纳税人这么多钱的原因是政府担保了储户的资金。

当然，有人可能会争辩说，管制仍然是有效的，因为储蓄信贷机构危机被局限在了一个国家的一个行业之中，而最近这场金融危机是一场全球性的和普遍性的危机。但是，为什么储蓄信贷机构危机影响如此有限，其原因是管制的范围是有限的。设想一下假如美国所有的利率都受到管制，一旦通货膨胀加速，钱就不仅仅是从 S&Ls 中流出了，它将在总体上从美国流出。那就将出现一场全国性的大规模金融危机，一场在美国发生却很可能引发其他地区危机的大规模危机。

在管制能够阻止金融危机这种观念中，还存在其他一些关键的问题。其中一个是，新的管制总是"在打最后一仗"。国际购物中心协会（International Council of Shopping Centers）副会长、首席经济学家迈克尔·涅米拉（Michael Niemira）说到，即使美国参议院通过了多德—弗兰克金融改革法案（Dodd-Frank financial reform bill），"下一场金融危机的根源不可能与上一场的根源完全相同——它从来都不会完全一样。"（Izzo，2010）

另一个关键问题完全是由《纽约客》（Vey，2009）上刊登的一幅漫画总结出来的，这幅漫画上画的是一间办公室中有两位会计。其中一位会计转向另一位说："这些新的管制从根本上改变了我们对付他们的方法。"

有关管制的这种悲观看法并不少见。多德—弗兰克法案要求银行持有更多的资本，该法案的规定将会提高银行的成本、降低它们的利润。然而，当参议院和众议院敲定了这一法案的最终条款时，银行的股票价格猛增了 2.7%。《纽约时报》的格蕾琴·摩根森（Gretchen Morgenson，2010b）评论说，这种反应要么"有点儿难以理解"，要么就是"投资者可能已经在期待银行会做出它们最擅长做的那些事儿：找到避开新的规则和限制的方法"。

即使像约瑟夫·斯蒂格利茨（Joseph Stiglitz）那样赞同管制是一种解决方案这一观点的最坚定的支持者，也承认金融机构总是会找到办法规避那些管制。在2008年恐慌时期，他发表了一篇文章，其中提出了一套包括六项内容的改革方案，这套改革方案后来被他所带领的联合国货币和金融改革委员会（即众所周知的斯蒂格利茨委员会）纳入其推荐方案。尽管这篇文章的标题是"如何防止下一场华尔街危机"，但它在最后一段中承认，"这些改革并不能保证我们不会出现另一场危机。金融市场上从业者的足智多谋令人印象深刻。无论实施了什么样的管制措施，他们最终都会找到方法避开这些管制。"（Stiglitz, 2008）

既然如此，为什么文章前面还要提出这种管制呢？斯蒂格利茨向我们保证，"这些改革**将**使另一场这种类型的危机变得不太可能出现，并且万一它真的出现了，也可以使它不像在不实行这些改革时那么严重。"（同上，强调为原文所加）然而，如果真的如他所说，金融市场"实施了什么样的管制措施，都会找到方法避开这些管制"，那么一旦他们找到了方法，这些管制就无力再约束他们，到那时下一场金融危机就会变得和没有管制措施一样易于发生。从最好的方面说，新的管制措施也只是能够**延迟**下一场危机，而市场仍然能够找到避开这些管制的方法。但是，延迟下一场危机意味着，在此期间的过度借贷将使经济出现更多人为的和不可持续性的扩张，从而一旦债务泡沫最终破裂，经济紧缩将变得更加严重，而不是有所缓和。[6]

多德—弗兰克法案包含许多与大而不倒的机构有关的条款，但它既不能解散这些机构，也不能阻止政府"救助"这些机构，并且许多评论家认为，即使未来真的发生了任何能够减少大规模"救助"的事情，这项法案在其中也几乎没有什么作用（例如，见 Morgenson, 2010b; Ramirez, 2010; 以及 Wallinson, 2010）。事实上，就像摩根森（2010a）指出的那样，多德—弗兰克法案实际上是以纳税人的钱为支持，创造了一个"在异常或紧急情况下"大而不倒的新机构：衍生交易的清算公司。她引用了休斯敦大学（University of Houston）金融学教授克雷格·皮龙（Craig Pirrong）所说的话，"清算公司与金融体系及整个银行体系是密切联系在一起的……它们巨大，相互关联，并且当市场出现巨大冲击时它们可能会倒闭。"

国家控制和国有化

近来，一些左派经济学家们呼吁实施国家控制或国有化，而不是仅仅实施管制。理查德·沃尔夫（Richard Wolff）支持国家控制。他建议应该由"国家机构［来］协调企业相互依存的生产决策"，美国政府应当要求金融机构"转变成那种雇主和雇员为同一些人的企业"。（Wolff，2008b）他主张，"那些为他们自己的董事会服务的工人将会做出与传统的由股东选举出的董事会不同的决策"，并且"广义的工人福利（一个包容性标准）将代替单个企业的利润（一个狭义的排他性标准）成为企业决策的普遍目标"。（Wolff，2010）

弗雷德·莫斯利（2009）和约翰·威克斯（2011：150—151）偏爱国有化。莫斯利注意到决策者现在要么必须救助大而不倒的公司，要么只能让危机恶化，他认为，"避免这种两难困境的唯一方法……就是让政府自己成为经济中主要的信用提供者……金融应当被国有化，应当由政府来运作。"与沃尔夫一样，他主张只要主管金融机构的人不同，他们所追求的目标就会，或者至少可以有所不同：

> 对房利美和房地美已经实行的准国有化，应当转变为永久性的国有化，这些由政府经办的抵押贷款机构应当被用来实现使所有人都有能够负担得起的体面的住宅这一公共政策目标，而不是被用来实现利润最大化。其次，大型银行……应当被国有化，并且为实现类似的公共政策目标而运营。

> 银行的国有化并不是社会主义，但它可能是通往社会主义之路上的重要的一步。用政府银行来追求重要的公共政策目标而不是利润最大化，将会成为经济中其他部门的一个榜样。

但是社会主义无法在一个国家中建成。当你试图在一个国家建立社会主义时，其结果就是国家资本主义，即仍处于全球资本主义包围的一个国家经营的体系，这一体系仍然受困于同世界其他地区的资本竞争之中。一个国营的银行仍然是一个银行。它仍然必须首先获得资金然后才能提供贷款，为此它也必须向那些供给它资金的人们提供满意的回报。（这对由工人运营的银行也同样成立）但是，这意味着它的投资决策**不能够**以提高工人福利和实现公共政策目标为基础。如果工人福利的提高或公共政策目标的实现会显著降低它同那些与它竞争的银行相比的盈利能力——很难想象在哪种环境下不会出现这样的情况，那么，如果有哪家银行敢于追求这些目标，它就会发现投资人和资金提供者将不再向它提供资金，它就无法在竞争中获胜，甚至无法维持其偿付能力。为了生存，国营银行（或工人运营的银行）必须追求利润最大化的目标，就像其他所有银行一样。

此外，就像埃戈维尔（Egoavil, 2009）所强调的那样，金融就其本性而言是投机性的。出借人本质上是下了一个赌注，赌未来的价值流将足以使他们得到超过他们借出额的回报。这意味着，债务泡沫以及这些泡沫的破裂是内在于金融并且不可避免的——无论金融过程是由国家控制还是由私人拥有的，这一点都同样成立。埃戈维尔还表明，莫比利埃信托公司（Crédit Mobilièr）事件，与近期房利美和房地美的事件，都表明"政府支持的银行并没有什么特殊之处，能够让它比私有企业更少地从事投机性行为"。

因此，国家控制资本这个概念，就像是巨大的小虾米一样，是一个自相矛盾的概念（oxymoron）。只要资本存在，实际控制经济的就是资本主义经济规律。个人资本家，包括单个的国家资本和工人运营的企业，都必须服从这些规律。就像马克思在《政治经济学批判大纲》中所指出的那样："竞争使资本的内在规律得到贯彻，使这些规律对于个别资本成为强制规律"① （1973：752）。这就是为什么尽管马克思赞扬工人合作工厂是新社会的先兆，但他还是警告说，只要合作工厂存在于资本主义内部，它们"到处都再生产出并且必然会再生产出现存制度的一切缺点。……资本和劳动之间的对立在这种工厂内已经被扬弃……只是在下述形式上被扬弃，即工人作为联合体是他们自己的资本家"。②（马克思，1991a：571）换句话说，工人最终剥削了他们自己。

总之，"资本家只是作为**人格化的资本**……执行职能"③ （马克思，1990b：989），任何人或者任何东西，只要它在这个位置上执行着职能，它就是资本家。把不同的人放在"控制"的地位上，并不会取消资本的内在规律；但是，资本的内在规律必然会被取消的。

"我们不应幻想能够防止所有危机"

伯南克（2010）在对金融危机调查委员会的证词的结语部分说道，"然而，我们不应幻想能够防止所有危机。"一方面，这一表述成了使美联储作为经济安全网的最终手段拥有更大的权力而进行的斗争的一部分。另一方面，伯南克也无意中说出了秘密。

然而，伯南克对**为什么**不能防止所有危机的解释却是混乱不堪的。他的表述看上去像是说，金融危机是任何"不断增长的、充满活力的经济"的一个无法避免的副产品，无论如何，"一个不断增长的、充满活力的经济需要一个金融系统，在将信用配置于家庭和企业时能够使可用的储蓄得到有效利用。信用的提供不可避免地要涉及风险承担。"这一表述中正确的部分是，任何不断增长的、充满活力的经济都需要让额外的资源（"储蓄"）得到有效的利用，而不是被消费掉或被贮藏起来。

---

① 《马克思恩格斯全集》第46卷（下），北京：人民出版社1980年版，第271页。——译者注

② ［德］马克思：《资本论》第3卷，北京：人民出版社2004年版，第499页。——译者注

③ 《马克思恩格斯全集》第49卷，北京：人民出版社1982年版，第48页。——译者注

但是，一个不断增长的、充满活力的**社会主义**经济根本就不会需要一个金融系统。[7]

首先，金融市场中的大量活动——例如货币投机，衍生品交易，以及对包括已发行债券、其他信用工具和股份的交易，都只不过是赌博而已。金融市场活动的另一大组成部分——例如股票的原始发行——由财产权买卖所构成。这些活动全都不是在家庭或企业中配置信用的。

其次，当伯南克说"信用"的提供不可避免地要涉及风险承担时，他意指的是，当出借人提供临时资金，他们就冒着不能从借款人那里按时取回资金和商定的利息这种风险。这并不是一个不断增长的、充满活力的经济的必然特征。**这种风险之所以存在，只是因为出借人和借款人是相互分立并且相互对立的实体；在一个共同所有的社会中将不会存在这种状况**。事实上，信用这个概念在这样一种社会中将会是没有意义的。就像一个个人或家庭不可能从他自己那儿获得信用，对他自己进行偿还，或者拖欠他应该偿还给自己的责任一样——他所要决定的仅仅是要使用其资源还是要继续持有它们，一个共同所有的社会也不会发生这种现象。一旦理解了这些，伯南克所说的无法防止所有危机这句话的重要意义就在于，它默认了危机是资本主义所特有的和不可避免的现象，这是因为资本主义是一种人与人之间的利益相互对立的社会。

"自下而上的"经济学及其政治含义

我在第八章所讨论的那种消费不足理论认为，资本主义危机和衰退的最终原因是劳动人民获得的报酬太少。反过来说，这意味着危机和衰退原则上可以通过给劳动人民分一块更大的蛋糕来避免。当然，如果他们得到了更大块的蛋糕，富人们得到的就会更小。但是，劳动人民几乎把他们的全部收入都用于产品和服务的消费，甚至其消费还超过收入，而富人们则把他们的许多收入用于购买证券和不动产。因此，如果劳动人民得到了更大块的蛋糕，那么用于消费品和服务的总支出将会增加，消费不足理论表明这种分配原则上能够使经济从其最近这场衰退中挣脱出来，并且能够避开此后的危机。

因此，消费不足理论是"自下而上的（trickle-up）"经济学。它表明，对工人阶级有利就对资本主义美国有利。与此相反，几乎所有革命的社会主义者们都认为，归根结底，劳动人民的利益和这种制度的利益在根本上是对立的，尤其是当情况变得艰难，就像在经济危机的年代那样。[8]这就是为什么他们坚持认为社会**需要**革命性变革的主要原因。

但是，如果资本主义能够正确地对待劳动人民，尤其是如果它的利益与他们的利益像消费不足理论所暗示的那样紧密联系在一起，那么至少就经济理由来说我们就不需要社会主义了。社会主义可能是你想要的东西，但你并不会总是能得到你想要的东西。社会变革的任务是如此艰巨，能不能实现这一任务又是如此可疑，所以最好还是忘了你想要什么，而把目光集中在此时此地需要做什么。一个人或许应当倡导和争取自下而上的政策以帮助改善现有制度，尤其是在一场损失如此巨大的严重经济衰退之后更应如此。

我并不认为一个人同时既是一名主张革命的社会主义者又是一名消费不足论者是不可能的。卢森堡就是一个很好的例子。同时主张这两种观点并且又不陷入彻底的自相矛盾，这是有可能的。然而，除了这种自相矛盾以外，在理论和政治立场之间也可能存在着不一致，例如杜娜耶夫斯卡娅所说的"深不可测的峡谷"（abysmal gap）就是这样一种情况。杜娜耶夫斯卡娅在对卢森堡关于资本主义积累的消费不足理论的评论中写道：

> 作为革命者的卢森堡察觉到在她的理论和她的革命活动之间存在着"深不可测的峡谷"（abysmal gap），因而作为理论家的卢森堡就要解决这个问题。"早在"资本主义因非资本主义世界被耗竭而崩溃之前，卢森堡写道，资本主义的矛盾，包括其内部矛盾和外部矛盾，就会发展到这样一个时刻，即无产阶级将会推翻它的时刻。
>
> 但是，它不是一个"早在之前"的问题。没有革命者会怀疑，**唯一的最终解决方案**……将来自于现实的阶级斗争……**理论上的**问题是：这一解决方案究竟是内在地来自于你的理论，还是仅仅来自于"革命意志"。（1991：45，

198

强调为原文所加）

没错。一个消费不足理论的支持者或许恰巧也具有支持革命的观点，但这未必是因为革命的观点内在地来自于他或她的理论。

某些消费不足论者不同意这一点。例如，20世纪消费不足理论的领导者保罗·斯威齐在他1942年的《资本主义发展论》一书中主张，经济危机的消费不足理论内在地具有革命意义：

> 如果资本主义的发展离不开……消费需求越来越落后于生产要求的趋势……那么，这个制度的毛病就可望随岁月的推移而加剧……周期地打断社会经济生活的危机，就的确必须看做是现在社会体系的死亡象征。但是……如果造成危机的最顽固原因，真的仅仅是生产过程中的比例失调，那么，现存的这个社会制度似乎就很巩固了……在这两个互不相容的观点中，如果第一个为人所接受，社会主义者就必须为迎面而来的风暴做好准备；他们甚至还必须做好准备——如果必要的话——通过革命的办法来强行解决现存体系的矛盾。但如果第二种观点为人所接受，那么，社会主义者就可以期待一个无限期的、平静的教育工作时期，他们至少可以指望，这种教育工作最终将通过大家的一致同意，取得和平地建立合作共和国的胜利。（Sweezy, 1970: 160–161）①

然而，回首1942年，很难知道斯威齐实际上对消费不足理论必然指向革命的方向这一观点的相信程度。斯大林主义苏联令他失望，随后中国又偏离了他后来支持的毛泽东主义道路，之后斯大林主义苏联崩溃，当所有这些事件都发生了之后，他在他主编了半个世纪的《每月评论》中提出了截然相反的观点：

> 如果我对美国经济在过去60年中的表现所作的分析为人们所接受，那么它意味着什么样的政策结论呢？……在短时间内，生产资料的公有制和用计划来满足全体人民的需要［将不是］一个认真的选择。因此，应当把问题重新表述为：在私人企业体系的框架下，能够做些什么以使它变得更好？……

---

① 斯威齐:《资本主义发展论》，北京：商务印书馆1997年版，第180—181页。——译者注

为了使私人企业经济变得更好所需要的第二个不可或缺的变化,是更加平等的财富和收入再分配。我们生活在这样一个时期,在这个时期中社会收入中归于公司和富有的食利者的份额空前庞大并且仍在不断增长,而底层人口的份额则停滞或下降。这意味着在社会不断增加其资本存量的潜能与其萎缩的消费力之间存在着一个永久的不平衡……资本家阶级作为一个整体,在极端情况下,愿意放弃它所拥有的一半来拯救另一半吗?我有一种感觉,私人企业体系的命运或许就取决于这个问题的答案。(Sweezy,1995:9—11)

斯威齐在1995年对消费不足理论的政治意义的理解,实质上与我在上面所描述的是一致的。并且,在他为了"使私人企业经济变得更好"而提倡收入再分配之后,那些以"合作共和国"的名义从事着斯威齐先前所说的"平静的教育工作"的人们,似乎就真的成了名副其实的阶级战士了。

对消费不足理论在当前这一历史时刻的政治意义,我深感担忧,因为正如斯威齐所提出的那样,消费不足理论表明一个更加平等的收入分配将使资本主义变得更好。让我明白地说吧,我并**不是**建议劳动人民应该克制自己不去争取更大的蛋糕或其他改革。这里的问题不是"改革还是革命?"相反,这里的问题是,"对劳动人民有利的事情,对资本主义美国也有利吗?"根据第八章里对消费不足论的讨论和经验缺陷的批评,我必须给出否定的回答。

尤其是在当前这场衰退及其余波仍未结束的时期,劳动人民当然需要向雇主和他们国家的政府提出要求,并且争取使这些要求得到实现。在希腊、法国、西班牙、葡萄牙、英国、美国以及其他地方已经开始的反击,毫无疑问标志着未来仍然存在着希望。劳动人民争取实现其要求,在短期内有利于他们自身。他们正在争取这个制度的让步。然而,重点在于,他们并没有推动资本主义走上一条新的前进道路,也没有解决经济危机。他们所赢得的让步仅仅是让步而已,这些让步并不是一套新的将会带来经济繁荣稳定的进步性政策。

没错,在大萧条时期,劳动人民的大规模运动迫使美国政府在面对这种运动时为拯救资本主义制度而作出了重大的让步——集体议价权、规定工时和最低工资、社会保障体系等等。没错，这些措施，连同大量的管制和（"凯恩斯主义的"）积极财政货币政策在一段时间内**似乎**永久地消除了经济大幅衰退，似乎为资本主义重建了一个更加健康和更加进步的基础。但是，当 1970 年代中期爆发严重的全球经济危机时，这一切都轰然倒塌。左翼的凯恩斯主义的决策者们及其支持者们以为他们能够通过制定法律来扭转制度的运行，但是 1970 年代的危机表明他们的政策无法对抗实际主宰着资本主义的经济规律。（见 Clarke，1988，第 11、12 章）

为了拯救这个制度，1930 年代所赢得的成就必须被收回。它们也的确被收回了。当然，凯恩斯主义者及其支持者们一定会为此而指责里根、撒切尔（Thatcher）以及新自由主义，**但是他们自己必须承担大部分责任**。他们所宣扬和执行的政策最终失败了，因为他们的失败，新的人们和新的思想自然会出现，取代他们并收拾烂摊子。此外，在左派中占据主导地位的凯恩斯主义有助于瓦解劳动人民——通过诱使他们相信凯恩斯主义的政客、政策和教条，还有他们的工会领导人，而不是相信他们自己有能力掌控自己的生活并在新的人本基础上重建社会。其结果是，新出现的人们和思想就成为反动的了。

历史分析的这个片段应当有助于澄清，在危急关头，劳动人民的利益与资本主义制度的继续运行是不能并存的。它们之所以不能并存，是因为资本主义是一个利润驱动的制度。因此，对**资本主义**有利的——即对这种**制度**有利的事情，是高利润而非低利润，这同对在资本主义中生活的**大多数人**有利的事情截然不同。对工人支付更高的薪资削减了利润，同样会削减利润的还有提高公司所得税并把税收用于资助社会项目、更短的周工作时间、工作场所的卫生和安全监管，如此等等。在资本主义的范围内这种两难困境是无解的。

所有这一切都如此明确，从而表明消费不足理论所说的那种相反的状况并不是事实。消费不足理论所说的是，对底层人口的收入再分配，由于它带来了消费需求的提高，因而使得商品和服务的销售增加，而这**提高**了盈利能力。

我在第八章里证明了这种说法是不正确的。如果我的论证是合理的，那么其后果是什么呢？在资本主义中，一场新的经济繁荣要求盈利能力得到恢复，但是对下层的收入再分配将降低盈利能力。因此，它将倾向于进一步动摇资本主义。它很可能引发全球金融市场的新一轮恐慌，谁知道接下来还会发生什么？通过这种方式，或者通过使投资支出下降，对下层的再分配可能会带来一场严重的衰退，甚至会导致一场萧条。并且，由于改革政策将再一次不能让资本主义这种制度本身变得更好，这就为另外的人物和思想来收拾烂摊子创造了条件。到那时，哪怕是法西斯主义，就像欧洲在大萧条时期那样，也可能会成为一个严肃的选择。劳动人民需要准备好面对这样一种现实，即他们在面对经济衰退时为保护自身的斗争，并不符合这种制度的利益，而成功的斗争很可能会引起极端的反动。他们还需要准备好面对这种反动。但是，如果他们已经被引导相信这样一种自下而上的观念，即对工人有利的就对资本主义美国有利，那么他们就不会做出准备。

为了一个不同的未来

最近这场经济衰退及其持续性后果已经给千百万劳动人民带来了苦难。但是，它们也给我们带来了一个新的机会以摆脱这种不断受到类似危机冲击的制度。资本主义根本上的不稳定性已经为人们所认识，这种认识不仅仅是像伯南克那样心照不宣的认识，它还为主流报纸和杂志明确承认。例如，罗伯特·希勒（Robert Shiller, 2008）在《纽约时报》（*New York Times*）中提到"我们制度的根本上的不稳定"。在最近接受《哈珀》（*Harper's Magazine*）杂志的一次采访中，市场导向的法和经济学领域的主要创立者理查德·波斯纳（Richard Posner）宣称，"由于信用在资本主义经济中的核心地位，资本主义经济天生就是不稳定的。"（Silverstein, 2010）

2009年4月在全美进行的1000人拉斯穆森民调（Rasmussen poll）显示，低收入人群和青年人对资本主义的支持只略高于对社会主义的支持——而斯科特·拉斯穆森（Scott Rasmussen）是一位共和党民意专家。30岁以下的受访者中只有37%赞同资本主义，而赞同社会主义的人数几乎一样多，为33%。收入低于2万美元的受访者中，赞同资本主义与赞同社会主义相比仅有35%对27%的优势。（Rasmussen Reports，2009）该调查没有定义"资本主义"或"社会主义"，因此我们不知道那些表示倾向于社会主义的人们的意思是什么。但有一点是明确的：玛格丽特·撒切尔（Margaret Thatcher）所说的除了资本主义"别无选择"的信条不再全面占据主导地位了。

然而，我们不能不采取行动，坐等一系列事件替我们完成工作。认识到资本主义的不稳定性是一件事，而揭示其他选择是可能的则是另外一件事。就像迈克尔·斯卡平克（Michael Skapinker，2008）在《金融时报》（Financial Times）中所说的那样，最近这场危机和政府的干预已经结束了里根—撒切尔的时代，但是"左翼的和极左的网站……显然"对什么东西能够取代它"毫无头绪"。在碰巧遇到诸如"多数人的需要比少数人的贪婪更加重要的世界"这样的答案时，他的反应却是："比如说呢？"

因此，陈词滥调没什么好处，"对那些要求对什么是社会主义这一问题提供更加明确和保险的见解的理论家们公然表示无情的蔑视"（James和Lee，2006：103）也一样没什么好处。这种反应很容易被认为是在回避，被认为弊大于利，因为这种反应表明一个人对他所支持的想象中的取代方案"毫无头绪"。现在是时候承认"比如说呢？"是一个要求直接给出答案的诚实而深刻的问题了。现在是开始去寻找并发现那些答案的时候了。

我并不是要在这里鼓吹抽象的革命主义。仅仅呼吁社会主义但却无视很可能会出现的持续多年的大规模失业和住房丧失抵押品赎回权的问题，这种作法将会产生灾难性的后果。只考虑取代资本主义的方案而无视这些问题，同样也不能解决问题。在面对通过紧缩手段来恢复盈利能力和经济增长的企图时，劳动人民将不得不竭尽全力去斗争，仅仅为了防止他们的生活和工作条件进一步恶化。

然而，对思想和行动进行这种方式的对比是错误的。它们并不是相对立的，而是携手并进的。在"比如说呢？"这一问题尚没有可以信赖的答案时，过去几十年的现实斗争自然是极具自我局限性的。这些斗争甚至没有试着在整体上改造社会。当关于未来的问题与日常斗争紧密相连时，新的人类社会显然不可能仅仅通过自发行动而产生。要超越这一僵局，人们不仅仅需要知道他们要反对什么，还需要知道他们要支持什么，不仅仅要知道"哪些是要去实现的"，还需要知道哪些是要去**废除**的——为了实现一个切实可行的、解放的社会主义，那些必须变革的究竟是什么？

不幸的是，在20世纪的大部分时间里，这个问题几乎都没有得到关注。几乎每一个左派人士都仅仅是想当然地认为社会主义是可能的——因为社会主义是现实存在着的，直到所谓的"共产主义"崩溃，活生生的证据证明社会民主主义是一个徒劳的梦想。一些人热衷于批评俄罗斯、中国以及其他各种不同程度的国家资本主义，但是他们过度倾向于认为这些国家的**经济**是社会主义经济或处在社会主义道路上，因而认为这些国家需要的不是与之不同的另一种生产方式，而是**政治上的转变**——用"社会主义**和**民主"来取代没有民主的社会主义，或是用"来自**下层**的社会主义"来取代来自上层的社会主义。其他人则确信，高效的政治行动将会使社会民主主义的成就得到维护并逐步扩展到社会和经济生活越来越多的领域中去。

因此，只是到了最近几年，另一种世界是否可能这一问题才得到了明显的关注。但是现在，当资本主义的未来成为一个现实问题之时，在我看来这一问题应当被理解为当今革命思想的核心问题。

那种认为社会主义可以凭借一个掌握国家政权和国有化生产资料的政党而得以建立起来的观念，是一个在根本上被误导了的观念。约翰·霍洛韦（John Holloway，2002）的《不取得政权即可改变世界》一书对此进行了重要的分析。（但读者需要仔细阅读；他并没有说社会主义能够在不反对资本主义国家的情况下形成）我的确认为，现存国家的权力需要被打破，生产资料需要被社会化。但是上述观念的问题在于它是政治决定论的；它暗示着，政治和法律的变革而非现实生产关系的变革是社会变革的关键因素。这是对马克思的180度的倒置。把自己称做"共产主义"的国家资本主义的恐怖，与毛泽东提出的"政治挂帅"这一观念有着密切的关系，这种恐怖应当有助于我们清楚地认识到，它也是对这些因素之间的真实关系的180度的倒置。

包括列宁在内的第二国际（the Second International）的马克思主义者们都完全没有认识到这一点。在《国家与革命》中，列宁对马克思观点的改造向前迈出了一大步，马克思认为使国家权力得以执行的官僚军事机器是不能被接管的；它必须被打破。然而，在这本书中，列宁写道，邮政（postal service）是一个只需要简单地接管过来的"技术装备程度很高的机构"；直接的目标是要"把**整个**国民经济组织得象邮政一样"。（列宁，1971：299，强调为原文所加）①

在这本书中，没有证据表明列宁认识到资本主义下劳资关系本身是错误的。（技术进步尚未给我们提供这种"使用邮政（going postal）"的现象）也没有证据表明列宁认识到一个经济制度是与诸如邮政的单个企业不同的，它并不是一个人通过发布指令就能够**管理**的东西。它是一种关系的网络。这些关系将始终受到资本主义生产规律的控制，除非并且直到这些规律被打破，而这将要求生产关系发生全面的变革。指令并不会打破资本主义生产规律。其中最重要的规律就是价值由劳动时间决定。这个规律迫使一个企业，无论它是由谁来拥有或"控制"，都必须最小化成本以保持竞争力，因而必须解雇低效率的和不必要的工人、加快生产、不保障工作环境的安全、为利润而非为需求进行生产，如此等等。如果你身处一个资本主义制度之中，你就不能仅仅发布一个为需求而生产的指令，或者一个避免解雇工人的指令。削减成本才是生存的关键。

这让我想谈谈在资本主义内部发展社会主义，拓宽平民的生存空间或诸如此类的问题。不幸的是，它是不可能实现的。这种尝试已经有过

---

① 《列宁选集》第3卷，北京：人民出版社1995年版，第154页。——译者注

（例如以色列的基布兹集体农场［Kibbutzim］），但它并没有成功。它所处制度的经济规律使它不会成功。如果你从"外部"的资本主义世界中购买东西，你同样必须卖掉它以获得你购买它所需要的钱，如果你的价格因你的生产成本较高而较高，那你就卖不掉。并且如果你欠了债，你必须要偿还这些债务。⁹

要超越这种情况，我认为有两个主要问题。首先，我们必须认识到劳动人民必须通过自己的行动才能得到解放。就像尤金·V. 德布兹（Eugene V. Debs）所说的那样，"全世界的工人等待某个摩西（Moses）带领他们走出奴役等得太久了……如果你能够被带领走出奴役，你也会被带领重新走入奴役。"因此核心问题不是"取得权力"的问题，而是如杜娜耶夫斯卡娅（1978）所说的**在那之后**要怎样的问题。那时需要的是一个新的理论与实践的关系，从而使普通民众不仅仅是击败旧势力的力量，他们还要在理论上和思想上全副武装起来，靠他们自己来统治社会。只有这样，才能够防止权力落入精英手中。这看上去极具乌托邦色彩，但确实别无选择。

其次，我们必须解决这样一个问题，即我们怎样才能建设一个现代社会，使它的运行不处于资本主义生产规律的统治之下。左派中甚至几乎没有人认识到这是一个现实问题。然而，没有哪一个委员代表能够命令生产资料必须属于整个社会，或者命令必须为需要而非为利润进行生产，也没有哪一个工人委员会能够通过投票使这些成为现实。必须**首先**有新的生产关系；然后这些才会成为可能。这看上去同样也具有乌托邦色彩，但同样，确实别无选择。

我痛苦地意识到，这些反思仍然不是对"比如说呢？"这一问题的回答。在过去几年所发生的事件迫使我将注意力转向对经济危机的分析之前，我一直在探索这一问题。现在，完成了这本书之后，我可以再回到这个问题之上了。由于这个问题直到最近才得到了明显的关注，因此，在这个时刻还没有得到答案，对我来说似乎就不是令人失望的原因，也不是根本就不存在答案的证据。我认为我们还没有得到可靠的答案，主要是因为人们过去一直在错误的地方去寻求答案。我的确认为上面这些反思有助于我们在正确的地方寻找答案。

除非并且直到人们有了一个可靠的答案，否则在我看来我们所面对的最有可能的结果，要么就是资本价值的全面消灭，要么就是持续的经济萧条、不断攀升的债务负担以及周期性爆发的金融危机和经济下滑。资本价值的全面消灭或许会导致盈利能力的恢复和一个新的繁荣，但是，在1930年代，资本主义的自我纠正机制被证明是极其微弱的，它不足以自动带来这种恢复与繁荣。复苏还需要大规模的国家干预和毁灭性的世界大战。而这一次，不难想象，在达到复苏之前我们就会陷入混乱、法西斯主义或军阀混战的局面。

同样也无法保证，通过接受相对停滞、债务不断上升以及危机周期性爆发这样一种未来，我们就能够避免上述那些局面。美国政府通过恢复投资者的"信心"来确保最近这场危机不致失去控制，但是，美国政府能够恢复信心，仅仅是因为人们对美国政府抱有信心——也就是说，人们相信它有能力用更多的债务来弥补债务。随着政府未偿债务额的攀升，对它有能力担保债务以及偿还它自己的债务——用真实的钱而不是用印刷出来的钱和贬值了的钱——的信心，就将走向反面。

赌注很高。清醒地面对未来的时刻已经到来。

缩略语表

AIG	American International Group	美国国际集团
BEA	Bureau of Economic Analysis	经济分析局
BLS	Bureau of Labor Statistics	劳工统计局
CBO	Congressional Budget Office	国会预算办公室
CPI-U	Consumer price index for all urban consumers	城市消费者价格指数
CPI-U-RS	CPI Research Series Using Current Methods…	使用现期方法的CPI研究序列
CPI-W	Consumer price index for urban wage earners and clerical workers	城市职工消费者价格指数
Fed	Federal Reserve System	美联储
GDP	Gross Domestic Product	国内生产总值
IMF	International Monetary Fund	国际货币基金组织
IPE&S	Information-processing equipment and software	信息处理设备和软件
LIBOR	London Inter-Bank Offered Rate	伦敦银行间拆借利率
LTFRP	Law of the tendential fall in the rate of profit	利润率下降趋势规律
MELT	Monetary expression of labor-time	劳动时间的货币表现
NIPA	National Income and Product Accounts	国民收入和生产账户
OECD	Organization fro Economic Cooperation and Development	经济合作与发展组织
OPEC	Organization of Petroleum Exporting Countries	石油输出国组织
PCE	Personal consumption expenditures	个人消费支出
S&Ls	Savings and loan associations	储蓄信贷协会
S&P	Standard and Poor's	标准普尔
TARP	Troubled Assets Relief Program	不良资产救助计划
TSSI	Temporal single-system interpretation	分期单一系统解释

注　释

第一章　导论

1. 例如，见"The Economic Crisis: Greed is the Cause"(*Socialist Voice*, 2008)和"Greed's the Sole Cause of Every Financial Crisis"(Nakajima, 2010)。

2. 我要感谢已故的克里斯·哈曼(Chris Harman)，他强调这是一个传统观点的含义。见哈曼(2009: 299)

3. 关于对布伦纳的一个全面的分期单一系统解释的分析的批评，见弗里曼(2009)。

第二章　盈利能力、信用体系与资本消灭

1. 我认为没有必要谈论利润率下降是 1970 年代中期和 1980 年代早期严重衰退的一个原因这一思想。尽管就利润率为什么会下降这一问题存在着大量的争论，但这一思想是没有争议的。

2. 布伦纳在同一个脚注中还诉诸于据称推翻了 LTFRP 的"置盐定理"(1961)。然而，TSSI 的支持者的大量研究已经证明"置盐定理"是错误的。(这些证明中的一种，以及对先前证明的引述，见 Kliman, 2007，第 7 章。) 为了挽救这一定理，其支持者用如下这种理由为之进行辩护，即他们从来没有把它当做是关于马克思的 LTFRP(而 LTFRP 是错误的) 的一个定理(同上，135—136)。换句话说，他们已经隐含地承认，置盐未能证明劳动节约型技术变革不可能引起**马克思**的利润率下降。关于"置盐定理"的争论将在第六章进行更为详细的讨论。

3. 这里"倾向于"是指，价格上升的程度比它们在生产力没有提高时上升的程度小 (或者价格下降的程度比它们在生产力没有提高时下降的程度大)。LTFRP 并不要求劳动节约型技术变革导致通货紧缩(deflation)，即价格的下降。它要求

的是这种技术变革导致去通货膨胀（disinflation），即价格增长率的放缓。见 Kliman（2007：129—132）。

4 对价格为什么会趋于下降的这种解释，与下面这种有着不可救药的缺陷的观念没有任何关系，这种观念认为技术进步导致了"生产过剩"——与需求相比生产了过多的产出，而这反过来又迫使公司消减其价格。公司对于生产多少产出的决策是以其对产出需求的推测为基础的。由于技术进步并不影响需求——购买者关心的是产品的品质，而不是生产产品的过程——因此在其他条件都相同的情况下，它并不会使公司增加其产出水平。

5 利润率可以表示为 $\dfrac{a\,(pY)}{\hat{p}K}=a\left(\dfrac{Y}{K}\right)\left(\dfrac{p}{\hat{p}}\right)$，其中 a 是利润对净增加值的比例，pY 是净增加值，p 是**现期**实物净产出价格指数，Y 是实物净产出指数，$\hat{p}$ 是上期价格的加权平均指数加上取得的实物资本，K 是实物资本指数。如果剥削率是固定的，那么 a 就同样也是固定的，并且如果实物产出与实物资本以相同的速率增长，则 $\dfrac{Y}{K}$ 就是固定的。在这些条件下，利润率作为技术进步的结果趋于下降，当且仅当由技术革新所带来的生产力的增长倾向于降低 $\dfrac{p}{\hat{p}}$。这一结论有助于澄清，为什么 LTFRP 并不要求价格实际下降（见上面的注释3）：关键不在于 p 是否小于 $\hat{p}$，而是 $\dfrac{p}{\hat{p}}$ 是否下降。

6 大体上说，利润率的下降也会引起企业将其向生产性用途的投资转向资本市场（见 Potts，2009）。然而，我将在第五章表明，在最近这场危机之前的几十年中，美国公司部门并没有发生这种情况。

7 在面对金融危机调查委员会的证词中，美联储董事会主席本·伯南克（Ben Bernanke，2010）声称，"大而不倒的信条产生了严重的道德风险……在存在着如果其赌局失败则他们将获得援助的期待下，大而不倒的公司将倾向于承担过度的风险……大而不倒公司的风险累积增加了金融危机的可能性，并且在金融危机发生时使情况更加恶化。毫无疑问，大而不倒公司的过度风险承担是危机的显著原因，房利美和房地美就是其中突出的例子。"

8 马克思把"新的独立资本的形成"看做是资本积累出现的主要形式。例如，他指出，现有资本的贬值"通过新资本的形成来加速资本价值的积累"（马克思，1991a，358；中文引自《资本论》第 3 卷，北京：人民出版社 2004 年版，第 278 页。）

9　这里译作"欺诈（swindling）"的那个词在原文中是 Schwindel，它的意思类似于"哄骗（finagling）"或"具有迷惑性的商业行为（deceptive business practices）"，它未必是那种有意欺骗的（fraudulent）和违法的（illegal）行为。德语中把像伯尼·麦道夫（Bernie Madoff）这样的人称做 Betrüger（骗子）；若是用 Schwindler 这个词则会淡化其行为的严重性。（我感谢迈克尔·施密德（Michael Schmid）澄清了这一点。）

10　汇票是借款人同意在某个确定的日期偿付一个固定金额的贷款协议。

11　资产价格的上升导致利润率的短暂上升，似乎主要是因为消费者将他们的住房和股份的价值增加看做是额外的收入，他们可以凭借这种额外的收入进行消费和借贷。

12　马克思对资本消灭所起到的双重作用的理解，来自于他阅读的约翰·富拉顿的内容："然而，除了理论之外，说明问题的是实践，即来源于资本过剩的危机，或者同样可以说，资本由于利润率下降而进行疯狂冒险。由此，危机——见富拉顿——被看做是对付资本过剩，恢复正常利润率的必要的强制手段。"（马克思，1991b：105；中文引自《马克思恩格斯全集》第 48 卷，北京：人民出版社 1985 年版，第 294 页）。在马克思所谈及的那一段中，富拉顿（1845：171—172，强调为原文所加）写道："恐慌出现，泡沫破裂，伴随着资本的消灭，在短期内减轻了货币市场曾经不堪重负的载荷，削弱了竞争，并使市场利率恢复到它开始下降之前的水平……[这个]周期性的资本消灭……[使我们的社会体系能够]通过它时时从威胁着自己生存的不断复发的多血症中恢复元气，并且重新处于一种合理而健全的状态。"

13　因为在资本价值消灭和盈利能力恢复之后，新投资倾向于"体现"新发明，由熊彼特（1976：83）所普及的"创造性毁灭"这个概念——"产业突变的……过程……不断地从内部使这个经济结构革命化，不断地破坏旧结构，不断地创造新结构"（熊彼特：《资本主义、社会主义与民主》，北京：商务印书馆 1999 年版，第 147 页）——与资本消灭的概念存在着密切的联系。

14　这里的许多问题都源自爱德华·伯恩斯坦（Eduard Bernstein）为了反对马克思的革命见解而把他的观点歪曲为关于崩溃的理论这一事实，也源自后来为这种见解辩护的人们常常在讨论中沿用伯恩斯坦的术语这一令人遗憾的事实。他们认为资本主义将因社会革命而崩溃。由于这只是对"崩溃"一词的误用，因此它造成了太多的混乱。

15 关于苏联社会中价值关系作用的讨论,见杜娜耶夫斯卡娅(2000,第13章)。

16 由政府提供某些物品和服务,以及人们对这些物品和服务享有应得的权利,现在常常被称做"去商品化",但它实际上并非如此。在政府能够提供这些东西之前,它必须购买或生产它们。如果政府购买这些东西,那么它们显然就仍然是商品。它们继续被生产出来,是为了增加价值。这意味着,它们继续以最小化成本和最大化生产的方式被生产出来,其结果——剥削、恶劣的工作条件、失业以及价格和利润率下降的趋势——同样也继续存在。马克思(1989c:546)写道,"如果国家本身就是一个资本主义的生产者,就像在矿山和森林等的开发中那样,那么它的产品就是'商品',并因此而拥有其他一切商品所拥有的特殊性质。"它之所以如此,不是因为马克思这样去定义它,而是因为一个像资本主义生产者那样行动的政府将会最小化成本、最大化生产,总之,就像一个私人资本家那样行动。这个例子中没有什么不同之处,除了用来购买政府生产的"去商品化的"商品的钱被称做税收贡献而不是销售收入。

第三章 加倍辛劳,双倍麻烦:网络公司繁荣和房价泡沫

1 次级抵押贷款是那些向低信用等级借款人发放的贷款,他们不具有传统(高信用等级)抵押贷款的资质。

2 泡沫会通过以下方式形成。对诸如住宅或股份等资产的需求增加,它将导致资产价格相对其潜在价值上升。因此,人们和企业的财富——账面上的财富增加。这给他们提供了进一步借款的工具,从而导致需求、资产价格和账面财富的进一步增加,这部分是因为,随着这一过程的展开,资产所有者对资产价格未来的变动轨迹变得过度自信。

3 日本的低迷状态一直在持续,因此记者们已经开始把它说成是"失落的二十年"(Fackler和Lohr,2010)。美联储害怕美国再一次陷入日本式"失落的十年"的危险,这种担心是美联储为什么在2010年末启动了新一轮量化宽松政策("印钞")的主要原因。

4 我的抵押借款数据是根据美国资金流量表中的表D2经年度和季度调整得到的,该表可以在tinyurl.com/6k08ka6中下载得到。我的住宅价格数据来自于"名义住宅价格指数"序列,它是由罗伯特·希勒和其他人建立的(可以在www.econ.yale.edu/~shiller/data.htm上找到);我将2007年所报告的季度数据进行了平均,以获得该年度的指数。"税后收入"来自于经济分析局(BEA)的

个人可支配收入序列，它报告于国民收入与产出账户（NIPA）表 2.1 第 26 行。"PCE 价格指数"来自于个人消费支出的价格指数，它报告在 NIPA 表 1.14 第 2 行。"CPI – U"来自于全部城市消费者的消费价格指数，它可以在劳工统计局（BLS）的网站 www.bls.gov/cpi/ 上找到。

5 图 3.2 中的数据来自 BEA 的"NIPA 的个人储蓄和 FFA 的个人储蓄的比较"表（可在 bea.gov/national/index.htm#gdp 中找到）。为了计算资产购置，我把第 6 行和第 7 行的数字（分别是金融资产的净买入和有形资产的净投资）相加，再减去第 12 行的数字（耐用消费品的净投入）。我从该表第 8 行中得到了负债的净增加额。图 3.3 中的净贷款/净借款数字来自 NIPA 表 5.1 第 39 行，这些数字是家庭和非盈利机构的数字；没有单独针对家庭的数据。GDP 是在 NIPA 表 1.1.5 第 1 行报告的。

6 涉及整个系统的问题通常会有不平衡的效应。例如，在一场衰退期间，并非全部企业都会遭受相同程度的冲击。只有那些最脆弱的企业才会破产，另外还会有一些企业几乎没有受到影响，但是，这并不会改变衰退是一个系统性问题这一事实。

7 这些估计基于优级、准优级和次级抵押贷款，这些数据都包含在纽约联邦储备银行网站中"美国信用状况"网页上的电子表格中，该网页的地址是 data.newyorkfed.org/creditconditionsmap/。准优级和次级表中报告的止赎率（foreclosure rates）是针对业主自住的住宅。为了得到我的这一估计，我假定这些分类中的其他住宅被取消抵押品赎回权的比例相同。

8 你的回报是利润减去你所欠的的利息，你的回报率是两者相减再除以你用于投资的属于自己的 3 美元。

9 然而，时任花旗集团（Citigroup）执行总裁的查尔斯·普林斯（Charles Prince）对《金融时报》（*Financial Times*）表示，"只要音乐还在演奏，你就必须站起来随之舞动"，他指的是杠杆收购，不是抵押贷款相关证券。见《纽约时报》（*New York Times*）（2007）。

10 这一被广泛引用的统计数据似乎并不完全真实。根据希勒的时间序列（见前面注释 4），1991 年名义住宅价格下跌了 2.8%，并且直到 1994 年才回到先前的峰值。这个价格在 1941 年也下跌了 8.4%，并且在 1959 年和 1964 年出现了轻微的下降。

11 几天之后又重来了一遍，这一次国会同意了 TARP。

12 保罗·克鲁格曼（2008）曾表明："格林斯潘……应对了网络公司泡沫的破裂。他应对了1987年股市崩溃。他应对了亚洲金融危机……回顾往事，他的历史就是每一次都用另一个泡沫来代替前一个泡沫。最终，我们用完了所有的泡沫。"

13 标普500指数可以在finance.yahoo.com/q/hp？s=^GSPC中找到。图3.5显示了其每日收盘价。

14 关于税后利润率的数据来源和我计算它的方法，见第五章附录。

15 非农就业人口数据报告在BLS发布的"就业形势"的表B–1中（可以在tinyurl.com/28b7z7q中找到）。

16 联邦基金目标利率的数据可以在www.federalreserve.gov/monetarypolicy/openmarket.htm中找到。为了估计实际联邦基金利率，我利用BEA的月度PCE价格指数平减了名义利率，这一指数可以在research.stlouisfed.org/fred2/series/PCEPI中找到。

17 关于我的抵押借款数据的来源，见前面的注释4。"税后收入"来自于BEA的个人可支配收入序列，它报告于NIPA表2.1第26行。

18 我的数据来自于IMF的《世界经济展望》(*World Economic Outlook*)数据库，网址是tinyurl.com/2ana4ds。"超额储蓄"指的是国民总储蓄和投资的差值。该数据库计算了这些变量对GDP的百分比。为了获得世界其他地区的数字，我用这些百分比乘以数据库中现期美元GDP的数字，然后再从全球数字中减去美国的数字。

19 同样没有明显的根据表明，最近这场经济低迷中有多少能够被确认是因为房价泡沫的破裂引起的，有多少是所有这三个市场的价格下跌的共同作用。金融危机的原因和大萧条的原因并不完全相同。

第四章 转折点：1970年代而非1980年代

1 凯恩斯主义理论和意图刺激经济的积极政策——它一般被称做"凯恩斯主义"政策——之间的关系并不是一个简单的关系。为了避免因不断重复描述而使讨论变得冗长，我将让读者自己通过上下文来判断"凯恩斯主义"这个词指的是这种理论、这些政策还是同时指这两者。尼克松的表述被广泛的引用，例如，见弗朗西斯（Francis, 2007）。

2 雅克拉德（Jaclard, 2010）对我所说的"政治决定论"进行了富有洞察力的批判，哈曼（2007）对这种意识形态和用来描述某个经济发展时期的"新自由主义"这一概念之间的关系进行了讨论。克拉克（Clarke, 1988）的第11章和第12章讨论了凯恩斯主义政策和社会民主主义的失败。

3　我的数据来源是世界银行的"世界发展指标和全球金融发展"数据库，网址是databank.worldbank.org/ddp/home.do，以及安格斯·麦迪森的"世界人口、GDP和人均GDP的统计，2008—1"（可以在www.ggdc.net/maddison上找到）。我用两个数据库所报告的GDP数字除以人口数字，然后再计算出年均指数增长率。

4　这里，"潜在的"并不意味着"最大的"。潜在GDP指的是，当全部潜在劳动力都参与就业时GDP可能达到的水平；潜在劳动力指的是，如果失业率等于（CBO所估计的）在不引起通货膨胀率上升时所能够达到的最小失业率（见国会预算办公室2001，第1页，第11页以下），属于劳动力的全部人口的数量。因此，潜在GDP是在不引起通货膨胀率上升时所能够实现的最大GDP。在不引起通货膨胀率上升时所能够达到的最小失业率，有时也被称为"自然失业率"，这个术语暗示某些失业的存在是自然的，并且如果现实失业率等于或低于"自然"失业率，那么就不存在真正的失业问题。这些观念无疑是含混的，并且充满意识形态的味道，但我并不认为，将现实GDP和现实劳动力水平与在不引起通货膨胀率上升时所能够实现的最大水平进行比较，并用这种比较来衡量生产和劳动市场的活力或无力程度时，这些观念有什么问题。

5　这里，我使用"周期（cycle）"这个术语指的是现实GDP与潜在GDP的缺口百分比在相临低点之间的时期；它与"商业周期"的含意是不同的。我的潜在实际GDP的数据来自CBO的"CBO关于潜在产出推断的关键假定"电子表格中的"季度数据"工作簿（可以在tinyurl.com/yfqnp34中找到）。我的现实实际GDP的数据来自于BEA的NIPA表1.1.6第1行。为了衡量现实和潜在GDP之间的缺口百分比，我对年化季度数字进行了去年化计算——将年化季度数据除以4，用现实GDP减去潜在GDP来得到这一缺口，然后用一个周期的缺口之和除以该周期的季度潜在GDP的数字之和。为了得到缺口百分比的加权平均值，我把周期长度表示为平均周期长度的百分比，把这些百分比数字乘以未加权缺口百分比。这一计算过程将缺口百分比的总数在各周期间进行了重新分布，但它并不改变总数。

6　工业生产指数和产能利用率可以在美联储的网站tinyurl.com/aatcqr上找到。我用工业生产指数除以产能利用率，以得到我对工业产能的衡量。

7　我的国债数字来自于2010年《总统经济报告》（可以在tinyurl.com/mfvtnf上找

到）的表 B-8 中"联邦政府债务总额"那一列。债务总额中包括为社会保障总署发行的国债和其他未被公众持有的债务。我的国内非金融部门总负债的数字是国债、家庭和非盈利组织债务、非金融企业债务以及州和地方政府债务之和。其中后三个序列来自于《美国资金流量表》的表 D.3 中经调整的年度和季度数据，它可以在 tinyurl.com/6ko8ka6 中下载。名义 GDP 数字报告在 NIPA 表 1.1.5 第 1 行。

8 实际 GDP 数字报告于 NIPA 表 1.1.3 第 1 行。其他资料来源见注释 7。

9 为了得到所假设的在实际 GDP 增长没有下降的条件下可能达到的名义 GDP，我计算了截止 2007 年的假设的实际 GDP，并把它乘以 GDP 平减指数。后一个序列报告在 NIPA 表 1.1.4 第 1 行；我对它进行了重新调整，以使 1947 年的名义 GDP 等于该年平减指数与实际 GDP 的乘积。

10 家庭债务数字包括非盈利组织的债务。来源见注释 7。唯一的其他主要借款人是企业。金融企业的借款占 GDP 的比重在战后整个时期中一直在上升。不能轻率地就借款/GDP 的比例得出结论，因为这一比例极不稳定。

11 我的税收数据来自于美国管理和预算办公室的历史数据表中的表 2.1（可以在 tinyurl.com/l9prvq 上找到）。债务和 GDP 数据的来源见注释 7，利润率数据的来源和我计算利润率所使用的方法，见第五章附录。

12 关于"潜在劳动力"概念的进一步讨论，见前面的注释 4。

13 我的潜在劳动力数据来自于 CBO 的"CBO 关于潜在产出推断的关键假定"电子表格中的"年度数据"工作簿的第 2 列（可以在 tinyurl.com/yfqnp34 中找到）。我的实际劳动力数据来自于 BLS 的"就业形势发布（Employment Situation Release）"中"家庭数据"一节的表 A-1（可以在 bls.gov/cps/cpsatabs.htm 中找到）。缺口百分比是实际劳动力减去潜在劳动力，表示对后者的百分比。

14 持续时间数据来自于 BLS 的"就业形势发布"中"家庭数据"一节的表 A-12（可以在 bls.gov/cps/cpsatabs.htm 中找到）。

15 我用总薪酬（报告于 BEA 的 NIPA 表 1.10 第 2 行）除以国内产业全职及兼职雇员工作时数（报告于 NIPA 表 6.9B-D 第 2 行），计算出小时薪酬的数字。GDP 平减指数报告于 NIPA 表 1.14 第 1 行。CPI-W 序列可以在劳工部的网页 www.bls.gov/cpi 上找到。

16 统计局当前的基尼系数序列是自 1967 年开始的。对 1967 年及之后的年份，我使用美国统计局的表 H-4 中"总计"一列中的数字（可以在 tinyurl.com/

243lpq5 中找到）。对于 1947 至 1967 年期间的数据，我使用了报告于世界银行的"衡量收入不平等的数据库"（可以在 tinyurl.com/5vr82z 中找到）中的"优质（high quality）"（"接受［accept］"）数字，这些数字也来自于统计局。

17 这些计算基于统计局的表 H–2（可以在 tinyurl.com/243lpq5 中找到）中关于"所有种族"的数据。

18 我关于联邦、州及地方政府的非居住、非军事建筑物的"数量"的数字，来自于 BEA 的固定资产表 7.2A 第 65 行和第 66 行，以及固定资产表 7.2B 第 74 行和第 75 行。图 4.15 中"州及地方政府和联邦政府的非军事建筑物"序列是州及地方的数量指数与联邦的数量指数的加权平均。其权重是这些建筑物中以其现期成本计价的属于州及地方政府的比重和属于联邦政府的比重；我的这些数据来自于固定资产表 7.1A 第 65 行和第 66 行，以及固定资产表 7.1B 第 74 行和第 75 行。由于我们在这里关注的是建筑物的实物数量，因此使用现期成本的数字是合适的。

19 这里忽略了 1997 年至今的联邦建筑物的数字，这是因为它们与更早年份的数字不能比较，原因在于这些数据的归类方法有所改变。

第五章 利润率和积累率的下降

1 积累率是预付资本的增长率：即投资对预付资本的百分比。本章后面我将解释为什么积累率倾向于跟随利润率。

2 我使用这个术语有专门的含意；它不应和"财产类收入"混为一谈，后者是 BEA 用来表示一个相似但并不一致的概念，现在这个概念被称做"净营业盈余"（net operating surplus）。

3 BEA 的数字来自于 NIPA 表 1.14 第 33 行，它报告了在进行资本消耗（capital consumption）和存货价值调整（inventory valuation adjustments）之前的税后利润，就像企业会计通常的作法一样。标普 500 指数来自标准普尔公司在 tinyurl.com/ynoqqe 上发布的一份 Excel 电子表格文档中的"除数与合计"（Divisors and Aggregates）工作表。

4 我从 BEA 网页 www.bea.gov/international/index.htm#omc 上关于"国际收支和直接投资状况数据"的交互式表格中下载了这些序列。（"未经现期成本调整的直接投资收入"和"基于历史成本的美国对外直接投资状况"）

5 这 20 个国家，按照投资于它们的数额在美国对外直接投资中所占的平均比重降序排列，依次是：英国、加拿大、荷兰、德国、百慕大、瑞士、日本、法国、澳大利亚、巴西、墨西哥、比利时、意大利、爱尔兰、英属加勒比群岛、新加坡、香港、巴拿马、卢森堡和西班牙。利润率在该国趋于上升的只有瑞士和墨西哥，它们两者合起来在美国对外直接投资中所占的比重是8%。

6 见OECD《统计术语词汇表》，tinyurl.com/42mb5e4；BEA似乎没有提供它对这些术语的定义。

7 尽管在本节中我将提出对经通胀调整的利润率的估计，我还是认为未经调整的名义利润率是有用的。就像我在本章附录中解释的那样，我不认为有哪一种利润率可以用于对盈利能力衡量的所有目的。

8 在某些情况下，相应的"成本"可能就是这一组物品的由生产它们所需要的社会平均劳动数量所决定的"价值"。然而，在这里以及在大多数情况下，相应的成本是所有者能够从这些物品中得到的价值之和，就是说它们与劳动时间相对应的货币价格。马克思在许多地方都使用了这里所提到的通货膨胀的概念。例如下面这些："价值的同一货币表现——由于货币价值的变化无常所带来的——表示着不同的价值［在不同的时间下］"（马克思，1989b：340）。"如果1码麻布值2先令，如果它的价格等于1先令，那么它的价格……不是它的价值的完全恰当的货币表现。不过，就包含在商品中的劳动表现为一般社会劳动，表现为**货币**而言，价格依然是它的价值的**货币表现**——依然是1码麻布的**价值表现**。"（马克思，1994：114，强调为原文所加；中文引自《马克思恩格斯全集》第48卷，北京：人民出版社1985年版，第26—27页。）"如果金跌价或涨价100%，那么，在前一个场合，同一个资本原来值100镑，现在则值200镑……在后一个场合，资本的价值降低到50镑……但是在这两个场合……在所有这些场合，实际上资本价值并没有发生量的变化，只是同一价值……的货币表现发生了量的变化。"（马克思，1991a：236—237；中文引自《资本论》第3卷，北京：人民出版社2004年版，第155—156页）。

9 如果（名义）净投资的百分比增长率大于平减因子（GDP平减指数或MELT）的百分比增长率，那么从经调整利润率的定义中可以得出，经调整利润率对未调整利润率的比值趋向于：$1 - \dfrac{净投资增长率}{平减因子增长率}$。因此，如果增长率的比值大体上是固定的，则利润率的比值在长期中也将趋向于大致固定不变。

10 尽管我认为我最初的通货膨胀调整方式是正确的，但我还是按照这一建议的精神进行了计算。

11 将 t 年的固定资产价格指数表示为 F_t，t 年的 GDP 平减指数（或 MELT）表示为 P_t，同时将年前获得的固定资产在 t 年的实物折旧指数表示为 D_{t-k}。如果历史成本折旧的数字是用进行相应投资的 $t-k$ 年的价格指数进行平减得到的，那么第 $t-k$ 年所获得的固定资产在第 t 年的经通胀调整的折旧是 $\frac{F_{t-k}D_{t-k}}{P_{t-k}}$。相反，如果现期成本折旧的数字是用当年 GDP 平减指数（或 MELT）进行平减得到的，那么经通胀调整的折旧是 $\frac{F_t D_t}{P_t}$。如果固定资产价格指数变动的百分比与 GDP 平减指数（或 MELT）变动相同，那么 $\frac{F_{t-k}}{P_{t-k}} = \frac{F_t}{P_t}$，因此，两个经通胀调整的折旧的数字相等。

12 如果历史成本计价和现期成本计价的差别"没有多大的经验意义"，就是说，如果它并不是我的经验结果和他的经验结果之间差别的真正来源，为什么哈森不承认利润率在 1980 年代早期到最近这场经济危机期间没有出现持续的反弹呢？

13 积累率 $\equiv \left(\frac{净投资}{利润}\right)\left(\frac{利润}{预付资本}\right) \equiv \left(\frac{净投资}{利润}\right)$（利润率）

14 图 5.8 显示的利润率是财产收入对固定资产历史成本的百分比；积累率是以历史成本计价的固定资产净投资对固定资产历史成本的百分比。

15 这一结论并不依赖于这样的事实，即我在计算利润和净投资时是用历史成本对折旧进行计价的。即使以现期成本对折旧计价，这一结论对所有四种利润衡量也仍然成立。

16 即使以现期成本而非历史成本对折旧进行计价，这些结论同样成立。

17 然而，如我将要在下一章所讨论的那样，现期成本（重置成本）"利润率"不是对利润率的一个合理的衡量。

18 尽管对无形损耗绝对数量的估计可能是难以计算同时也极不可靠的，第七章仍将提出针对 1980 年代早期以来发生的无形损耗明显提高而进行调整之后的盈利能力估计。

19 我用 BEA 的 NIPA 表 1.13 第 2 行（国内企业）和第 3 行（公司制企业）来计算这些数字。

20 这些数字基于 BEA 的固定资产表 6.1 第 2 行（公司），第 5 行（非公司企业），第 8 行（非盈利机构）和第 9 行（家庭）。企业部门的固定资产是第 2 行加第 5 行，再减去第 8 行和第 9 行。

21 本段及下一段中的所有计算，都是在《美国统计摘要，2009》（美国商务部，

2009）中表 722 和表 727 所报告的数据的基础上进行的。

22 "不动产及租赁业"中的合伙企业的状况具有启发意义。根据《美国统计摘要，2009》的表 727，2005 年几乎一半的合伙企业都位于这一行业。它们的平均净收入（减去亏损）——即在为了估计它们有多少净收入实际是财产收入而进行任何调整之前的净收入，是每个合伙企业 56000 美元，或每个合伙人 11000 美元。

第六章　现期成本"利润率"

1 我使用"实物主义"这一概念，指的是这样一些人，他们或是主张实物量（投入—产出和实物工资系数）是利润率的唯一最直接的决定因素，或是利用包含这种观念的模型来推导结论。如果资本支出用其重置成本来重新计价，那么"利润率"就只取决于这三个实物量。进一步的讨论见 Kliman（2007，第 5 章和第 7 章）。

2 根据 2010 年 1 月纽约历史唯物主义研讨会上莫斯利的发言，我相信他现在将会放弃最后一句话，但我没有看到任何公开出版物上做出过这种表示。

3 迪梅尼和科斯塔斯·拉帕维查斯（Costas Lapavitsas）两人似乎都认为，如果利润率的下降不是最近这场危机的直接原因，那么它就根本不是其原因。拉帕维查斯（2010：17—18）最近争辩说，"在危机发生之前并没有发生利润率的显著下降……2007 至 2009 年的危机与诸如 1973 至 1975 年那样的盈利能力的危机几乎没有共同之处。"这些事实并不算是反对我的观点的证据，即利润率的下降是危机和衰退的一个根本的和间接的原因。但是，拉帕维查斯接着说道，"即使声称危机是根本性的过度积累的结果，只是它被金融扩张**延缓**或**推迟**了，这种解释也未必能好到哪儿去……把过度积累的危机看做是资本主义经济的常态，只不过这些危机总是被各种权宜之计延缓，这种政治经济学是极为奇怪的。事实上，这是对经典马克思主义的逆反，因为对它来说重建是对过度积累的一个不可避免的反应，而危机却是为盈利能力的恢复创造条件的短暂和急剧的动荡"（2010：18，强调为本文所加）。然而，宣布某个东西是"极为奇怪的"并不是否定它的论证，这里的问题并不是一个理论是否符合拉帕维查斯的"经典马克思主义"观念，而是它是否能够解释现实。无论如何，他的主张都没有任何意义。它"对比了"危机**源自于**根本性的过度积累这一思想和危机**本身是**短暂的、急剧的动荡这一思想——就好像这两种思想在某种程度上相互矛盾一样。它们并不矛盾。

4 2010年1月纽约历史唯物主义研讨会上,在我陈述之后的自由讨论期间,迪梅尼否认他和莱维过度优化了他们的数据。关于这次交流的音频文件可以在 tinyurl.com/4y7ewfl 上找到。迪梅尼对这一问题的评论在这4个文件中的第4个——文件名为 "origins of the current crisis-PIV-QandA. WMA",从开头起的大约第6分半处。Kliman(2010b)含有这一交流的一个编辑文稿和我在交流中的观点的记录。

5 这种想象成为了左派的一种广泛的无望感和无力感的"事实基础",以及向现实状况或替代它的较温和的改革派屈服的"事实基础"。最近这场危机现在已经表明,"新自由主义"繁荣的持续性是一个神话而非事实。这些看法是否会改变,或者是否会为支持这些看法而举证一系列被篡改的事实,尚待分晓。

6 哈森(2009)和迪梅尼最近提出了支持现期成本"利润率"的理由,他们的理由是历史成本利润率受到了通货膨胀的影响,而现期成本计价则消除了这种影响。本章后面我将考察这一问题。注释4中提到的音频文件含有迪梅尼对这一问题的讨论,就在紧随他对过度优化数据问题的评论之后。我在 Kliman(2010a: 247—249)中转录并评论了他对通货膨胀问题的讨论。

7 现期成本固定资产的数据来自于 BEA 的固定资产表6.1第2行。现期成本"利润率"的分母通常是年末数字;我遵循了这一惯例。关于财产收入和税前利润的现期成本衡量的数据和我用来计算它们的方法,见第五章附录。

8 我注意到的这次交流,发生在2011年5月29日召开的世界政治经济学学会(World Association for Political Economy)的大会上,它是在阿姆赫斯特(Amherst)马萨诸塞大学召开的。

9 我选择1928年年末固定资产的现期成本作为预付资本的初始价值。

10 我指出这一点,是因为如我们所看到的那样,某些 TSSI 的批评者错误地认为这一问题不具有经验相关性,并因此拒绝考虑它对重置成本衡量的利润率的批评。

11 BEA 发布了用现期成本衡量的资本存量数据,但它的"资本存量"概念并没有被用来衡量盈利能力。它所依据的对净投资的衡量,被用来当做"显示相应的资本存量是否保持完整的粗略指标"(Herman 等,2003:M-2)。

12 将投资的数量表示为 I,并且将产品价格保持不变条件下的上一期收入流表示为 R。那么,使用标准的内部收益率公式,我们有:

$$I = R\sum_{i=1}^{n}\left(\frac{1}{1+r^C}\right)^i, \text{并且} I = R\sum_{i=1}^{n}\left(\frac{1+\dot{p}}{1+r^A}\right)^i。$$

如果时期数 n 是无限的,那么,

$$R\sum_{i=1}^{n}\left(\frac{1}{1+r^C}\right)^i = R\left(\frac{1}{r^C}\right), \text{ 并且 } R\sum_{i=1}^{n}\left(\frac{1+\dot{p}}{1+r^A}\right)^i = R\left(\frac{[1+\dot{p}]}{[1+r^A]-[1+\dot{p}]}\right)。$$

由于等号右边的两个表达式都等于 I，因此它们可以被设定为彼此相等，从而文中给出的关系能够很容易地推导出来。

13. 如果我们假定下降的是通货膨胀率，那么我们将会得到相似的结果，只是计算将变得更加复杂。如我在上一节中所提到的那样，1980 年代的去通货膨胀（disinflation）说明了为什么尽管历史成本利润率在下降，但现期成本"利润率"却在上升；在 1991 至 2007 年期间这两个利润率都趋向于下降。1980 年代的去通货膨胀还解释了为什么尽管积累率在下降，但现期成本利润率却在上升。

14. 农场主仍然能够继续生产，甚至每年生产的玉米数量还在不断地增加——只要他们能够说服他们的银行家们继续给他们提供新的贷款。然而这是不可能的。只要农场主必须支付一个正的利率，他们的债务对他们销售收入的比率就将以指数方式增长。同样重要的是，要注意到，即使农场主有能力为他们的经营筹集资金，情况也不存在什么实际差别。他们的账簿或许不会显示他们欠自己的利息，但如果他们继续给自己提供零利息贷款，他们就仍然在放弃通过把他们的货币资本投资于外部而可能获得的利息。

15. 我关于标普 500 指数公司的盈利和价格月度数字得自于罗伯特·希勒的"股市数据"电子表格文件，它可以在 www.econ.yale.edu/~shiller/data 中下载。为了得到年度盈利—价格比率，我对月度盈利和价格数字取平均值，然后计算这些平均值的比率。

16. 公司固定资产实物数量指数报告于 BEA 的固定资产表 6.2 第 2 行。GDP 平减指数报告于 NIPA 表 1.1.4 第 1 行；我重新调整了报告的数字，这个操作使通货膨胀率不受影响。第五章附录解释了我如何得到财产收入的现期成本衡量，前面的注释 7 解释了我如何计算现期成本"利润率"。

17. 这一经通胀调整的利润率是以现期成本来计价财产收入和净投资的。在所有其他方面，它都与第五章所讨论的经通胀调整的财产收入利润率相同。后一个利润率在 1980 至 2006 年期间的平均值比它在 1980 年的水平低 10.3%。第五章附录解释了我是如何计算这两个利润率的。

第七章 利润率为什么会下降

1. GDP 平减指数报告在 NIPA 表 1.1.4 第 1 行。CPI-U 序列可以在 BLSA 的网页

bls.gov/cpi/data.htm 中找到；我使用的是年均数字。关于其他变量的资料来源和用来计算它们的方法，见第五章附录。由于实际薪酬和实际净增加值的增长率自1970年以后一直是相等的，由此得出每小时劳动的实际薪酬和生产力（每小时劳动的实际净增加值）同样以相同的速度上升。得出相反结论的那种分析使用了一个价格指数来计算实际薪酬，却使用了另一个不同的价格指数来计算实际净增加值，这实际上是在拿苹果和橘子进行比较（见 Bosworth 和 Perry, 1994; Feldstein, 2008）。

2 这些数字基于 BLS 的"用工成本指数历史数据：职业和行业系列数据"（可以在 tinyurl.com/3ftgl73 上找到）中表5所报告的数字。私人企业中位于"专业技术及相关岗位"工人的数字，在同一张表上也有报告，数字显示这些工人的小时薪酬增加了129%。

3 迪梅尼尔和莱维（2011: 49）在一张图中把美国工薪收入者中工资最高的5%—10%排除在外，这张图似乎表明，自1980年代早期以后，所有其他雇员得到的薪资在公司净增加值中的比重剧烈下降。但是这一调整过程是把苹果和橘子混在了一起。未经这一调整的序列是关于总薪资的序列，而用来调整它的数据则排除了非工资性的报酬（退休金和医疗福利），这种非工资性报酬在低薪资工人的总薪酬中占有相当大的比重。在美国，2008年，个人中位数收入中有12%，而收入最高的10%的个人收入中只有4%，是由医疗保险和个人医疗福利构成的（见 BurkHauser 和 Simon, 2010: 25，表1）。由于这一差别，并且由于非工资性报酬比工资上升得更快，这一调整过程越来越低估了位于较低的90%的工薪收入者所得到的薪酬。它还可能因其他原因而出现虚假的下降，这是因为 BEA 的数据是公司支付给个人的薪酬，而迪梅尼尔和莱维用来调整薪酬数字的来自于皮凯蒂和赛斯的数据涉及的是"税收单位"而不是个人，也不是个人税单上报告的工资。对前两句话所说要点的进一步讨论，见第八章第一节。

4 尽管哈森说我在剩余价值中排除了管理人员的薪酬，但就像我在上面提到的那样，我实际上是在公司利润中排除了管理人员薪酬。

5 因此，固定利润份额的财产收入是净增加值乘以自1929至2007年期间的财产收入对净增加值的平均比率。自1947年以来这一平均比率几乎是相同的，因此选择1929年作为数据起点对结果几乎没有影响。关于我的利润率衡量的进一步的信息，见第五章附录。

6 然而，它无助于说明利润率在1982年以后没有复苏，这是因为自1970年以来利润份额一直没有趋势。

7 "因此，最荒谬的莫过于用工资率的提高来说明利润率的降低了，虽然这种情况在例外的场合也是存在的"（马克思，1991a：347；中文引自《资本论》第3卷，北京：人民出版社2004年版，第267页）。

8 为了消除MELT的变动，我用每一年雇员薪酬的数字除以该年的MELT，以及使用历史成本固定资产的经MELT调整的序列。对这些变量的数据来源和用来计算它们的方法，见第五章附录。

9 固定资产数据报告在BEA的固定资产表6.2第2行。就业序列报告在NIPA表5.5A–D第3行。我使用所有私人企业雇员的数字，是因为无法得到公司雇员的数字。

10 这一缺口的相对稳定性需要进一步的研究才能解释。然而清楚的是，从1970年代两位数的通货膨胀到之后由美联储政策所引发的去通货膨胀的衰退，其原因是在货币价格相对于价值的增长率存在着严格的政治限制。资产所有者不会坐等其资产对劳动、商品和服务的控制被通货膨胀快速侵蚀。

11 这个利润率是总CPS-MA利润率的分子的年度变化量除以其分母的年度变化量。图中所显示的是10年期中心移动平均值，是因为这个序列波动非常剧烈，但是用来计算其均值和趋势的是新投资的CPS-MA利润率的年度数值。这个序列始于1948年而不是1947年，这是因为1946年是向和平生产时期复原的一个过渡年份。从经济意义上来看，二战后时期起始于1947年，因此复原后变动的第一年是1948年。

12 2000年的趋势值比1948年的趋势值低了2.1个百分点。趋势系数的t值是-0.358。CPS-MA-NEW在2000年以后显著下降，导致其自1948年以来的均值从2000年的10.2%下降到2007年的9.3%。

13 注意LTFRP并没有暗示，为了使总利润率下降，新投资的利润率必须下降。在马克思（1991a：317）开始讨论LTFRP时所提供的数例中（这个数例在中文版《资本论》第3卷，北京：人民出版社2004年版中在第235页以下——译注），新投资的利润率总是为零，因此它并不下降。（由于在预付更多的资本时剩余价值保持固定不变，剩余价值的变动——即新投资利润率的分子——是零。）但是因为初始总利润率远远大于零（66.7%），在4种情况下额外的预付资本导致它下降（分别下降到50%，33.3%，25%和20%）。

14 对于价值的另外两种下降原因——意外损坏和老化，我认为马克思把它们看做是磨损而不是因陈旧过时而带来的价值下降。尽管就我所知他并没有明确地讨论这些因素，但他持有这样一种观点，即在产品生产中所使用的生产资料因其使用价值（实物用途）下降而损失了价值的意义上，产品得到了价值，因而，就老化有别于陈旧过时这一点来说，这种观点适用于老化问题，就像它适用于磨损问题一样。此外，他论证说，由于损耗带来的一定数量的"损失……是正常的，在……平均加工条件下是不可避免的"，因此平均数量的损耗带来的价值损失也被转移到了产品中去。（马克思，1990a：313，中文引自《资本论》第1卷，北京：人民出版社2004年版，第238页）因此，可以合理地推断，因意外损坏导致的平均数量的价值损失同样也转移到产品中去，这是因为它也是正常的和在平均条件下不可避免的。相反，因陈旧过时而导致的价值下降造成了生产资料原先的**平均**支出超过了它现在"正常的和不可避免的"**平均**支出。

15 第五章附录讨论了我关于固定资产和折旧的历史成本衡量的数据来源和用来计算它们的过程。

16 这些数字包括**所有**私人部门企业的非住宅固定资产的历史成本（报告在BEA固定资产表2.3），而不是只包括公司。BEA没有发布公司的IPE&S资产。信息处理设备和软件的数字报告在第4行。非住宅固定资产总量是非住宅设备与软件（第3行）和非住宅建筑物（第37行）之和。

17 BEA的折旧数字是以各种类型固定资产的估计使用年限为基础的，而不是以纳税申报单上报告的折旧数字为基础的。一项资产的使用年限越短，它折旧的速度越快。

18 取BEA关于美国企业部门自1960至2009年期间的折旧和固定资产数据（两者都是以历史成本计价的），并且给出无形损耗程度的各种假定，我们就能够估计出折旧率的上升中有多少是由无形损耗增加所带来的，如下表所示。估计结果表明，折旧率的全部上升都是由无形损耗的增加所带来的这一假定是现实的。

	无形损耗（占总折旧的百分比）					
非IPE&S	10	40	10	40	10	40
IPE&S，1960	40	55	45	60	50	65
IPE&S，2009	70	70	80	80	90	90
由无形损耗增加带来的折旧率上升的百分比	103	86	118	102	133	117

19 由于BEA并不报告这个数字，因此这一个数字只能估计。在信息技术革命发生

之前的 1937 至 1951 年期间，公司固定资产折旧率平均等于所有私人部门非住宅固定资产折旧率的 94.96%，并且这两个折旧率之间的比例关系在这一时期是非常稳定的。因此，我用私人部门非住宅、非 IPE&S 固定资产的折旧率乘以 0.9496，得到在总折旧增长速度与非 IPE&S 固定资产折旧增长速度相同的条件下公司固定资产折旧率的估计值。然后，我用这个折旧率乘以公司总固定资产，得到可能发生的折旧数量的估计值。

第八章　看似可选的消费不足理论

1　他们的论文重印在福斯特和马格多夫（2009）的第六章。

2　在公开研讨中讨论这一问题时，我遇到过三种主要的反对意见。一是用于医疗和退休福利的一美元带来的主观效用要小于一美元现金收入带来的主观效用。对一些工人来说这或许是正确的，但它在这里是无关的，因为这里的问题是国民收入是怎样在劳动人口和其他人口之间进行分配的。一个群体获得的额外一美元的收入，是其他群体所失去的一美元；无论所获得的收入是不是现金的形式，情况都是如此。基于同一理由，福利所带来的主观效用对于分析公司净增加值在财产收入和雇员薪资之间的分配也是无关的。第二个反对意见是，医疗福利实际上并不是工人的收入，因为这些钱最终流向了医疗保健的提供者和承保人。这就好像在说，工人花费在面包上的现金收入实际上并不是他们的收入，因为它最终流向了食杂店和面包店。由理查德·沃尔夫提出的最后一种反对意见认为，退休福利和医疗福利的接受者并不是工人，他们是前工人。这就好像在说，现金工资的接受者并不是工人，因为他们是在工作周结束之后才获得了他们的薪水。（这两种情况下，接受者都是用参加工作来换取收入，并且都是在他们完成工作之后才获得收入。）它还相当于说，失业的人不是工人，而是前工人，那些每天工作 8 小时、每周工作 5 天的人只是非全日制工人，因为他们没有每天工作 24 小时、每周工作 7 天。有关沃尔夫的反对意见以及其他的例子，见 www.marxist-humanist-initiative.org/ccvideo 网页关于"经济危机暨左派回应研讨会（Economic Crisis & Left Responses conference）"第一小组讨论会的视频。这次会议于 2010 年 9 月 6 日在纽约举行。

3　国民收入、薪酬和工资薪水的数字分别报告在 NIPA 表 1.12 第 1—3 行。GDP 报告在 NIPA 表 1.5 第 1 行。政府净社会福利数据来自于 NIPA 表 2.1。我用福利（第 17 行）减去用于福利计划的税收，得到净福利。我把所有政府净社会福利都计为工薪阶层人口的收入，这是因为无法得到用来计算它在工薪阶层人口和其他人口之间的分摊比例时所需要的数据。净福利中的绝大多数是归于工薪阶层人口的；平均来看，大约四分之三的净福利是由对贫困人口和低收入残疾工人的援助构成，并且净退休金、伤残抚恤金和退伍军人补助金构成了余下净福利的大部分。由于我的估计只是略微高估了工人的收入，因此工人占国民收入的份额自1970年以来出现了显著的下降这一观点并不能得到任何看似合理的证明。

4 生产和非管理（P&NS）工人的平均小时薪金（工资和薪水）公布在BLS的"就业形势发布"中的表B-8中（可以在tinyurl.com/3lfvuwq上找到）。（图8.2和8.3中的其他薪资数据得自于另外的一个调查。）关于1981至2005年期间，我的P&NS工人的总薪酬数字来自于BLS的"就业成本指数，历史数据，以现期美元计价，1975—2005"的表3（可以在tinyurl.com/67jqnqj中找到）。我关于所有私人企业工人的薪资数据来自于BLS的"就业成本指数，历史数据，岗位和行业连续序列"（可以在tinyurl.com/3ftgl73中找到）的表5（总薪酬）和表9（工资和薪水）。为了得到年度就业成本指数的数字，我对季度数据进行了平均；例如某一年份没有报告第一季度的数字，因而我平均了中间两个季度的数字。为了估计1980年和2006年以后的P&NS工人的总薪酬，我假定，在这些年份中的每一年，他们的总薪酬对他们工资和薪水的比率的增长速度与所有私人企业工人的相应比率的增长速度相同。实际上，它在1981至2005年期间增长得稍快一点儿，因此我的假定可能低估了P&NS工人薪酬的增长。PCE指数报告在NIPA表1.1.4第2行。BLS发布的CPI-W指数可以在www.bls.gov/cpi/中找到；我对每年的月度数据进行了平均。

5 所引材料来自于BLS网站上"常见问题"网页，网址是tinyurl.com/3avafeb。

6 作为其基础的平均工资和薪水数据是针对所有税收单位和收入最高10%的税收单位的数据。它们来自于皮凯蒂和赛斯的Excel电子表格文档（可以在elsa.berkeley.edu/~saez/TabFig2008.xls中找到）的表B1（"平均工资"那一列）和B3（"P90-100"平均薪水那一列）。由于所有税收单位的平均工资等于处于底层90%人口的平均工资的十分之九加上处于最高10%人口的平均薪水的十分之一，因此我能够从这些数据中计算出底层90%人口的平均工资。

7 这些数据报告在伯克豪瑟、拉里默尔和西蒙（Burkhauser, Larrimore and Simon, 2011: 37, 表4, D栏）。他们使用CPI-U-RS序列对通货膨胀进行调整。他们的研究所考虑的转移支付是由政府提供的现金社会福利，例如社会保险、失业保险和福利津贴。

8 我在这一节的分析受到了布利尼（Bleaney, 1976）、杜娜耶夫斯卡娅（1991）和谢赫（1978）的分析的启发。

9 例如，美国前劳工部长罗伯特·B. 赖克（Robert B. Reich, 2010）最近说道："富人们的支出在他们收入中的比重，比我们这些人小得多。所以，当他们获得的收入在总收入中的比例太大时，经济就丧失了为保持增长和创造就业所需要的需求。"这个虚假的事实是他的文章中解释大衰退为何出现这一问题的核心。

10 我在其他地方（Kliman, 2011）已经讨论了这些图式意图要说明的问题；在这里我只是要解释这些图式本身说明了什么问题。

11 "任何一种想离开这个基本事实的企图，都是表示逃避现实……再生产表式[的存在]，它们分明指着反面的东西，但……丝毫也没有改变事情的实质：……生产还是为了消费而生产"（Sweezy, 1970: 172（中文引自斯威齐：《资本主义发展论》，北京：商务印书馆1997年版，第192页））。

12 这个分析最初以"Freddie Forest"的化名发表于《新国际》（*New International*）杂志1946年4月刊和5月刊上。

13 马克思在这里似乎指的是他们的个人消费需求与他们的生产性消费需求（投资需求）之和。他们的个人消费需求总是低于他们积累的利润，但是只有当他们的投资需求没有大到足以弥补这一缺口时危机才会发生。

14 这是一个40%的增长，根据巴兰和斯威齐（1966: 24），它比1929至1963年期间美国的剩余增长百分比大两倍还要多。

15 推导过程如下。工人的收入份额是 $w_t = 0.65 + 0.1(0.9)^{t-1}$，资本家的收入份额是 $c_t = 0.15 + 0.05(0.9)^{t-1}$。$K_{t+1} = [1 + 0.15(1 - w_t - c_t)]K_t$，$C_{Ct} = 0.15 c_t K_t$，$I_t = 0.15(1 - w_t - c_t)K_t$，$Q_{MAXt} = 0.15 K_t$，并且 $K_0 > 0$。这些关系式满足恒等式 $K_{t+1} = K_t + I_t$，同时也满足巴兰和斯威齐的条件——剩余和投资在收入中的份额持续上升，而工人和资本家的个人消费在收入中的份额持续下降，资本存量的增长率（$(K_{t+1} - K_t)/K_t$）和潜在产出持续上升，并且潜在产出/资本比率固定不变。根据巴兰和斯威齐的观点，这些条件暗示着实际产出低于潜在产出的程度必然越来越大。然而事实上，（在这个例子中）实际产出和潜在产出总是相等的，这是因为 $Y_t = C_{Wt} + C_{Ct} + I_t = 0.15 w_t K_t + 0.15 c_t K_t + 0.15(1 - w_t - c_t)K_t = 0.15 K_t = Q_{MAXt}$。

16 麦迪森的"世界人口、GDP和人均资本统计，公元1~2008年"可以在

www.ggdc.net/maddison 中找到。世界银行的数据来自于它的世界发展指标和全球金融发展数据库，网址是 databank.worldbank.org/ddp/home.do。

17 这个数据报告在 NIPA 表 1.1.3 第 1 行（GDP），第 2 行（个人消费）和第 9 行（非住宅固定资产投资）中。

18 设 Q_A 表示现实产出，它与收入是同一个东西。使用表 8.4 中的符号，我们可以把收入的投资份额表示为 I/Q_A，把潜在产出/资本比率表示为 Q_{MAX}/K。如果 $Q_A = Q_{MAX}$，则资本存量的增长率 I/K 等于（I/Q_A）（Q_{MAX}/K）。如果 $Q_A = Q_{MAX}$ 并且 Q_{MAX}/K 固定不变，那么如我们在上面所看到的那样，I/K 就是经济的增长率。由此得到，如果 Q_{MAX}/K 固定不变，则 I/Q_A 的百分之 x 的上升将导致增长率上升百分之 x。

19 如果我们考虑到投资下降具有这样一种影响，即它将使消费下降，进而使对投资的需要进一步下降以恢复"均衡"，我估计国内私人非住宅实际总投资将会自 2008 年顶点下降 85%。（我的估计中假定消费下降的百分比是投资下降百分比的 7.1%，这是 2009 年实际发生的情况。）注意做一下比较，1929 到 1933 年它下降了 71%。这种差别是非常显著的，因为这些是总投资的数字；实际净投资下降的百分比可能会比大萧条期间的下降程度大得多。我的粗略估计表明，由于同 1929 年相比，2008 年总投资下降的程度更大，并且净投资在总投资中所占的规模更小，因此实际净投资下降的百分比——资本实物的消灭——可能接近于 1930 年早期"均衡"得到恢复之前的两倍。

第九章　还有哪些问题未解决？

1 新多德—弗兰克金融改革法案和决策者常常提到具有"系统重要性"的公司。这个短语有助于明确什么样的公司能够成为"大而不倒"的公司——即使一家公司并不是特别大，即使它的破产并不会威胁到与它有业务往来的公司的偿付能力，但只要政府不挽救它就会危及整个金融体系中投资者的"信心"，那么它就是一家"大而不倒"的公司。贝尔斯登不是一家特别大的机构，雷曼兄弟在它破产时也不是。根据《金融时报》（*Financial Times*），贝尔斯登在 2007 年 12 月末时并不是（按市值排名的）世界 500 强企业，2008 年 6 月末时雷曼兄弟也不是。见 tinyurl.com/3goh85l 和 tinyurl.com/3oyq7wy。

2 2008 和 2009 年，欧洲银行资产的 56% 由最大的 1000 家银行拥有，但是美国只有 13% 的银行资产由最大的 1000 家银行拥有。（IFSL 研究，2010：3，第 7 章）。

3 杜娜耶夫斯卡娅评论说，在希法亭（Hilferding, 1981）1910 年出版的颇具影响力的著作《金融资本》一书中，他"看到了资本主义在其金融狂欢的表象下的新阶段，并且变得迷恋于这个新阶段的将商业、产业和金融利益'统一在一起'的能力，而不是具体地认识到资本主义的这个新的垄断阶段所具有的更大的矛盾和对抗性……对希法亭的一个更为仔细的研究表明……恩格斯去世后的新一代马克思主义者……**不是把垄断视为束缚，而是视为生产的一种组织力量**。因此，曾公开拒绝伯恩斯坦主义（Bernsteinism）和渐进主张的第二国际接受了希法亭主义（Hilferdingism），这意味着默认了资本得到了一种'可靠的'稳定性，从而把它的无政府主义粉饰为一种'不变的'属性的能力，它还意味着把这个新阶段不是看做向更高形式的转变，而是看做资本主义自身内部尽管是'不好的'但已经出现了的某种更高级的东西"。（Dunayevskaya, 1951：9291—9292，强调为原文所加）

4 我的制造业薪酬数据来自于 BLS 的"2008 年制造业小时薪酬的国际比较"的第 1 至 4 页（可以在 tinyurl. 4vp4qrn 中找到）。出口数据来自于世界银行的世界发展指标和全球金融发展数据库，网址是 databank. worldbank. org/ddp/home. do。人均 GDP 增长率数字来自于联合国的《2009 年人类发展报告》；我是在 hdrstats. undp. org/en/buildtables 中下载的。

5 尽管专用于 TARP 的资金有 7000 亿美元，但它们并没有全部花完。此外，在 TARP 下进行的贷款通常都得到了偿还，并且政府从利用 TARP 资金购买的资产中获得了利润。

6 斯蒂格利茨委员会最终的报告声称，"公司总是会发明出各种办法来规避管制这一事实，意味着政府不得不把管制看做是一个动态过程"（专家委员会，2009：63）——也就是说，看做是一个老鼠一直在设法逃过猫的捕捉的、永不停歇的猫捉老鼠的游戏。这可不是一个能够鼓舞对管制有效性的信心的评论。

7 我使用"社会主义经济"，指的是一个以民主方式运行的、公有的经济，在这种经济中，人们的工作能力不是一种商品，生产和供给是以满足人类需要为导向的，而不是以积累数量越来越大的抽象财富（"价值"）为导向的。为了使经济行为的导向按照此种方式重新调整，金融、货币、交换和价值都必须被消灭。

8 遗憾的是，对这一见解公开表示赞同以及以它为基础来实施政策，远远不及人们对它的相信那么普遍。

9 1980 年代中期，以色列失控的通货膨胀一结束，基布兹立刻就面临着一场难以解决的债务危机,他们对这场危机的应对主要是在基布兹内部放弃废除市场关系的做法(他们为利润生产,使用雇佣劳动,而在此之前很长时间里常常是雇用阿拉伯人)。"今天的基布兹引以为荣的是差别工资,装有百叶窗的饭厅,个人对住宅的所有权,私人银行账户和投资组合,当然,还有更富和更穷的基布兹成员。只有大约80个基布兹农场——不到三分之一——仍然保留着原有的平均主义。"(Goldberg,2010)

索 引

(页码为原书页码，n 是 note 的缩写)

A

accelerating growth，加速增长，168，171，173-4，175-6，179-80

accumulation of capital，*see* investment 资本积累，见投资

actual-potential labor force gap，*see* labor—market conditions 现实—潜在劳动力缺口，另见劳动力市场条件

AIG，35，181，184

alternative to capitalism 取代资本主义的方案，203-6

Asian currency crisis，*see* East Asian currency crisis 亚洲货币危机，见东亚货币危机

Asian Tigers 亚洲四小龙，176

austerity measures 紧缩性措施，183，203-4

B

bailouts，182-3，194，*see also* individual entries 救助，另见其他各条目

Baker, Dean 迪恩·贝克，36-38

Bank of America 美国银行，35

banking crises，57-9，*see also* savings and loan crisis 银行业危机，另见储

蓄和贷款危机

Baran, Paul, 保罗·巴兰, 12, 151, 162, 167-75, 178-80, 224n14, 224n15

Bear Stearns 贝尔斯登投资公司, 181-3, 184, 225n1

Beggs, Mike, 迈克·贝格斯, 103

benefits, government-provided 福利, 政府提供的, 223n3

Bernanke, Ben 本·伯南克, 40-1, 44-46, 182, 196-7, 202, 209n7

Bleaney, Michael, 迈克尔·布利尼, 223n8

book value 账面价值, 109

Bosworth, Barry, 巴里·博斯沃思, 155-6, 219n1

Branigan, Tania, 塔尼亚·布兰尼根, 189

Brenner, Robert 罗伯特·布伦纳, 9-10, 15, 208n1（chap. 1）, 208n2（chap. 2）

Bretton Woods system, 布雷顿森林体系, 58-9, 73, 191

bubbles, 210n2, *see also* dot-com bubble, home-price bubble 泡沫, 另见互联网公司泡沫, 房价泡沫

Bullard, James 詹姆斯·布拉德, 184

Burkhauser, Richard 理查德·伯克豪瑟, 159-60, 220n3, 223n7

Bush, George W. 乔治·沃克·布什, 34, 183

C

capital-gains tax, on home resales 资本利得税, 涉及房屋再销售的, 29

capitalism 资本主义, 1

    alternative to 取代方案, 203-6

    capitalists as personifications of 资本家人格化, 196

    collapse of 崩溃, 4, 26, 181, 183, 198-9, 210n14

    instability of 不稳定性, 26-7, 196-7, 183, 184-5, 202-3, 225n3

    internal contradictions 内部矛盾, 26-7, 106

    and owners' interests 与所有者的利益, 181-3

public opinion regarding 公众关于资本主义的意见, 203

and working people's interests 劳动人民的利益, 198, 200-2, 226n7

see also capitalist production; statecapitalism 另见资本主义生产; 国家资本主义

capitalist production 资本主义生产, 1-2, 6-7, 51, 124

contradictory nature 矛盾性质, 26-7

and cost-cutting 降低成本, 184, 205-6

goal of 目标, 20-1, 183, 210n16, 226n7

see also value 另见价值

Carchedi, Guglielmo 古列尔莫·卡尔科迪, 7-8

Carroll, Lewis 路易斯·卡罗尔, 108

Causality 因果关系, 1, 96-97

indirect 间接地, 16, 217n3

Celasun, Oya 欧雅·赛拉森, 24

centralization of capital 资本集中, 184

Chang, Gordon 章家敦, 197

cherry picking, of data 优化选取, 数据的优化选取, 67, 104-5, 110, 178, 217n4

China 中国, 199, 204

economic growth 经济增长, 51-6

savings glut hypothesis 储蓄过剩假说, 44, 45

Chrysler 克莱斯勒公司, 181

circulating capital 流动资本, 80-2

Clarke, Simon 西蒙·克拉克, 201, 212n2

class struggle 阶级斗争, 3, 24, 200-2, 203-4

clearinghouses, derivatives 衍生交易的, 清算公司, 194

Cohn, D'Vera 德维拉·科恩, 159

Collapse, see under capitalism 崩溃, 见资本主义下二级条目

commercial real-estate prices 商业不动产价格, 29, 47

compositions of capital 资本构成, 128-33

concentration, banking industry 银行业, 集中, 184, 225n2

confidence, investors' 信心, 投资者, 2, 34-8, 181, 182-3, 207, 225n1

Congressional Budget Office 美国国会预算办公室, 212n4

consumption, personal, *see* investment and consumption 消费, 个人的, 另见投资与消费

consumption, productive, *see also* investment 消费, 生产性的, 另见投资, 161, 224n13

cooperatives 合作社, 196

corporate income tax 公司所得税, 4, 64-6

corporations 公司, 97-9

    domestic 国内的, 75

    multinational 跨国的, 75, 78-80

creative destruction, *see also* destruction of capital 创造性毁灭, 另见资本消灭, 209n13

credit, *see* debt problems; debt crises 信用, 见债务问题; 债务危机

Crédit Mobilier 莫比利埃信托公司, 196

credit-rating agencies 信用评级机构, 33-4

crises, *see* capitalism, instability of; confidence; *see also* individual entries 危机, 见资本主义, 不稳定性; 信用, 另见其他各条目

Culpan, Tim 蒂姆·库尔潘, 226n8

current-cost accounting 现期成本会计, 102

current-cost "rate of profit," 现期成本"利润率", 8, 9, 11

    divergence from actual rate of profit 对实际利润率的背离, 111-14

    vs. inflation-adjusted rate 与通胀调整的利润率, 117-22

    mismeasures profitability 错误衡量盈利能力, 114-22

    misnamed 误称的, 108-10

    and rate of return on equity 股权收益率, 117

    revalues past investments 过去投资的重新计价, 111-13

trend 趋势，110-11

Curry, Timothy 蒂默西·卡瑞，191

D

Debs, Eugene V. 尤金·V. 德布兹，206

debt burdens 债务负担，5，6，18，151，206-7

    households, U. S. 美国家庭，29-31，63-4

    mortgage 抵押贷款，28-9，30-2

    nonfinancial sectors, U. S. 美国非金融部门，4，14，48，60-3，73，74，151

    Treasury, U. S. 美国财政部，2，14，24-5，60-1，63-6，183，213n7

debt crises 债务危机，14，21-2，56-7，58，59，73，194，206-7，see also individual entries 另见其他各条目

decommodification 去商品化，210n16

deflation 通货紧缩，24，28，40-1，46

depreciation 折旧

    BEA's concept, 经济分析局的概念，139，140，221n17

deregulation 去管制，58-9，192-3

Desai, Radhika 拉迪卡·德赛，7-8，165-6，167

destruction of capital (value) 资本（价值）灭失，3，4-5，10，13，22-5，26-7，48，206-7

    in Great Depression and World War II 大萧条和二战，3，22-4，76-7

    through moral depreciation 无形损耗导致的，123，138-9，148

dialectic 辩证法，10

dividends 股息，126-7

Dodd-Frank law 多德-弗兰克法案，193，194，225n1

Domar, Evsey 埃弗塞·多马，168

dot-com bubble 网络公司泡沫，14，28，30，33，38-9，47，48

Duménil, Gérard 热拉尔·迪梅尼, 7, 8, 75, 220n3
    on neoliberalism 论新自由主义, 49-50, 73, 89-90, 115
    on rate of profit 论利润率, 103-5, 108, 111-12 117-18, 217n3, 217n4, 218n6
Dunayevskaya 杜娜叶夫斯卡娅, 181, 206, 210n15, 225n3
    on underconsumptionism 论消费不足论, 162, 165 198-9, 223n8

E

East Asian currency crisis 东亚货币危机, 14, 58, 186
East Asian Tigers, *see* Asian Tigers 东亚四小龙, 另见亚洲四小龙
economic growth 经济发展, 51-6, 173-4, 191
    decline during Great Recession 大萧条时的下降, 187-8
Egoavil, Michael 迈克尔·埃戈维尔, 196
Employment, *see* labor-market conditions 就业, 见劳动力市场状况
equilibrium methodology 均衡方法, 108
equivocal arguments 一语多义的论证, 107
ethics 伦理, 10, 108-10, *see also* cherry picking 另见优选
excess capacity 产能过剩, 171, 173
exploitation, *see* compensation of employees 剥削, 见雇员薪酬
explosive growth 爆炸性增长, 168-71, 173, 179-80

F

Fackler, Martin 马丁·法克勒, 210n2
Fannie Mae 房利美, 181, 182-3, 195, 196, 209n7
Farjoun, Emmanuel 埃曼纽尔·法尔容, 17
Fascism 法西斯主义, 202, 207
FDIC, *see* Federal Deposit Insurance Corporation FDIC, 见美国联邦存款保险公司

Fed, *see* Federal Reserve 美联储，见联邦储备委员会

Federal Deposit Insurance Corporation 美国联邦存款保险公司，57

federal funds rate 联邦基金利率，39-45

Federal Reserve 联邦储备委员会，37，77，182，196，210n3，220nl0

    and home-price bubble 和房价泡沫，11，28，38-47 *see also* Bernanke, Ben; Bullard, James; Greenspan, Alan; Rosengren, Eric 另见本·伯克南；詹姆斯·布拉德；艾伦·格林斯潘；埃里克·罗森格伦

Feldstein, Martin 马丁·费尔德斯坦，153-4，219nl

financial crisis of 2007-08 2007—2008 金融危机，1，2，11，28，31-8，181

financialization 金融化，5-7，8，50，74-5，104，113，152

    as form of appearance 表现形式，225n3

    see also neoliberalism 另见新自由主义

financial reform 金融改革，*see* Dodd-Frank law 见多德·弗兰克法案

financial liberalization 金融自由化，58-9，*see also* deregulation 另见去管制

Fisher, Irving 欧文·费雪，22

fixed assets, defined 固定资产界义，75

Fogel, Robert 罗伯特·福格尔，186-7，188

foreclosures, on homes 抵押品赎回权，房产的，31-2，36，211n7

Foster, John Bellamy 约翰·贝拉米·福斯特，7，152-6，158，222nl

Foxconn 富士康公司，190

Francis, David 大卫·弗兰西斯，212nl

Frankfurt School 法兰克福学派，50

Freddie Mac 房利美，181，182-3，195，196，209n7

free-market capitalism, *see* neoliberalism 自由市场的资本主义，见新自由主义

Freeman, Alan 艾伦·弗里曼，7-8，208n3（chap. 1）

Friedman, Milton 米尔顿·弗里德曼，23

Fry, Richard 理查德·弗莱, 159

Fullarton, John 约翰·富勒顿, 3, 209n12

G

General Motors 通用汽车公司, 181

Gerschenkron, Alexander 亚历山大·格申克龙, 175

Geske, Michael 迈克尔·盖斯克 143

Gjerstad, Steven 斯蒂文·哲斯塔, 41

"going postal," 邮政运营, 205

Goldberg, J. J. J. J. 戈德伯格, 226n13

government debt, see debt burdens, Treasury 政府债务, 见政府债务负担, 财政部

government-provided benefits, see benefits 政府提供的福利, 见福利。

Great Depression 大萧条, 2, 178-9, 201, 202

    and destruction of capital 资本消灭 3, 22, 23-4, 76-7, 224n19

    as underconsumptionist equilibrium 作为消费不足论的均衡, 178-9, 224n19

Great Recession 大衰退, 1-3

    on conventional left explanation of 左派的传统解释, 5-7, 8-9, 74-5, 89-90, 102-4

greed 贪婪, 1

Greenspan, Alan 艾伦·格林斯潘, 16, 38, 44-5, 211n12

gross domestic product, see economic growth 国内总产量, 见经济增长

growth, see accelerating growth; economic growth 增长, 见加速增长; 经济增长

H

Hahnel, Robin 罗宾·哈内尔, 106-8

Harman, Chris 克里斯·哈曼, 7-8, 103, 208n2（chap. 1）, 212n2

Harvey, David 大卫·哈维, 7, 153

Hayek, Friedrich 弗里德里希·哈耶克, 23-4

Henwood, Doug 道格·亨伍德, 49, 73

Herman, Shelby 谢尔比·赫尔曼, 139, 218nll

Herszenhorn, David 大卫·赫森霍恩, 34, 183

Hilferding, Rudolf 鲁道夫·希法亭, 225n3

historical cost, defined 历史成本, 界定, 109

Holloway, John 约翰·霍洛韦, 204

home-price bubble 房价泡沫, 2, 11, 28-34, 38, 42-7

home prices, history since Great Depression 房价, 自大萧条以来的历史, 33

home resales, capital-gains tax on 房屋再销售, 对它征收的资本利得税, 29

Hoover, Herbert 赫伯特·胡佛, 23

housing-sector crisis, see foreclosures; home-price bubble 房产业危机, 见抵押赎回权; 房价泡沫

Hulse, Carl 卡尔·赫尔斯, 34, 183

Humpty Dumpty 矮胖子, 108

Husson, Michel 米歇尔·哈森, 75

    on managers' compensation 关于管理者酬金, 126-7, 220n4

    on neoliberalism 关于新自由主义, 49, 89-90, 92-3, 115

    on rate of profit 关于利润率, 85-8, 117-18, 216n12, 218n6

I

ideology 意识形态, 50-1, 181, 183, 212n2

imperialism 帝国主义, 179

indvidual income tax 个人所得税, 64

industrial capacity 工业生产能力，55-56

industrial production 工业生产，55

inequality 不平等，69-71，73，158-60

inflation，in 1970s，1970年代的通胀，59，73，191-3

 and rate of profit 和利润率，77，83-84，131

information technology 信息技术，12，28，33，123，138，140-5

infrastructure，public 公共基础设施，71-2

instability，*see under* capitalism 不稳定性，见下面的资本主义词条

intellectuals，responsibility of，*see* ethics 知识分子的责任，见伦理

internal contradictions，*see under* capitalism 内部矛盾，见资本主义

International Viewpoint 国际视点，88

Inventories 存货，80-1，100，215n6

investment and consumption，relative growth of 投资和消费，相对增长，173-5，176-9，*see also* production for production's sake 另见为生产而生产

investment，productive 投资，生产性的，5，11，55-6

 as component of demand 作为需求的组成要素，161-5，168-80，224n13，224n18

in public infrastructure 公共基础设施，71-2

 and rate of profit 利润率，3，6，11，18，23，88-91，165，209n6，214nl，216n13

 as shard of profit 利润份额，91-4

Izzo，Phil 费尔·伊佐，193

J

Jablecki，Juliusz 朱利叶斯·嘉伯莱科，32

Jaclard，Anne 安妮·雅克拉德，212n2

James，C. L. R.　C. L. R. 詹姆斯，203

Japan 日本, 11, 28, 38, 40, 42, 46, 58, 210n3

JP Morgan Chase 摩根大通, 182

K

Katz, Arnold 阿诺德·卡茨, 139

Keim, Geoffrey 杰弗里·凯姆, 24

Keynesianism 凯恩斯主义, 7, 50, 192, 201, 212n1, 212n2

Kibbutzim 基布兹集体农庄, 205-6, 226n13

Kliman, Andrew 安德鲁·克莱曼, 83, 106, 126-7, 217n1, 224n10

    on rate of profit 论利润率, 8-9, 86, 88, 133, 208nn2, 3 (chap. 2), 215n10, 218n6

Kolo, Vincent 文森特·克罗, 189

Krugman, Paul 保罗·克鲁格曼, 2, 211n12

L

labor-market conditions 劳动力市场状况, 4, 40-1, 66-8, 212n4

Laibman, David 大卫·莱布曼, 115

Lapavitsas, Costas 科斯塔斯·拉帕维查斯, 217n3

Larrimore, Jeff 杰夫·拉里莫尔, 159-60, 223n7

Law of tendential fall in rate of profit 利润率下降趋势规律

    empirical relevance 经验相关, 8, 9, 12, 102-4, 123, 131-3, 136-8

logical consistency 逻辑一致, 105-8

    in Marx, 8, 10, 13, 14-16, 22, 25-7, 208n2, 3 (chap. 2), 208n. 5, 220n7, 221n13

    methodological dismissal 方法论上的摒弃, 108

    political implications 政治含义, 7, 26-7

Lee, Grace 格雷斯·李, 203

Lehman Brothers 雷曼兄弟, 34, 35-6, 183, 184, 225n1

Lenin, Vladimir Ilyich 弗拉基米尔·伊里奇·列宁, 205

Leverage 杠杆, 32-3, see also debt burdens 另将债务负担

Levy, Dominique 多米尼克·莱维, 7, 8, 75, 220n3

   on neoliberalism 论新自由主义, 49-50, 73, 89-90 115

   on rate of profit 论利润率, 103-5, 108

liquidationism 清算主义, 23-4, see also destruction of capital 另见资本消灭

"liquidity lock," "流动性锁定", 34

Liu, John 约翰·刘, 226n8

Lockrow, Michael 迈克尔·洛克罗, 189

Lohr, Steve 史蒂夫·劳尔, 210n2

Luxemburg, Rosa 罗萨·卢森堡, 179, 198-9

M

Machaj, Mateusz 马修·马查耶, 32

Machover, Moshe 摩西·马赫奥弗尔, 17

Maddison, Angus 安古斯·麦德森, 51-3, 173-4

Magdoff, Fred 弗莱德·马格多夫, 7, 152-6, 158, 222n1

Mandel, Ernest 厄内斯特·曼德尔, 26

Mao Zedong 毛泽东, 199, 205

Marx, Karl 卡尔·马克思, 10, 103

   alleged underonsumptionism 被称作消费不足理论, 165-7

   on capitalist mode of production 论资本主义生产方式, 51, 183, 184, 185, 196, 204-05, 210n16

   on destruction of capital 论资本消灭, 3, 13, 22, 25-7, 209n12

   on economic crises and slumps 论经济危机和衰退, 10, 13, 14, 19-22, 25-7, 165-7, 209n8, 209n9, 210n14, 224n13

   inflation concept 通货膨胀概念, 82-3, 215n8

on moral depreciation 论无形损耗, 12, 96, 138-40, 221n14

on rate of profit 论利润率, 8, 13, 14-16, 20-2, 25-7, 95-7, 109, 131, 220n7, 221n13

reproduction schemes of 再生产图式, 162-4, 165, 177

value theory 价值理论, 8, 14-15, 81, 101, 131, 139-40, 205

　　see also compositions of capital；另见资本构成；law of tendential fall in rate of profit 利润率下降趋势规律, surplus-value 剩余价值

Mattick, Paul [Jr.] 小保罗·马迪克, 7-8

McNally, David 大卫·麦克纳利, 7

Mellon, Andrew 安德鲁·梅隆, 23

Merrill Lynch 美林证券, 35

monetary expression of labor-time 劳动时间的货币表现, 82-3, 215n8, *see also* MELT-adjusted rates of profit 另见 MELT 调整的利润率; rate of profit, decomposition 利润率, 分解

monetary policy 货币政策, *see* federal funds rate 见联邦基金率; quantitative easing 量化宽松

money-market mutual funds 货币市场共同基金, 35-6, 192

Monthly Review《每月评论》, 152, 153, 179, 199

moral depreciation 无形折旧, *see under* depreciation 见折旧下的二级词条

moral hazard 道德风险, 19-20, 183, 184-5, 209n7

Morgenson, Gretchen 格雷琴·摩根森, 193, 194

mortgage-related securities 抵押贷款相关证券, 19-20, 33-4, 46, 211n9

Moseley, Fred 弗雷德·莫斯利, 103, 104-5, 195, 217n2

Moses 摩西, 206

N

Nakajima, Chizu 中岛千寿, 208nl (chap. 1)

National Council on Public Works Improvement 公共工程改善委员会, 72

National Income and Product Accounts 国民收入和产出账户，74

Nationalization 国家化，7，12，35，37-8，181，194-6，204-5

negative equity, in homes 负资产，在住宅上的，31

neoliberalism 新自由主义，11，48-51，58-9，73，105，181，183，201，212n2，218n5

    as ideological-political term 作为意识形态—政治的术语，50-1，212n2

    rate of accumulation under 新自由主义下的积累率，5-6，89-94，115

    rate of profit under 新自由主义下的利润率，5-6，8-9，103-4，110-11，115，120，122，147

    as regime of accumulation 作为积累制度，89，91-2，11-5

net income 净收入，98

New Deal 新政，181，201

Niemira, Michael 迈克尔·涅米拉，193

NIPA, *see* National income and Product Accounts NIPA，见国民收入和产品账户

Nixon, Richard 理查德·尼克松，50，59，212nl

O

Obsolescence, *see* depreciation, moral 陈旧过时，见折旧，无形损耗

Office Financial Stability 金融稳定办公室，191

Okishio, Nobuo 诺布奥·奥可西奥，105-7，114，208n2（chap. 2）

Okishio's Theorem 置盐定理，8，9，105-8，208n2（chap. 2）

Onishi, Hiroshi 大西广，7-8

OPEC 石油输出国组织，59，191

organic composition of capital, *see* compositions of capital 资本的有机构成，见资本构成

P

Panic of 2008, *see* financial crisis of 2007-08 2008年大恐慌，见2007—

2008 金融危机

Partnerships 合伙制企业, 97-9, 217n22

Paulson, Henry 亨利·保尔森, 34, 183

Pelosi, Nancy 南希·佩洛西, 34

Perry, George 乔治·佩里, 155-6, 219nl

Physicalism 实物主义, 102, 108, 109, 217nl

Piketty, Thomas 托马斯·皮凯蒂, 159-60, 220n3, 223n6

Pirrong, Craig 克雷格·皮龙, 194

political determinism 政治决定论, 50-1, 204-5, 212n2

Posner, Richard 理查德·波斯纳, 203

post-structuralism 后结构主义, 50

post-World War II boom 二战后的经济繁荣, 76-7

potential labor force, see labor-market conditions 潜在劳动力, 见劳动力市场状况

Potts, Nick 尼克·波茨, 7-8, 209n6

power, seizure of 权利剥夺, 204-5, 206, see also political determinism 另见政治决定论

Prince, Charles (chucky) 查尔斯（"查克"）·普林斯, 211n9

production for human consumption 为人的消费而生产 161-4, 224nll

production and nonsupervisory workers 生产和非管理工人, 156, 158

production for production's sake 为生产而生产, 164

productive labor 生产性劳动, 101

profit 利润

    after-tax 税后利润, 14, 78, 92-3, 94, 144-5, 214n 3

    BEA's definition 经济分析局的定义, 78, 100

    before-tax 税前收入, 99-100 vs. net income 净收入, 98

    net operating surplus 净营业盈余, 99, 214n2 see also profit share of income；另见利润占收入的份额, property income；财产收入；rate of profit 利润率

profit share of income, corporate 利润占收入的份额，公司，124-8

property income 财产收入，75-6

Q

quantitative easing 量化宽松，207

R

Ramey, Valerie 瓦莱丽·雷米，143

Ramirez, Steven 史蒂芬·拉米雷斯，194

Rasmussen Reports 拉斯穆森民调报告，203

Rasmussen, Scott 斯科特·拉斯穆森，203

rate of accumulation, *see* investment 积累率，见投资

rate of depreciation, *see* depreciation 折旧率，见折旧

rate of profit 利润率，11-12

 all-purpose rate, nonexistence of 万能的利润率，不存在性，74，94-5

 computations discussed 计算的讨论，99-101

 constant-profit-share (CPS) rate 固定利润份额的 (CPS) 利润率，127-8

 CPS-MA rate CPS-MA 固定利润率份额的经 MELT 调整的 (CPS-MA) 利润率，134-8，148-50

 CPS-MA rate on new investments (CPS-MA-NEW)，新投资的 CPS-MA 利润率 (CPS-MA-NEW)，135-8，148-50

 data discussed 数据的讨论，99-101

 decomposition 分解，11-12，133-8，148-50

 defined 定义，109

 as determinant of investment 作为投资的决定因素，3，6，11，18，20-1，23，88-91，165，209n6，214n1，216n13

 effect of inventories on 存货影响，81-2

effect of moral depreciation on 无形损耗的影响，135-8，148-50

effects of low rate 低利润率的影响，17-19

inflation-adjusted rate 经通货膨胀调整的利润率，82-8，94-5，100-1，215n9，216n11

"Marxian," 马克思的，75，81，95-7，128-9

MELT-adjusted (MA) rate，经 MELT 调整的（MA）利润率，82-8，94-5，100-1，123，129，131-4，215n9，216n11，220n8

multinationals' rate 跨国公司的利润率，78-80

nominal rate 名义利润率，75-8

and rate of return on equity 股本回报率，117

see also current-cost "rate of profit"；另见现期成本"利润率"，law of tendential fall in rate of profit 利润率下降趋势规律

rate of surplus-value, see surplus-value 剩余价值率，见剩余价值

rate of return on equity, see return on equity 股本回报率，见股本回报

reason, need for 理由，需要的，207

reconversion, post-World War II 恢复，二战后的，220n11

redistribution of income 收入再分配，12，197-202，see also compensation of employees；profit share of income 另见雇员薪酬，利润占收入的份额

regime of accumulation, see under neoliberalism 积累机制，见新自由主义下的二级词条

regulation 管制，7，12，20，59，185，191-4，201，226n6

Regulation school 调节学派，50

Reich, Robert 罗伯特·赖克，224n9

Reinhart, Carmen 卡门·莱因哈德，56-9

replacement-cost valuation 重置成本计价，see current-cost accounting 见本期成本计算；current-cost "rate of profit" 本期成本"利润率"

reproduction schemes, see under Marx 再生产图式，见马克思下的二级词条

Resnick, Stephen 斯蒂芬·雷斯尼克，153

return on equity 股本回报，117

Robbins, Lionel 莱昂内尔·罗宾斯，23-4

Roberts, Michael 迈克尔·罗伯特，7-8

Rogoff, Kenneth 肯尼斯·罗格夫，56-9

Rosengren, Eric 埃里克·罗森格伦，34-5

Rostow, Walt 沃尔特·罗斯托，175

S

Saez, Emmanuel 伊曼纽尔·塞斯，159-60，220n3，223n6

savings and loan crisis 储蓄信贷机构危机，14，58，59，191-3

savings glut hypothesis 储蓄过剩假说，44-5

Schmid, Michael 迈克尔·施密德，209n9

Schmidt-Hebbel, Klaus 克劳斯·施密特-赫伯尔，175-6

Schumpeter, Joseph 约瑟夫·熊彼特，105，209n13

Securitization 证券化，32

Serven, Luis 路易斯·萨文，175-6

Shaikh, Anwar 安瓦尔·谢赫，49，223n8

Shapiro, Matthew 马修·夏皮罗，143

Shibut, Lynn 林恩·希巴特，191

Shiller, Robert 罗伯特·希勒，202-3，210n4，211n10，219n15

Silverstein, Ken 科尼·西尔弗斯坦，203

Simon, Kosali 科萨利·西蒙，159-60，220n3，223n7

simultaneous valuation 同步计价，115

Skapinker, Michael 迈克尔·斯卡平克，203

Smith, Vernon 弗农·斯密斯，41

social democracy 社会民主主义，50，204，212n2

Social Structure of Accumulation school 社会积累结构学派，50

Socialism 社会主义，12，195，197，198，203-6，226n11

Socialist Voice《社会主义之声》208nl（chap. 1）

sole proprietorships 个人独资企业，97-9

Solimano, Andrés 安德鲁·索里马诺，175-6

Speculation 投机，19-22，189，192，196，209n9

stagnation, relative 停滞，相对的，9，11，24，48-73，74，124-5，138-9，152，207，see also economic growth 见经济发展

Stalinism 斯大林主义，50，199，see also U. S. S. R. 另见苏联

state-capitalism 国家资本主义，12，181-5，187，195，204，205，see also Stalinism

state control, of financial system，政府控制，对金融制度，194-6

Stiglitz Commission 斯蒂格利茨委员会，193，226n6

Stiglitz, Joseph 约瑟夫·斯蒂格利茨，45-7，193-4

Stockhammer, Engelbert 恩格尔伯特·斯托克哈默，75，89，92-3，115-16

Stolberg, Sheryl Gay 谢勒尔·盖·斯托尔贝格，34，183

Structuralism 结构主义，50

subprime mortgages 次级抵押贷款，28，32，33-4，43-4，210nl，211n7

surplus（Baran-Sweezy concept）剩余（巴兰—斯威齐概念）167-71

surplus-value 剩余价值，6，75，81，96，126-7，128-31，138，139-40，145，148，220n4

Sweezy, Paul 保罗·斯威齐 161，165-6，199-200，224n11

  in Monopoly Capital《垄断资本》，12，151，162，167-75，178-80，224n14，224n15

  systemically-important firms 具有系统重要性的公司，see "too big to fail" 见"大而不倒"

T

TARP, see Troubled Assets Relief Program　TARP，见不良资产救助计划

Taylor, John B. 约翰·B. 泰勒，41-2, 44-5

TFD spread 泰德利差，35-6

temporal single-system interpretation 单一分期体系解释，8, 10, 106, 208n2（chap.2），218n10

Tevlin, Stacey 史黛丝·特夫林 142

Thatcher, Margaret 玛格丽特·撒切尔，203

theory/practice relationship 理论与实践的关系，203-4, 206

Third World debt crisis 第三次世界债务危机，56-7, 58, 59

TINA doctrine TINA 学说，203

"too big to fail" "大而不倒"，20, 182, 209n7, 184-5, 225n1

Treasury debt, *see* government debt 国债，见政府债务

"trickle-up" economics "自下而上"的经济学，197-202

Troubled Assets Relief Program 不良资产救助计划，34, 36-8, 181, 182, 183, 191, 211n11, 226n5

U

Underconsumptionism 消费不足理论，12
 allegedly in Marx 据称在马克思的理论中，165-7
 appeal to external stimuli 诉诸外部刺激，179
 on causes of Great Recession 论大衰退的原因，151, 152
 empirical claims 经验论断，152-58
 intuition behind 背后的直觉，160-5
 political implications 政治含义，151, 197-202
 theoretical claims 理论论断，167-76, 178-80

unemployment, *see* labor-market conditions 失业，见劳动市场状况

U.S.S.R. 苏联，12, 204, 210n15, *see also* Stalinism 另见斯大林主义

V

value, determination of by labor-time 价值，由劳动时间决定的，14-

15，205

value-creating activities 创造价值的行为，101

value theory, *see under* Marx 价值理论，见马克思下的二级词条

Vey, Peter 皮特·维伊，193

W

wages, *see* compensation of employees 工资，见员工薪酬

Wallinson, Peter 彼得·沃林森，194

Warlordism 军阀主义，207

waste（Baran-Sweezy concept），浪费（巴兰—斯威齐的概念），179

Weeks, John 约翰·威克斯，195

Weiner, Edward 爱德华·韦纳，72

Wells, Robin 罗宾·威尔斯，2

Whelan, Karl 卡尔·惠兰，142

White, Lawrence 劳伦斯·怀特，24

Wolff, Richard（"Rick"）理查德（里克）·沃尔夫，153，194-5，222n2

worker-run enterprises 工人运营的企业，194，195，196

workers' councils 工人委员会，206

Z

Zinn, Howard 霍华德·金恩，36

参考文献

(参考文献、尾注和正文中的全部网址,均于 2011 年 6 月 7 日验证有效。)

"China's unemployed migrant workers could top 20 million", *ABC News*, March 25, 2009.

Dean Baker, "Progressive Conditions for a Bailout", *Real-world Economics Review*, Vol. 47, No. 3, Oct 2008, pp. 243-249.

Dean Baker, "Wall St Held a Gun to Our Heads", tinyurl. com/4g7k4m.

Paul A. Baran and Paul M. Sweezy, *Monopoly Capital: An Essay on the American Economical and Social Order.* New York: Monthly Review Press, 1966.

Mike Beggs, "Post to 'lbo-talk' e-mail discussion list", tinyurl. com/3px6w9j.

Ben S. Bernanke, "Deflation: Making Sure 'It' Doesn't Happen Here", tinyurl. com/4fq2fu.

Ben S. Bernanke, "Causes of the Recent Financial and Economic Crisis" (testimony before the Financial Crisis Inquiry Commission), tinyurl. com/3buvanz.

Michael F. Bleaney, *Underconsumption Theories: History and Critical Analysis.* New York: International Publishers, 1976.

Barry Bosworth and George L. Perry, "Productiveity and Real Wages: Is there a Puzzle?", *Brookings Papers on Economic Activity*, 1994, pp. 1,

317-344.

Tania Branigan, "Downturn in China Leaves 26 Million Out of Work", tinyurl. com/cplsb3.

Robert Brenner, "The Economics of Global Turbulence", *New Left Review*, 1998, pp. 229, 1-265.

James Bullard, "St. Louis Fed's Bullard: Fed is the Nation's 'Best Chance' for Avoiding Future Financial Crises", tinyurl. com/3bnu8qp

Richard V. Burkhauser, "Presidential Address: Evaluating the Questions that Alternative Policy Suceess Measures Answer", *Journal of Policy Analysis and Management*, Vol. 30, No. 2, 2011, pp. 205-215.

Richard V. Burkhauser and Kosali I. Simon, "Measuring the Impact of Health Insurance on Levels and Trends in Inequality", Working Paper of National Bureau of Economic Research, No. 15811, 2010.

Richard V. Burkhauser, Jeff Larrimore and Kosali Simon, "A Second Opinion on the Economic Health of the American Middle Class", NY: Cornell University working paper, 2011.

Guglielmo Carchedi, *Behind the Crisis: Marx's Dialectics of Vaule and Knowledge*, Leiden and Boston: Koninklijke Brill, 2011.

Oya Celasun and Geoffrey Keim, "The U. S. Federal Debt Outlook: Reading the Tea Leaves", IMF Working Paper, WP/10/62, 2012.

Gordon G. Chang, "China's Economy To Reach $123 Trillion?", tinyurl. com/yanpgtz.

"The Strike that Ignited China's Summer of Worker Protest", *China Labour Bulletin*, Sept. 15, 2010.

Simon Clarke, *Keynesianism, Monetarism and the Crisis of the State*, Aldershot, UK: Edward Elgar, 1988.

Stiglitz Commission, "Report of the Commission of Experts of the President of the United Nations General Assembly on Reforms of the International Monetary and Financial System", tinyurl. com/yjos2rt.

Congressional Budget Office. "CBO's Method for Estimating Potential Output: An Update", tinyurl. com/3r7w2h6.

Timothy Curry and Lynn Shibut, "The Cost of the Savings and Loan Crisis: Truth and Consequences", *FDIC Banking Review*, Vol. 13, No. 2, 2000, pp. 26-35.

Radhika Desai, "Consumption Demand in Marx and in the Current Crisis", *Research in Political Economy*, Vol. 26, 2010, pp. 101-143.

Radhika Desai and Alan Freeman, "Value and Crisis Theory in the 'Great Recession'", *World Review of Political Economy*, Vol. 2, No. 1, 2011, pp. 35-47.

Evsey D. Domar, *Essays in the Theory of Economic Growth*, New York: Oxford University Press, 1957.

Gérard Duménil and Dominique Lévy, *Capital Resurgent: Roots of the Neoliberal Revolution*, Cambridge: Harvard University Press, 2004.

Gérard Duménil and Dominique Lévy, "The Profit Rate: Where and How Much Did it Fall? Did it Recover? (USA 1948-1997)", gesd. free. fr/dle2002f. pdf.

Gérard Duménil and Dominique Lévy, *The Crisis of Neoliberalism*, Cambridge: Harvard University Press, 2011.

Raya Dunayevskaya, "Letter to C. L. R. James", in Rays Dunayevsksya (ed.), In *The Raya Dunayevskaya Collection*, 1951, pp. 9291-9298.

Raya Dunayevskaya, "Dialectics: The Algebra of Revolution", tinyurl. com/3sazge5.

Raya Dunayevskaya, *Rosa Luxemburg. Women's Liberation, and Marx's Philosophy of Revolution*, IL and Chicago: University of Illinois Press, 1991.

Raya Dunayevskaya, *Marxism and Freedom: From 1776 until today*, 6th edn, Amherst, NY: Humanity Books, 2000.

Michael Egoavil, "Fictitious Capital and Credit Schemes", www. marxist-humanist-initiative. org/? p = 1319

Martin Fackler and Steve Lohr, "U.S Hears Echo of Japan's Woes", tinyurl.com/3w94onv

Emmanuel Farjoun and Moshé Machover, *Laws of Chaos*, London: Verso, 1983.

Federal Deposit Insurance Corporation, Division of Research and Statistics, *History of the Eighties-Lessons for the Future*, vol. 1, www.fdic.gov/bank/historical/history/vol1.heml.

Federal Reserve Bank of San Francisco, *The Subprime Mortgage Market: National and Twelfth District Developments* (2007 Annual Report), tinyurl.com/634qdxa

Martin S. Feldstein, "Did Wages Reflect Growth in Productivity?", Working Paper of National Bureau of Economic Research, No. 13953, 2008.

Fisher, Irving, "The Debt-Deflation Theory of Great Depressions", *Econometrica*, Vol. 1, No. 4, 1933, pp. 337-357.

Robert W. Fogel, "Capitalism and Democracy in 2040: Forecasts and Speculations", Working Paper of National Bureau of Economic Research, No. 13184, June 2007.

Robert W. Fogel, "$123,000,000,000,000: China's Estimated Economy by the Year 2040. Be warned", tinyurl.com/ycplbe6.

John Bellamy Foster and Fred Magdoff, "Financial Implosion and Stagnation: Back to the Real Economy", *Monthly Review*, Vol. 60, No. 7, Dec. 2008, pp. 1-29.

John Bellamy Foster and Fred Magdoff, *The Great Financial Crisis: Causes and consequences*. New York: Monthly Review Press, 2009.

David R. Francis, "Supply-siders Take Some Lumps", *Christian Science Monitor*, Oct. 1, 2007.

Alan Freeman, "What Makes the US Profit Rate Fall?", tinyurl.com/y9pfjgl.

Milton Friedman, "Mr. Market", tinyurl.com/3zmqryt.

Richard Fry and D'Vera Cohn, "Women, Men and the New Economics of

Marriage", tinyurl.com/3mxxan4.

John Fullarton, *On the Regulation of Currencies*, London: John Murray, 1845.

Alexander Gerschenkron, *Economic Backwardness in Historical Perspective: A Book of Essays*, Cambridge: Belknap Press of Harvard University Press, 1962.

Michael J. Geske, Valerie A. Ramey, and Matthew D. Shapiro, "Why Do Computers Depreciate?", tinyurl.com/3cbt3jh.

Gjerstad, Steven and Vernon L. Smith, "Monetary Policy, Credit Extension, and Housing Bubbles," *Critical Review*, Vol. 21, No. 2-3, 2009, pp. 269-300.

J. J. Goldberg, "What Actually Undermined the Kibbutz", *Jewish Daily Forward*, Apr. 16, 2010.

Alan Greenspan, "The Challenge of Central Banking in a Democratic Society", tinyurl.com/3sbvpgc.

Alan Greenspan, "Technology and the Economy", tinyurl.com/a23za.

Alan Greenspan, "The Fed Didn't Cause the Housing Bubble", *Wall Street Journal*, Mar. 2009.

Robin Hahnel, "The Economic Crisis and the Left", tinyurl.com/638c841.

Robin Hahnel, "Internal Contradictions [blog comment]", tinyurl.com/638c841.

Chris Harman, "Theorising Neoliberalism", *International Socialism Journal* No. 117, 2007.

Chris Harman, *Zombie Capitalism: Global Crisis and the Relevance of Marx*, London: Bookmarks, 2009.

David Harvey, *The Enigma of Capital and the Crises of Capitalism*, Oxford: Oxford University Press, 2010.

Doug Henwood, "After Non-collapse", *Left Business Observer*, No. 63, May. 1994.

Shelby W. Herman et al, *Fixed Assets and Consumer Durable Goods in the*

United States, www. bea. gov/national/pdf/Fixed_Assets_1925_97.

David M. Herszenhorn, Carl Hulse and Sheryl Gay Stolberg, "Talks Implode During a Day of Chaos; Fate of Bailout Plan Remains Unresolved," *New York Times*, Sept. 26, 2008.

Hilferding, Rudolf, *Finance Capital: A Study of the Latest Phase of Capitalist Development*, London: Routledge & Kegan Paul, 1981.

John Holloway, *Change the World Without Taking Power: The Meaning of Revolution Today*, London: Pluto Press, 2002.

Herbert Hoover, *The Memoirs of Herbert Hoover*, Vol. 3: *The Great Depression,1929 -1941*, New York: Macmillan, 1952.

Michel Husson, "A Systemic Crisis, Both Global and Long-Lasting", tinyurl. com/6bk2c29.

Michel Husson, "Les Coûts Historiques d'Andrew kliman", tinyurl. com/3d5bkqg.

Michel Husson, "The Debate on the Rate of Profit", *International Viewpoint Online*, No. 426, July. 2010.

IFSL Research,*Banking 2010*, tinyurl. com/6ztbhkp.

Phil Izzo, "Economists Split Over Financial Overhaul", *Wall Street Journal blog*, July 15, 2010.

Juliusz Jablecki and Mateusz Machaj, "The Regulated Meltdown of 2008", *Critical Review*, Vol. 21, 2009, pp. 2-3, 301-28.

Anne Jaclard, "You Can't Change the Mode of Production with a Political Agenda", www. marxist-humanist-initiative. org/? p =444.

C. L. R. James and Grace C. Lee, *Facing Reality*, Chicago: Charles H. Kerr, 2006.

Arnold J. Katz and Shelby W. Herman, "Improved Estimates of Fixed Reproducible Tangible Wealth, 1929-95", *Survey of Current Business*, May 2006, pp. 69-92.

Andrew Kliman, "Debt, Economic Crisis, and the Tendential Fall in the

Profit Rate", akliman. squarespace. com/crisis-intervention.

Andrew Kliman, "Value Production and Economic Crisis: A Temporal Analysis", in Richard Westra and Alan Zuege (eds), *Value and the World Economy Today*. London and New York: Palgrave Macmillan, 2003, pp. 119-136.

Andrew Kliman, *Reclaiming Marx's "Capital: A Refutation of the Myth of Inconsistency*, Lanham, MD: Lexington Books, 2007.

Andrew Kliman, "The Destruction of Capital' and the Current Economic Crisis", *Socialism and Democracy*, Vol. 23, No. 2, 2009, pp. 47-54.

Andrew Kliman, "Masters of Words: A Reply to Michel Husson on the Character of the Latest Economic Crisis",*Marxism 21* , Vol. 7, No. 2, 2010, pp. 239-281.

Andrew Kliman, "Showdown at the HM Corral: On Duménil and Lévy's cherry picking of the data", akliman. squarespace. com/crisis-intervention (Ethics section).

Andrew Kliman, "The Reproduction Schemes as an Unbalanced Growth Model", *Critique of Political Economy*, Vol. 1, 2011, pp. 33-61.

Vincent Kolo, "Chinese Regime Braced for 'Mass Conflicts' in 2009", *Chinaworker*, Jan. 8, 2009.

Paul Krugman, "Frontline television interview", tinyurl. com/d9pcb6.

Paul Krugman and Robin Wells, "The Slump Goes On. Why?" , *New York Review of Books*, Sept. 30, 2010.

Laibman, David. 1999. "Okishio and His Critics: Historical Cost Versus Replacement Cost, " *Research in Political Economy* Vol. 17, pp. 207-227.

Costas Lapavitsas, "Financialisation and Capitalist Accumulation: Structural Accounts of the Crisis of 2007-9", Research on Money and Finance Discussion Paper, School of Oriental and African Studies, University of London, Feb, 2010.

V. I. Lenin, *The State and Revolution*. In Lenin, V. I. , *Selected Works*: One-volume edition, New York: International Publishers, 1971, pp. 264-351.

Michael Lockrow, "Bubble Mania Beginning?", tinyurl. com/3un9gb2.

Rosa Luxemburg, *The Accumulation of Capital*. New York: Monthly Review Press, 1964.

Ernest Mandel, Introduction. In Marx, Karl, *Capital: A Critique of Political Economy*, London: Penguin, Vol. III, 1991, pp. 1-90.

Karl Marx, *Grundrisse: Foundations of the Critique of Political Economy*. London: Penguin, 1973.

Karl Marx, "Critique of the Gotha Programme," *Karl Marx, Frederick Engels: Collected Works*, New York: International Publishers, Vol. 24, 1989, pp. 75-99.

Karl Marx, *Karl Marx, Frederick Engels: Collected Works*, New York: International Publishers, Vol. 32, 1989.

Karl Marx, "Marginal Notes on Adolph Wagner's *Lebrbuch der Politischen Oekonomie*[Notes on Wagner]" *Karl Marx, Frederick Engels: Collected Works*, New York: International Publishers, Vol. 24, 1989, pp. 531-559.

Karl Marx, *Capital: A Critique of Political Economy*, London: Penguin, Vol. I, 1990.

Karl Marx, "Results of the Immediate Process of Production", *Capital: A Critique of Political Economy*, London: Penguin, Vol. I, 1990, pp. 948-1084.

Karl Marx, *Capital: A Critique of Political Economy*, London: Penguin, Vol. III, 1991.

Karl Marx, *Frederick Engels: Collected Works*, New York: International Publishers, Vol. 33, 1991.

Karl Marx, *Frederick Engels: Collected Works*, New York: International Publishers, Vol. 34, 1994.

Paul Mattick[Jr.], *Business as Usual: The Economic Crisis and the Failure of Capitalism*, London: Reaktion Books, 2011.

David McNally, *Global Slump: the Economics and Politics of Crisis and Resistanc*, Oakland: PM Press, 2011.

David W. Pearce (ed.), *The MIT Dictionary of Modern Economics*, Cambridge, MA: The MIT Press, 1992.

Gretchen Morgenson, "Count on Sequels to TARP", *New York Times*, Oct. 3, 2010.

Gretchen Morgenson, "Strong Enough for Tough Stains?", *New York Times*, June 27, 2010.

Fred Moseley, "Some Notes on the Crunch and the Crisis", *International Socialism*, No. 119, 2008.

Fred Moseley, "The U. S. Economic Crisis: Causes and Solutions,"*International Socialist Review*, Vol. 64, March-April, 2009.

Chizu Nakajima, "Monday View: Greed's the Sole Cause of Every Financial Crisis,"*Daily Mail(Mail Online)*, June 20, 2010.

National Council on Public Works Improvement, *Fragile Foundations: A Report on America's Public Works*, Feb. 1988.

"Citi Chief on Buyouts: 'We're Still Dancing', "*New York Times*, July 10, 2007.

Office of Financial Stability, United States Department of the Treasury, *Troubled Asset Relief Program: Two Year Retrospective*, Oct., 2010.

Nobuo Okishio, "Technical Changes and the Rate of Profit", *Kobe University Economic Review*, Vol. 7, 1961, pp. 85-99.

Hiroshi Onishi, "The Ongoing World Crisis as Already Explained by Capital in 1868 and Imperialism in 1917", *World Review of Political Economy*, Vol. 2, No. 1, 2011, pp. 26-34.

Thomas Piketty and Emmanuel Saez, "Income Inequality in the United States, 1913-1998, "*Quarterly Journal of Economics*, Vol. 118, No. 1, 2003, pp. 1-39.

Richard A. Posner, *A Failure of Capitalism: The Crisis of '08 and the Descent Into Depression, Cambridge, MA: Harvard University Press, 2009.

Nick Potts, "Back to C19th Business as Usual: A Surprise?", conference of the Association for Heterodox Economics, Kingston (London), July. 2009.

Nick Potts, "Marx and the Crisis", *Capital &Class*, Vol. 35, No. 3, 2011, pp. 455-473.

Steven Ramirez, "Dodd-Frank I: Section 121 and Prudential Divestitures", tinyurl. com/3c75whz.

Rasmussen Reports, "Just 53% Say Capitalism Better Than Socialism", tinyurl. com/ylcedqy.

Robert B. Reich, "How to End the Great Recession", *New York Times*, Sept. 2, 2010.

Carmen M. Reinhart and Kenneth S. Rogoff, "Banking Crises: An Equal Opportunity Menace", NBER Working Paper No. 14587, Dec. 2008.

Carmen M. Reinhart and Kenneth S. Rogoff, *This Time is Different: Eight Centuries of Financial Folly*, Princeton, NJ and Oxford: Princeton University Press, 2009.

Stephen Resnick and Richard Wolff, "The Economic Crisis: A Marxian Interpretation", *Rethinking Marxism*, Vol. 22, No. 2, 2010, pp. 170-186.

MichaeL Roberts, *The Great Recession: Profit Cycles, Economic Crisis. A Marxist View*, London: Lulu Enterprises, 2009.

Eric S. Rosengren, "The Impact of Financial Institutions and Financial Markets on the Real Economy: Implications of a 'Liquidity Lock'", tinyurl. com/432yo9j.

W. W. Rostow, *The Stages of Economic Growth: A Non-Communist Manifesto*, Cambridge: Cambridge University Press, 1960.

Schmidt-Hebbel, Klaus, Luis Serven, and Andrés Solimano, "Saving, Investment, and Growth in Developing Countries: An Overview", Policy Research Working Paper of World Bank, No. 1382, Nov. 1960.

Joseph A. Schumpeter, *History of Economic Analysis*. New York: Oxford University Press.

Joseph A. Schumpeter, *Capitalism, Socialism and Democracy*, New York: Harper & Row, 1976.

Anwar Shaikh, "An Introduction to the History of Crisis Theories", *U. S. Capitalism in Crisis*. New York: URPE, 1978.

Anwar Shaikh, "[Post on "long wave recovery"]", Progressive Economists News List", tinyurl. com/3emqgcy.

Robert J. Shiller, "The Fed Gets a New Job Description", *New York Times*, Apr. 6, 2008.

Ken Silverstein, "Six Questions for Richard Posner on Capitalism and Crisis," *Harper's Magazine*(web content), Mar. 17, 2010.

MichaeL Skapinker, "The Market No Longer Has All the Answers", *Financial Times* (*ft. com*), Mar. 24. 2008.

"The Economic Crisis: Greed is the Cause", *Socialist Voice*, July. 2008.

Joseph Stiglitz, "How to Prevent the Next Wall Street Crisis, " *CNN. com*, Sept. 17, 2008.

Joseph Stiglitz, "The Anatomy of a Murder: Who Killed America's Economy?", Critical Review, Vol. 21, No. 2-3, 2009, pp. 329-39.

Engelbert Stockhammer, "The Finance-dominated Accumulation Regime, Income Distribution and the Present Crisis", Department of Economics Working Paper of Vienna University of Economics & Business Administration, No. 127, Apr. 2009.

Paul M. Sweezy, *The Theory of Capitalist Development: Principles of Marxian Political Economy*, New York: Modern Reader Paperbacks, 1970.

Paul M. Sweezy, "Economic Reminiscences", *Monthly Review*, Vol. 47, No. 1, May. 1995, pp. 1-11.

John B. Taylor, "Economic Policy and the Financial Crisis: An Empirical Analysis of What Went Wrong", *Critical Review*, Vol. 21, No. 2-3, 2009, pp. 341-364.

Stacey Tevlin and Karl Whelan, "Explaining the Investment Boom of the 1990s", *Journal of Money, Credit and Banking*, Vol. 35, No. 1, Feb. 2003, pp. 1-22.

U. S. Department of Commerce, Bureau of Economic Analysis, *Fixed Assets and Consumer Durable Goods in the United States, 1925-99*, Washington, DC: U. S. Government Printing Office, 2003.

U. S. Department of Commerce, Bureau of Economic Analysis, "BEA Depreciation Estimates", bea. gov/national/FA2004/Tablecandtext. pdf.

U. S. Department of Commerce, "Statistical Abstract of the United States, 2009: The National Data Book", tinyurl. com/5rm04sg.

U. S. Department of Labor, Office of the Secretary, "Submission for OMB Review: Comment Request", tinyurl. com/6bwrgt5.

U. S. Senate Committee on Foreign Relations (Subcommittee on Foreign Relations), *International Debt, the Banks, and U. S. Foreign Policy*, 95th Cong., 1st Session, 1977.

P. Vey, "These new regulations will fundamentally change the way we get around them" (cartoon), *The New Yorker*, Mar. 9, 2009.

Peter Wallinson, "The Dodd-Frank Act: Creative Destruction, Destroyed", *Wall Street Journal* (online), Aug. 31, 2010.

John Weeks, *Capital, Exploitation and Economic Crisis*, London: Routledge, 2011.

Edward Weiner, *Urban Transportation Planning in the United States: An Historical Overview*, revised and expanded edn, Westport, CT: Praeger, 1999.

Lawrence H. White, "The Roaring Twenties and the Austrian Business Cycle Theory" (Chapter 3 of *The Clash of Economic Ideas*), Working paper of Mercatus Center of George Mason University, No. 10-29, June. 2010.

Rick Wolff, "Capitalism's Crisis through a Marxian Lens", *MRZine*, Dec. 14, 2008.

Richard Wolff, "Capitalist Crisis, Marx's Shadow", *MRZine*, Sept. 26, 2008.

Richard Wolff, "Taking Over the Enterprise", tinyurl. com/5ro2r9x.

Stephanie Wong, John Liu and Tim Culpan, "IPhone Workers Say 'Meaningless' Life Sparks Suicides", Bloomberg News, June 2, 2010.

Juliet Ye and Andrew Batson, "Calculating China's Unemployment Rate", *Wall Street Journal*, Apr. 2, 2009.

Howard Zinn, "Spend the Bailout Money on the Middle Class", *The Nation*, Oct. 27, 2008, pp. 4-5.

译后记

本书为译者于 2012 年 2 月至 6 月期间在中国人民大学师从段忠桥教授进行访问学习时所进行的研究项目。在此，对段忠桥教授表示深深的感谢。

特别感谢中央编译出版社李媛媛同志的精心编辑和珍贵建议，她为本书的出版付出了艰辛的劳动。

最后，我还要感谢西安交通大学人文社会科学学院边燕杰院长对本书的大力支持。他不仅对本书进行了高度的学术评价，同时给予了一定的帮助。本书亦为边燕杰教授主持的国家社科基金重大项目"社会分层与流动的和谐互动机制研究"的子课题。同时，西安交通大学人文社会科学学院 985 项目亦为本书的翻译出版提供了一定的支持。在此一并致谢。

译　者

图书在版编目(CIP)数据

大失败:资本主义生产大衰退的根本原因/(美)
克莱曼著;周延云/译,刘磊/校.—北京:中央
编译出版社,2013.7
书名原文:The failure of capitalist production:
underlying causes of the great recession

ISBN 978-7-5117-1691-0

Ⅰ.①大…

Ⅱ.①克… ②周… ③刘…

Ⅲ.①资本主义经济-经济衰退-研究

Ⅳ.①F037.2

中国版本图书馆 CIP 数据核字(2013)第 144642 号

大失败:资本主义生产大衰退的根本原因

出 版 人	刘明清
出版统筹	薛晓源
责任编辑	李媛媛
责任印制	尹 珺
出版发行	中央编译出版社
地 址	北京西城区车公庄大街乙 5 号鸿儒大厦 B 座(100044)
电 话	(010)52612345(总编室) (010)52612335(编辑室)
	(010)66161011(团购部) (010)52612332(网络销售)
	(010)66130345(发行部) (010)66509618(读者服务部)
网 址	www.cctphome.com
经 销	全国新华书店
印 刷	北京金瀑印刷有限责任公司
开 本	787 毫米×1092 毫米 1/16
字 数	250 千字
印 张	17.75
版 次	2013 年 7 月第 1 版第 1 次印刷
定 价	58.00 元

本社常年法律顾问:北京市吴栾赵阎律师事务所律师 闫军 梁勤
凡有印装质量问题,本社负责调换,电话:010-66509618